破茧与蝶变

Pojian Yu Diebian

区域教师培训模式建构与实践

罗海娟 / 著

本书系第五届湖南省基础教育教学成果一等奖“基于学为中心的‘三联五环’区域教师培训模式建构与实践”的推广成果，也是2023年湖南省普通高等学校教学改革研究项目“数字化转型背景下卓越教师培养培训一体化研究”（课题编号：HNJG—20230897）的研究成果。

中南大学出版社
www.csupress.com.cn
长 沙

图书在版编目(CIP)数据

破茧与蝶变：区域教师培训模式建构与实践 / 罗海娟著. --长沙：中南大学出版社，2024.11.

ISBN 978-7-5487-6025-2

Ⅰ. G451.2

中国国家版本馆 CIP 数据核字第 2024C7U159 号

破茧与蝶变：区域教师培训模式建构与实践

POJIAN YU DIEBIAN: QUYU JIAOSHI PEIXUN MOSHI JIANGOU YU SHIJIAN

罗海娟 著

□出 版 人 林绵优
□责任编辑 刘 莉
□责任印制 唐 曦
□出版发行 中南大学出版社
社址：长沙市麓山南路 邮编：410083
发行科电话：0731-88876770 传真：0731-88710482
□印 装 湖南至尚美印数码科技有限公司

□开 本 710 mm×1000 mm 1/16 □印张 14.25 □字数 270 千字
□版 次 2024 年 11 月第 1 版 □印次 2024 年 11 月第 1 次印刷
□书 号 ISBN 978-7-5487-6025-2
□定 价 48.00 元

序

教师培训是科学，是艺术；是点燃，是激励，是唤醒。在本书中，罗海娟主任以其卓越的教育视野与不懈的探索精神，再次引领我们深入教育的核心领域。作为一名与她有着多年交往的培训同行，我有幸见证了她从教育实践的深耕者到理论创新的引领者的华丽蜕变。

2017 年 12 月 12 日，我曾在“说说”中记录她连续十多天加班加点制作培训工作视频的故事：看着罗海娟主任说培训，仿佛看到她身上总有一股使不完的力气。她聊着连续十多天加班筹备全市教师培训工作会议，好像是一场快乐的旅行，看不出疲倦，也没有艰辛，哪怕其中出现的曲折也是甜的。她满脸微笑，就如打鸡血般，为培训而痴迷、疯狂。这与她加入湖南省首批教师培训师团队之前的状态有些不同。我不由得想起《教学勇气——漫步教师的心灵》中的一段话：如果一项工作是我内心真正想做的，尽管连日辛劳，困难重重，但我仍乐此不倦。这些艰难的日子最终会使我的生活充实快乐，因为这是我真正倾心的工作，其中出现的各种问题正好帮助我成长。我想，因为培训是一场热恋，让人热爱、认同并实现自我，我们才会坚定、投入、痴迷和创新。罗海娟主任目前的状态就是对这段话的最好注解。

手捧罗海娟主任这本著作，再联想她这些年的“痴迷的”“智慧的”教师培训工作状态，宛如看见郴州教师培训团队在她的带领下发生的重大转变。作为区域教师培训项目负责人，她能面对当前教师培训中出现的诸多挑战与困境，以其敏锐的洞察力，提出许多前瞻性的见解。

她认为，教师培训不仅要关注教师个体的成长需求，更要深刻理解教师培训对于整个区域教育体系发展的重要性。她始终站在教育改革和教师培训的前沿，不断探索和创新教师培训的新模式。

她深知，教育的美好不仅在于知识的传授，更在于心灵的启迪与成长的陪伴。因此，她致力于构建一个能够促进教师全面发展、激发教育创新活力的区域培训体系，而这本著作正是她这一教育理想的集中体现。教师培训不仅是教师个人成长的阶梯，更是推动教育公平、提升教育质量的关键力量。科学的设计和专业的实施，可以激发教师的内在潜能，提升他们的专业素养和教学能力，进而促进学生的全面发展和社会进步。尤为值得一提的是，书中将教师培训置于更广阔的社会与教育发展背景之下进行考察，深入分析了数字化时代对教育提出的新挑战与机遇，强调了教师培训在应对这些挑战中的重要作用。

她认为，只有不断更新教育理念、优化培训内容、创新培训方式，才能培养出适应未来社会需求的优秀教师。因此，本书不仅是一部关于教师培训模式创新的学术著作，更是一部充满教育情怀与责任担当的力作。

有了高质量的教师，才有高质量的教育。高质量的教师呼唤高质量的教师培训。高质量的教师培训是对“专业培训者”的急切需求，倒逼“教师培训”研究的迭代升级。在未来的日子里，让我们携手并进，共同探索更多更好的教师培训模式，为培养更多优秀的教育人才、实现教育现代化贡献我们的智慧和力量。

一事精致便能动人，从一而终就是深邃。我想，这句话是对罗海娟及其团队从事区域教师培训模式及其相关研究的生动概括。

是为序。

黄佑生

2024 年 7 月 18 日

（黄佑生，湖南省中小学教师发展中心工会主席、培训管理科科长，教育部第二届全国中小学幼儿园教师培训专家工作组成员，教育部“国培计划”专家库人选）

前言

教师是教育发展的第一资源，是提高教育质量和效益的关键所在。教师培训在教育转型中的重要性不言而喻。高质量的教师培训能够促进教师素养全面提升，推动教育信息化建设，实现教育公平和质量的提升。然而，当前我国教师培训的整体质量和效果并不乐观。许多教师对培训效果表示不满意，认为很难将培训中学到的东西应用到教学中去。这表明，教师培训工作需要从教育理念、教学内容、教学手段、教学模式、培训方式等方面进行全面改进，以满足教师专业发展的实际需求。

随着新一轮科技革命和产业变革的加速演进，全球数字化趋势愈加明显。教育领域也在这股数字化浪潮中寻求转型与创新。数字化时代的教育新挑战是多方面的、深层次的，它不仅涵盖了教育内容的更新和教学手段的创新，更深刻地影响了教育理念、教育模式的革新以及教育体系的整体发展。数字化时代对教育内容的更新提出了更高要求。传统的知识体系需要不断地进行更新和完善，以适应新时代的快速发展。跨学科、综合性的教育内容正逐渐受到重视，这要求学生具备更为广泛的知识面和更强的创新能力。教学手段的数字化转型对教师提出了新挑战。教师需要熟练掌握并运用先进的数字化教学工具和技术，积极利用网络资源丰富教学内容。同时，随着学生学习方式的转变，教师也需要转变自身的教学理念和方式，更加注重学生的个性化需求和学习体验。数字化时代对教育公平和质量提出了新的挑战。数字鸿沟的存在使得不同地区、不同学校之间的教育资源分配不均衡，加剧了教育不公平现象。为了缩小这种差距，我们需要通过数字化手段优化资源配置，推动教育公平的实现。

在数字化和全球化的浪潮中，新时代教师培训正经历着深刻的变革。教育技术的革新、教育理念的更新以及教育需求的多样化，都对教师的专业发展提出了更高的要求。面对这些形势变化，教师培训的重心下移至区域层面，成为适应形势变化的必然选择，并具有深远的价值和意义。新时代的教师培训变革首先体现在教育理念的创新以及教师角色的转变上，教师从知识传递者成为学习引导者、组织者和促进者。其次，教师培训内容在不断更新，融入了不断变换的现代信息技术，以提升教师的信息化教学能力，培养创新人才。再次，教师培训方式的不断创新，注重教师主体性，倡导自主学习、协作学习和探究学习，促进教师专业能力的全面提升。

重心下移后的区域教师培训，更贴近教师实际工作场景，满足个性化发展需求，能充分利用区域内教育资源，发挥地方教育特色，实现教师培训的本土化和个性化。由此可见，区域教师培训的价值在于精准对接教师需求，提供有针对性、实效性的培训内容，帮助教师及时了解最新教育政策、教学理念和方法，提升教育教学能力。同时，区域教师培训对促进教育均衡发展、缩小城乡及学校间教育差距、推动教育公平具有重要意义。新时代教师培训的变革和区域教师培训的实践，对提升教师专业素养、推动教育创新、促进教育公平，实现教育现代化、建设教育强国具有重要作用。

本书共分为五个章节。第一章探讨：转型中的区域教师培训困境与挑战；第二章研究：区域教师培训的设计思维与制度建设；第三章阐述：区域教师培训模式的初步探索；第四章凝练：区域教师培训模式的系统建构；第五章推介：区域教师培训模式的应用成果。其中第四章提出的“三联五环”培训模式，是在深入分析当前教育环境和教师发展需求的基础上形成的创新实践。这一模式的理论基础根植于成人学习理论、终身教育理论以及专业发展理论，强调教师作为终身学习者的主体地位，以及教师专业成长与教育实践紧密结合的重要性。

“三联五环”培训模式的核心在于构建一个以学习者为中心的教育生态系统，这一系统通过整合教育行政部门的政策导向、专家团队的学术支持和一线教师的实践经验，形成一个多维度、多层次的教师专业发展网络。在这个网络中，教师不再是被动接受知识的客体，而是主动参与、积极探索的主体，能够在不断的实践中反思、成长和创新。该模式的设计遵循了教育创新的基本原则，即开放性、共享性和互助性。开放性体现在培训内容和方法的多元化上，鼓励教师接触和吸收不同领域的知识，拓宽视野；共享性则体现在培训资源的充分利用和交流上，通过建立共享平台，促进教师之间的知识交流和经验分享；互助性则强调教师之间的相互支持和协作，形成学习共同体，共同面对教育实践中的挑战。

“三联五环”培训模式的实施，旨在促进教师专业能力的全面提升，这包括但不限于教师的知识更新能力、教学创新能力、信息技术应用能力以及教育研究能力。通过这一模式的实践，教师能够更加深入地理解教育的本质和目标，更加有效地应对教育实践中的各种问题，更加主动地参与教育改革和发展。此外，“三联五环”培训模式还特别强调教育公平的实现。通过提供平等的培训机会和资源，确保每一位教师都能够获得专业发展的机会，缩小不同地区、不同学校之间教师专业水平的差距。这不仅有助于提升整个教师队伍的素质，也是实现教育公平、促进社会公正的重要途径。

在推动教育教学创新和发展方面，“三联五环”培训模式通过激发教师的创新意识和创新能力，鼓励教师在教学实践中尝试新的教学方法和技术，探索符合学生需求和时代要求的教育模式。这种创新不仅能够提高教学质量，也能够为学生的全面发展提供更加丰富和多元的学习体验。“三联五环”培训模式以其先进的理念、科学的设计与实践的有效性，为新时代教师培训提供了一种全新的思路和方法。这一模式的推广和应用，将对提升教师专业素养、推动教育教学创新、实现教育公平和质量的提升产生深远的影响。

本书将展望未来的教师培训模式，探讨如何构建可持续发展的教师培训生态，以满足教育改革和发展的需求。书中精选了一系列成功的案例，从案例中提炼出实践智慧，为教师培训的实践提供借鉴和启发。这些案例不仅展示了教师培训模式创新的成效，也为其他地区的教师培训提供了可复制、可推广的经验。

教育的高质量发展离不开高质量的教师培训。我们期待本书能为教育工作者提供有价值的参考和启示，共同推动我国教育事业的繁荣发展。

目录

第一章

转型中的区域教师培训困境与挑战

流水在碰到抵触的地方，才把它的活力解放。

——歌德

教师的专业成长与教学能力是制约学生学习成效的核心要素。随着教育改革的持续深化，既往的教师培训模式很难契合现代教育发展的要求。特别是在区域教育均衡发展的战略背景下，构建并施行高效的教师培训模式，已成为提升教师专业素养、促进教育质量跃升的关键路径。对不同区域背景下教师培训模式的创新与实践进行深入探讨，剖析其对教师专业发展的具体影响，并据此提出建设性策略，是加速区域教师队伍建设、推动整体提升的重要课题。

第一节　区域教师培训的研究回顾

教师培训模式的创新是新时代助推教师队伍建设的关键环节。基于教育数字化加速转型的背景，从 TPACK 理论的视角来看，教师需要不断更新知识结构，提升教学技能，以适应快速变化的教育环境。在区域教师培训模式的研究与探索中，学者们提出了多种创新模式，如基于“供需链”的培训模式、教育精准扶贫背景下的培训模式、基于“互联网+自主学习”的培训模式等。这些模式从不同角度出发，旨在解决传统培训模式中存在的问题，以期化解当前教师培训低效、副效的现实难题，为我们深入研究区域教师培训奠定了扎实的研究基础。

供需链视角下的教师培训模式强调教师和学生的真实发展需求，试图通过构建培训供给链条，以实现教师培训的精准化和个性化；教育精准扶贫背景下的培训模式则侧重于通过内外循环的教育资源优化，支持教师从行为改变到价值生长，以此实现教育公平；而基于“互联网+自主学习”的培训模式强调互联网技术的应用，通过为教师提供更加灵活和开放的学习平台，来激发教师的主观能动性，以此提升培训的针对性和有效性。此外，基于项目式学习的培训模式、“三位一体”协同创新培训模式等都试图通过培训方法的创新，努力提升教师的专业能力和实施效果。还有学者提出了区域学前教师全纳分层培育、基于地方性知识的民族乡村教师培训等模式，基于充分考虑了不同区域、不同文化背景下教师的特殊需求，以实现教师培训的多元化和个性化。

区域教师培训模式的建构与实践是一个多维度、多层次的复杂过程。它需要教育行政部门、高等学校、教师培训机构、中小学以及培训师、教师等多主体的共同努力和深入融合，积极探索主体、要素、对象之间的多维且有意义的互动关系，基于真实教育问题的发现、分析和解决，依托团队和组织的整合力量，促进教师实践与学习公共体的生成与高效运转，从而形成对理论和实践有指导意义和积极价值的可行模型。

一、锚定多元发展的教师培训模式创新

随着当代教育理念的更新和教育技术的飞速进步，传统的教师培训模式已难以满足现代教育发展的需求。在此背景下，众多学者提出了多元化的教师培训模式应运而生，基于不同的理论研究角度和现实情境，试图满足差异性教师群体的专业发展需求。

如郭文霞提出基于“供需链”的以实践为导向的教师培训模式。该模式强调从幼儿发展需求出发，生成教师培训的真实需求，进而构建基于幼儿和教师“双重需求”的培训供给链条。此模式的创新之处在于，它将教师培训与学生的实际需求建立了有效的链接，对于培训的精准性和有效性有积极的实践价值①。张涛的研究基于教育精准扶贫的背景，构建了一种从行为改变到价值生长的洋葱模型。这个模型旨通过优质教育资源地区的“输血”和对口支援地区本土经验的“造血”的路径，构建了一个内外循环的可持续教育生态，以此促进教师的行为和价值观的转变②。学者胡秋萍等人的研究则探讨了基于“互联网+自主学习”的区域教师培训模式，并且发现该模式由于灵活性高、覆盖面广等特点，能够满足不同层次教师的真实学习需求。同时，对于激发教师的学习兴趣和主观

---

① 郭文霞. 基于“供需链”的教师培训模式构建[J]. 教育视界，2024，1(1)：20-25.

② 张涛. 从行为改变到价值生长——教育精准扶贫背景下的教师培训模式探索[J]. 上海教师，2023，1(9)：15-20.

能动性，促进教师的终身学习和专业发展也有明显的促进作用[①]。黄莉则探索了基于“课例工作坊”的培训组织模式。该模式以学习共同体行动研究为特征，通过 PCK 的可操作性界定，不仅促进了参训教师的专业成长，也为“研训一体”化落地和精准化施训探索了一种有效的路径[②]。陈逸群探索了提升教师数字化教学适应性的区域培训模式。该模式基于交流共享式案例培训、技术支持伴随式培训、教师工作坊式跟踪培训和多元协同活动式培训等多维路径，有针对性地促进了教师在心理、环境、人际和行为等方面的适应性，从而提高了教师的数字化教学能力[③]。

多元化的教师培训模式，因应了当前教师培训发展的多主体参与、多层次推进和多领域扩展的特点。指向教师的个性化需求和终身学习的核心目标，需要培训管理者综合考虑教师的实际情况、教育目标和培训资源，以确保培训的针对性和实效性。未来的教师发展对于个性化、灵活化和开放化的要求会越来越高，需要教师培训模式积极创新、主动变革，并常态性地深度反思，以满足区域教育的均衡发展和教师群体的发展需求，达成区域教育高质量的整体目标。

二、指向主体实践的教师培训模式创新

教师培训模式创新的主体实践，旨在通过理论与实践的深度融合，打破传统培训的束缚，构建一种更加符合现代教师发展需求的新型培训模式。以学为中心的教师培训理念，强调教师的主体地位，鼓励教师积极参与和主动探索，并将所学知识转化为实际行动，众多学者在此领域进行了有益的深入研究。

冯喆平以小学道德与法治学科为例，探索了区域骨干教师的培训模式。该研究发现，基于区域内生性的培训团队建设，促进“培用一体”的有效机制，对于激发区域内教师专业发展的积极性和主动性有明显的效果[④]。郑承勉则探索了“研训一体”的教师培训模式。该模式将教师的教育教学研究与集中培训相结合，实现了“研”与“训”的有机融合[⑤]。项目式学习（Project-Based Learning，

---

① 胡秋萍，桑国元．基于“互联网+自主学习”的区域教师培训模式构建［J］．教育科学研究，2022，12(1)：30-35.

② 黄莉．“课例工作坊”：区域教师培训模式的设计与实践［J］．教师教育论坛，2023，36(4)：55-60.

③ 陈逸群．指向教师数字化教学适应性提升的区域培训模式探索［J］．教育传播与技术，2023，(2)：35-40.

④ 冯喆平．区域骨干教师培训模式探索——以小学道德与法治学科教师培训为例［J］．大连教育学院学报，2023，39(2)：45-50.

⑤ 郑承勉．“研训一体”教师培训模式的县域实践与反思［J］．教学月刊·中学版(教学管理)，2023，1(1)：25-30.

PBL）作为一种新兴的教育模式，已经被引入到教师培训中。许广玲的研究基于PBL理念，提出了一种小学科学教师培训模式，该模式强调基于教师通过解决真实问题来培养其批判性思维和创新能力①。孙惠利基于多主体互动的背景，提出"三位一体"协同创新培训模式。这是一种整合高校、地方政府和中小学资源的教师培训模式，试图通过跨部门合作，实现教师培训资源的优化配置和教师专业能力的全面提升②。

教师培训并非一次性事件，而是一个涵盖终身教育的持续性进程。教师培训强调主体实践性，就是要求教师不仅要在理论上有所提升，更需将所学应用于实际教学情境，通过不断的实践反馈与调整，深化对教育理念与方法的理解与掌握。成人学习理论的核心观点——强调成人学习者的自主性及其过往经验的价值，为教师培训模式提供了坚实的个性化与实践导向的理论基石。它倡导尊重并充分利用教师的已有经验，鼓励其在自我驱动下探索新知，实现自我超越。建构主义学习理论也认为，知识是个体在与周遭环境不断互动的过程中逐步构建起来的，这一观点为基于问题和探究的教师培训模式赋予了深刻的内涵。它要求教师培训机构设计培训内容时，应注重情境模拟与问题解决能力的培养，鼓励教师在真实的或模拟的教学情境中，通过主动探究与合作交流，共同构建知识体系，提升解决实际问题的能力，从而在实践中深化对教育理念的理解与应用，实现真正的减负增效。

三、聚焦区域特色的教师培训模式创新

教育的地域性和文化性特点要求教师培训模式不仅要具有普遍性，还要能够体现区域特色，满足个性化需求。诸多学者在深入探讨如何结合不同区域的独特文化背景、教育资源及教师需求，积极构建了具有鲜明区域特色的教师培训模式，努力通过理论分析与实证研究，揭示区域特色教师培训模式的核心要素、运行机制及实践效果等。如吴剑清研究了区域学前教师全纳分层培育模式，强调了在区域范围内通过共享资源和构建联动机制，实现学前教师专业素质的共同提高与自主发展③。徐玉特基于地方性知识，提出了民族乡村教师培训模式。该模式认为，教师的地方性知识是实现课程本土化和提升教学质量的关键，同时也是民族文化传承和创新的重要内容。这种模式体现了对教师文化

① 许广玲. PBL理念下的科学教师培训模式实践与思考［J］. 科教导刊，2021，（12）：45-50.

② 孙惠利. "三位一体"协同创新教师培训模式探究［J］. 教育评论，2017，（5）：20-25.

③ 吴剑清. 区域学前教师全纳分层培育的价值、条件与策略［J］. 学前教育研究，2022，1（1）：18-23.

背景和教学环境的重视，强调了培训内容与教师实际需求的对接①。

在比较不同区域特色的教师培训模式时，我们可以看到，虽然它们都强调了区域性和个性化，但在具体的实施策略和方法上存在差异。例如，全纳分层培育模式更侧重于教师群体的普遍性和整体性发展，而基于地方性知识的培训模式则更侧重于教师个体的文化背景和教学实践。这两种模式的理论基础分别是教育公平和教育适应性，它们都试图通过不同的途径实现教师培训的优化。在教师培训模式的设计中，需要平衡区域特色和个性化的需求。一方面，培训模式要考虑到区域文化、教育政策和学校环境的共性，以实现教育资源的有效利用和教师群体的共同发展。另一方面，培训模式也要关注教师个体的差异，提供灵活多样的学习机会，以满足不同教师的发展需求。现有的研究表明，教师培训模式的区域特色与个性化是提升培训效果的关键因素。未来的研究需要更加深入地分析不同区域和不同教师群体的特点，探索更加灵活和多样化的培训策略，以实现教师培训模式的进一步创新和整体优化。

四、现有区域培训研究评述与建议

在教育改革与教育技术双重驱动力的作用下，教师培训模式的多元化探索已成为提升教育质量的关键一环。近年来，学者们在教师培训模式创新方面取得了显著的研究成果，这些成果不仅丰富了教育理论的内涵，也为教育实践提供了有力的支撑。然而，面对教育发展的新要求，现有研究仍有待深化与拓展，为区域教师培训模式的进一步优化与创新预留了广阔的空间。

（一）当前区域教师培训模式研究的主要创新之处

既有研究在锚定多元发展的教师培训模式方面取得了重要进展。学者们从供需链、教育精准扶贫、互联网+自主学习、课例工作坊、数字化教学适应性等多个维度出发，提出了各具特色的教师培训模式。这些模式不仅关注教师个体的专业发展需求，还注重培训内容的精准性和培训方式的灵活性，有效提升了培训的针对性和实效性。例如，基于供需链的培训模式将教师培训与学生的实际需求紧密相连，构建了基于双重需求的培训供给链条，为培训的精准实施提供了有力保障。在指向主体实践的教师培训模式创新方面，学者们也取得了显著的研究成果。这些研究强调教师的主体地位，鼓励其积极参与和主动探索，将所学知识转化为实际行动。通过构建“研训一体”、项目式学习、三位一体协

① 徐玉特. 基于地方性知识的民族乡村教师培训模式构建研究[J]. 中小学教师培训，2019，1(5)：35-40.

同创新等新型培训模式，学者们试图打破传统培训的束缚，构建更加符合现代教师发展需求的新型培训模式。这些模式不仅注重教师的理论学习，更强调其实践能力和创新能力的提升，为教师的专业发展提供了有力的支持。聚焦区域特色的教师培训模式创新是当前研究的热点之一。学者们结合不同区域的文化背景、教育资源及教师需求，提出了具有鲜明区域特色的教师培训模式。这些模式不仅考虑了区域文化、教育政策和学校环境的共性，还关注教师个体的差异，提供了灵活多样的学习机会，满足了不同教师的发展需求。

（二）当前区域教师培训模式研究空间与展望

第一，当前区域教师培训模式研究的不足之处。现有研究在培训模式的多元化探索上仍有待加强，在如何结合不同区域的文化背景和教育资源，构建具有区域特色的培训模式方面，仍有较大的研究空间；在培训模式的实践性探索上仍有待深化，特别是在如何设计具有针对性和实效性的培训活动，以及如何建立有效的培训效果评估和反馈机制方面，仍需进一步的研究和探索；在区域特色培训模式的构建上仍有待完善。在如何深入挖掘区域文化资源和教育资源，如何将这些资源有效地融入到教师培训模式中，以及如何建立区域间教师培训模式的交流与合作机制等方面，仍需进一步的研究和探索。

第二，区域教师培训模式研究建议与展望。区域教师培训模式的研究应更加深入地分析不同区域和不同教师群体的特点，探索更加灵活和多样化的培训策略。同时，应加强培训效果的评估和反馈机制建设，以实现对培训模式的持续优化和创新。此外，还应注重区域间教师培训模式的交流与合作，推动优质教育资源的共享与互补，为区域教师培训模式的整体优化与创新提供有力的支持。

总之，在深入探讨当前区域教师培训模式的研究进展后，我们不难发现，教育理论与实践的紧密结合是推动教师培训模式创新的关键。尽管学者们在教师培训模式的多元化、实践性及区域特色化方面取得了显著的研究成果，但这些研究仍然处于不断探索和完善的阶段。面对教育发展的新要求，我们需要更加深入地挖掘教师培训模式的内在规律，以科学的方法论指导实践，不断丰富和发展教育理论。教师培训模式的创新并非一蹴而就，而是需要持续的努力和探索。在构建具有区域特色的培训模式时，我们必须充分考虑不同区域的文化背景和教育资源，将区域特色与培训模式深度融合，以形成独具特色的培训路径。同时，我们还需要加强对培训活动的针对性和实效性的研究，确保培训内容与教师的实际需求紧密相连，提升培训的实效性；同时建立有效的培训效果评估和反馈机制，通过对培训效果的客观评估，不断调整和优化培训模式，实现培训的持续优化和创新。通过这些努力，我们有望构建出更加科学、高效、具有区域特色的教师培训模式，为教育质量的提升和教育事业的发展贡献更多的智慧和力量。

第二节　区域教师培训的现状分析

在当前教育改革与发展的宏观背景下，深入分析区域教师培训的现状显得尤为重要。这一分析不仅是提升教师专业素养、促进教育公平与质量并进的基石，也是实现精准培训、优化资源配置的先决条件。通过系统梳理区域教师培训的现状，我们能够准确把握教师在不同教育阶段、不同学科领域的实际需求与能力短板，进而为制订科学合理的培训计划提供坚实依据。尤为关键的是，现状分析能够揭示培训资源分配的不均衡性，促进资源的优化配置与高效利用。此外，它还有助于识别培训过程中的瓶颈与障碍，为政策制定者提供决策参考，推动形成政府、学校、社会多元参与的教师培训支持体系。因此，强化区域教师培训的现状分析，不仅是响应国家政策号召、落实"国培计划"等战略部署的必然要求，更是推动教育事业高质量发展的内在动力，对于构建学习型社会、培养高素质教师队伍具有深远的战略意义。

一、区域教师培训现状调研

在知识迅速更新和技术不断进步的今天，教师的专业成长不仅关系到个人职业发展，更直接影响到教育的未来和民族的希望。要贯彻落实分层分类、精准培训的理念，我们需要全面审视区域教师培训的现状，直面问题与挑战，努力破解市县教师培训的困境，为教师的专业成长提供坚实支撑，为教育的高质量发展注入活力。

本节摘选了郴州市 2023 年教师培训工作调研报告案例。该报告不仅是对郴州市教师培训工作的全面体检和深刻反思，更是对未来发展方向的积极探索和科学规划。通过长期观察和研究，我们充分认识到搞好区域教师培训调研是提升教师培训质量，确保教育改革精准发力、有效实施的关键。

把好“五个”关键　建强“五级”教师培训体系　努力破解市县教师培训困境
——2023年郴州市教师培训工作调研报告(摘选)

一、调研基本情况

(一)调研主题

为深入贯彻落实党的二十大报告、《新时代基础教育强师计划》文件精神，树立“筑基提质、补短扶弱、做优建强、全面提高教师培养培训质量，整体提升中小学教师队伍教书育人能力，促进教师数量、素质、结构协调发展，为构建高质量教育体系奠定坚实的师资基础”的宏伟目标，结合当前郴州市大调研工作部署，我科对郴州市2022年教师培训工作情况以及2023年教师培训当前工作开展情况进行了调研。

(二)调研目的

聚焦高质量教师队伍建设，助力高质量教育发展。

(三)调研过程与分析

郴州市教育局教师工作科带领团队成员于2023年3月至5月间，采取资料查询法、访谈法、问卷调查法，对2022年全市教师培训工作情况和2023年教师培训工作经费安排、工作内容等资料进行了全面分析；对市县两级从事教师培训具体工作的人员、负责培训工作的领导从事教师培训工作的时间、业绩进行了了解，并在一对一访谈、开学工作检测等环节中，对各地教师培训工作情况进行了较为详细的调研。

1. 市县两级教师培训工作人员安排情况(略)

这些年，市级从事教师培训工作的专职人员仅1人，11个县市区中有3个县市区的工作人员为3~4人，其他县市区的培训工作人员多为兼职。从教师培训机构的名称设置上我们发现，培训机构的名称设置五花八门，培训机构不健全，培训专业能力、水平亟待提升。

2. 市县两级从事专项教师培训工作人员的工龄情况

截至2023年5月20日(见图1.1)，我市11个县市区的教师培训工作人员的工龄情况如下：工龄为30年以上的人员占比为26%，工龄为20~30年的占比为59%，工龄为10~20年的占比为9%，工龄为5~10年的占比为3%，工龄小于5年的占比为3%。

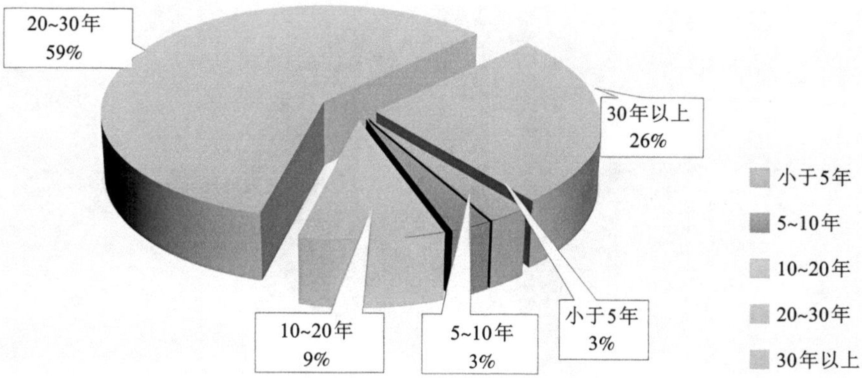

图 1.1　2023 年郴州市县级教师培训工作人员从事教师培训工作时间统计图

数据显示(见图 1.2)，教师改行从事教师培训工作且小于 5 年工龄的教师占比为 55%，工作为 5~10 年工龄的人员占比为 18%；工作为 20 年工龄的人员占比为 14%；工作为 10~20 年工龄的人员占比为 13%。

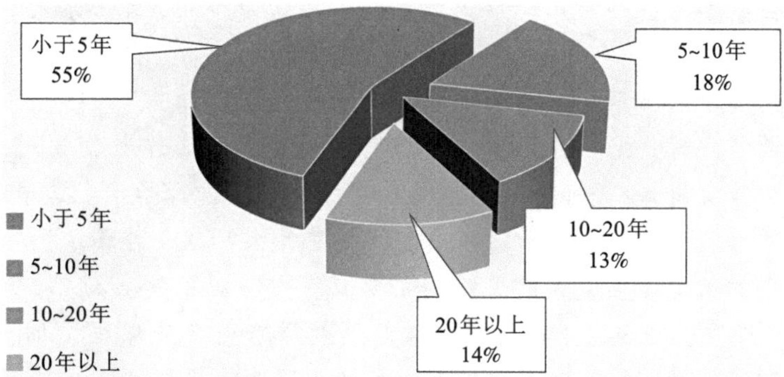

图 1.2　2023 年郴州市县级教师培训工作人员工龄分布情况统计图

这些工作人员有 53%的人员所学的专业或从事的工作与教师培训无关，有 47%的人员曾经所学的专业或从事的工作与教师培训有关(见图 1.3)。

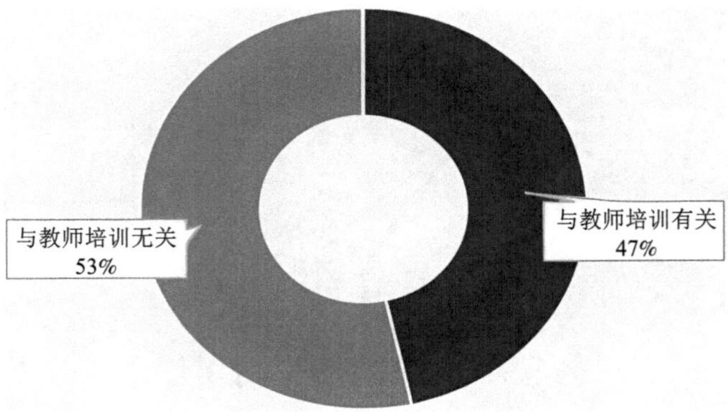

图 1.3　2023 年郴州市县级教师培训工作人员进入培训部门前原工作单位类型统计图

从以上数据分析及现实工作情况中，我们了解到，目前从事教师培训工作的中、老年领导者(临近退休的或其他部门调入的领导)居多，占比为 59%。他们中的大多数人，由于年龄偏大、工作调整等因素来到这个岗位。受多种因素影响，这些“领导岗位”的人员流动大，曾经从事的工作或所学专业与教师培训无关。相当一部分教师培训工作人员存在工作动力不足，专业能力、水平不足等问题。

3. 市县两级教师培训主要管理者访谈分析(摘选)

基于调研目标，我们对 11 个县市区教育局的教师工作股负责人、教师发展中心具体工作负责人(每个县市区 2 人，共计 22 人)进行了线上访谈。围绕“如何开展教师培训工作，当前遇到的最大问题是什么?”这一主题，所有受访人员进行了认真的回复。回复中的关键词主要有教师培训经费投入、领导(校长)的重视程度、教师队伍发展、教师培训管理、教师培训专业课程设计、教师培训的针对性和实效性、教师培训形式等。具体内容按重要程度进行了有序归纳。

一是培训经费投入不足的问题(略)。

二是培训专业能力不高的问题。各地均反映县级教师培训机构缺乏教师培训研究人员，专业能力不强，缺乏开发培训课程、培训课程设计能力，培训项目“杂、多、泛”，培训课程随意“拍脑袋”拼凑，培训效果流于表面，培训定位不准、不落地，培训的针对性和实效性有待提高。

三是对培训工作不重视的问题。各地上报资料显示，有的领导主张教师必须参加培训；有的领导认为培训没有效果，是否参加无所谓；有的校长愿意送教师参加培训，但希望培训学习在假期；有的领导认为学校工作多，忙不过来，不愿意送教师参培。有部分教师不想参加培训，怕影响自己班级的学生学习成绩；有部分教师反映目前的教师培训形式单一、质量不高，存在“学非所教”“教非所学”现象；有部分教师参加培训仅仅是为了获得教师培训学分。

四是培训缺乏科学管理的问题。近年来市级没有出台对县市区教师培训机构的管理办法，对县市区教师培训工作的管理、指导、考核不够规范。抽查发现，部分县级教师培训机构年初没有制订年度培训计划(因为县级没有明确本年度的教师培训经费)，组织一次培训需要逐级申请教师培训经费，加上培训机构的工作人员参与授课无报酬，工作做与不做没有多大区别，因此工作缺乏积极性。

全市教师培训工作虽然存在一定问题，但也取得了一些成绩。资料显示，各地各校在现有政策、现有资源条件下，能认真、扎实地开展教师培训工作，确保了教师培训质量逐年提升，确保了大部分教师的培训学分有来处，较好地完成了培训任务。

例如，2022 年北湖区采取多种办法积极筹措教师培训经费，共投入教师培训经费 807 万元，举办了 18 个培训项目，培训教师 8397 人次，其中培训乡村教师 1181 人次。有“陈波师德师风名师工作室”的培训、全区师德师风建设巡回送培、能力提升工程 2.0 培训、送培下乡、片区城市学校带动薄弱学校开展培训等，且成效显著。苏仙区教师培训经费投入仅有 128.7 万元，举办了 10 个教师培训项目，培训教师 2817 人次。该区的新进教师培训工作以“递进式”“师徒带教”形式进行，针对性强，得到学校的一致称赞。资兴市多方筹措培训经费，依托“国培计划”教师培训经费，2022 年累计投入教师培训经费 149 万元，创新开展培训工作，采取多种培训形式(如集中培训、线上培训、送培到校、混合式教师工作坊研修等)，共举办了 23 期培训班，累计培训教师 16535 人次。其中，中小学心理健康教育、送培到校培训项目办出了自身特色，全市各项培训工作设计科学，实施规范，被评为 2022 年“国培计划”先进项目县。桂东县 2022 年采取多种形式开展工作，突出做好了“新教师适应性培训”培训工作，举办了 24 个教师培训项目，培训教师 3371 人次，投入经费 62 万元。永兴县、安仁县、桂阳县均完成了“国培计划”省市联合立项项目。

基于当前各地教师培训工作实际，各县市区在总结经验的同时也提出了自己的思考与建议。桂东县反映，县里没有独立的教师培训机构，参与教师培训人员均是兼职人员，工作很费力、专业程度有待进一步提升，建议进一步完善教师培训机构建设。桂阳县提出，“培训师资力量不足，培训经费紧张，不能举办一些上档次的教师培训项目”。安仁县表示，“巧妇难为无米之炊”。各地虽早已实现了班班通，配齐了希沃触控一体机，但由于年久失修、机器老化等原因，很多学校的设施设备严重滞后，致使 2.0 考核培训项目推进不能齐头并进，培训成果推广有困难。永兴县反映，教师的培训需求在不断地增长，目前存在容量不够、师资力量不足等问题，研训队伍力量薄弱，校本研训不够规范，难以满足教师培训的需要。苏仙区认为，做好教师培训工作须提高思想认识，合理设置教师发展机构，解决工学矛盾，落实教师培训成果转化等问题。宜章县认为，2022年度本县获72及以上学分教师数占全县教师总数的64.16%，占比不够高，全县教师参加培训次数和人数还需增加，尤其是对乡镇教师参加培训应加大关注，加大经费投入；要根据教师学习需求，精准施培，真正提升教师的教学能力和业务管理能力。汝城县认为，教师培训工作中存在县级培训机构人员专业能力不足、人员素质参差不齐、培训专业化程度不高等问题。临武县反映，本县至今没有独立的培训机构，许多工作不便开展。

二、调研结论

郡县治则天下安。县域教育在教育事业发展中具有举足轻重的作用。从国家到地方，各级教师培训文件、政策的出台充分强调了教师培训的重要性，但在贯彻落实中受多种因素影响，且各地对教师培训工作并未引起足够的重视。针对以上数据反映的教师培训实情，我们认为，我市县市区教师培训机构存在以下问题：

（一）县级教师培训机构的职责、定位问题

一线学校、教师反映的“教师培训问题”，事实上涵盖了“国家、省、市、县、校”五级教师培训的职责分工和职责定位问题。2021年教育部、财政部印发《关于实施中小学幼儿园教师国家级培训计划（2021—2025年）的通知》明确提出，强化“国培计划”的示范引领作用，带动地方开展省、市、县、校级培训，明确各级培训重点，健全教师培训工作机制，实现全员培训、全面提升目标。研究表明，在湖南乃至全国大部分地区，县级教师进修学校、县级教研室、县级电教馆等机构一直是县域教师培训的中坚力量，但一段时间以来，县级教师进修学校定位不清、能力不够、教研员配备不齐等问题，严重制约着县域教师队伍的发展。①

（二）对县级教师培训机构的认识及经费投入问题

调研数据中反映的市、县两级教师培训专职工作人员的安排、机构设置情况，可说明某些县市区对教师培训工作存在认识不到位、重视不够的问题。

一些地方反映，各地普遍将一些年长的校领导、其他部门人员，以及需要得到关照的“某些人员”，“提拔、调剂、安排”入教师进修学校（或教师发展中

---

① 龚明斌，新时代湖南市县两级教师发展机构的发展现状与强化建议［J］.湖南教育（A版），2022（12）：32-43.

心)。某些教师进修学校工作人员的平均年龄为“53~54”岁，而在某些县，女性职工满“50岁”、男性职工满“55岁”的校领导就要被退岗，免除领导职务。在此种情形下，从领导到工作人员的工作动力普遍不足。同时，随着现代信息技术的迅猛发展，年龄偏大的教职工普遍存在现代信息技术应用能力、水平偏低，不会也缺乏动力去开展创新型培训。例如开展项目式培训、混合式(线上+线下)培训、“一对一”“异步伴随式培训”等。长此以往，很有可能让县级教师进“修”演变成教师进“休”学校，县级教师发展中心能否真正成为教师的“发展中心”值得深思。此外，参与访谈的工作人员均表示，举办培训“没有钱是最大的问题”。

(三)教师培训质量、工作人员专业能力提升问题

教师培训部门人员普遍反映，由于培训工作人员流动较大、偏老龄化，普遍存在培训管理水平不高、不规范，培训课程设计能力薄弱，培训针对性和实效性不强等问题，特别是针对乡村教师的培训工作，存在许多实际困难。部分乡村教师表示，工作十多年未参加过“国培”项目的培训，乡村年轻教师很少有机会参加“国培计划”高端研修培训项目。

上述问题的累积，制约着市、县教师培训事业的发展，构成市县教师培训工作的现实“困境”。为推动教育优质均衡发展，办好人民满意的教育，强化县级教师发展机构自身能力建设、明确培训组织机构和职能，提高教师培训科学管理能力，提高培训工作者的能力、水平，加大教师培训经费投入，科学开展教师培训工作刻不容缓。

三、工作建议

教师是教育事业的第一资源，是发展教育事业的关键所在。2018年中共中央、国务院出台的《关于全面深化新时代教师队伍建设改革的意见》明确指出：“教师培训是提升教师专业素养的基本途径，是建设高素质专业化创新型教师队伍、推动教育高质量发展的基础保障。”《教师教育振兴行动计划(2018—2022年)》文件强调，“采取切实措施建强做优教师教育，推动教师教育改革发展，全面提升教师素质能力，努力建设一支高素质专业化创新型教师队伍”。2022年《教育部等八部门关于印发〈新时代基础教育强师计划〉的通知》(教师〔2022〕6号)再次强调，高质量教师是高质量教育发展的中坚力量。“坚持质量为重。服务教育高质量发展要求，加强高质量教师队伍建设，推动地方政府、学校、社会各方深度参与教师教育……推进职前培养和职后培训一体化，创新师范生教育实践和教师专业发展机制模式，提升教师培养培训质量。”可见，只有提高教师培训质量，加强县区乡村教师专业发展支持服务体系建设，强化县级教师发展机构在培训乡村教师方面的作用，方能帮助市县教师培训破解难

题、走出困境，实现高质量教师培训助推高质量教育发展的宏伟蓝图。

“理想的县级教师发展机构应该成为支持县域教师成长的学习中心、研究中心、资源中心、信息中心、成果推广中心。而要达到这个目标，必须先行解决机构建设的相关问题”①。为此，我们提出了《把好“五个”关键，建强“五级”教师培训体系，努力破解市县教师培训困境》。

（一）把好“培训设计”关，做好顶层设计，建强“两支团队”

“教师培训是促进教师专业发展的专业学习活动，也是高素质、专业化、创新型教师队伍建设内源性、基础性要素。”“高质量的教育首先需要高质量的教师队伍。高质量教师队伍建设，也需要专业化的教师培训。”②自“国培计划”全面启动以来，教师培训范围之广、培训规模之大、培训人数之多前所未有。为了保障教师培训的质量与效益，国家先后出台《教育部关于深化中小学教师培训模式改革 全面提升培训质量的指导意见》（教师〔2013〕6号）、《国务院办公厅关于印发乡村教师支持行动计划（2015—2020年）的通知》（国办发〔2015〕43号）、《教育部办公厅关于印发乡村教师培训指南的通知》（教师厅〔2016〕1号）等一系列相关政策文件；出台了一个个规范实施教师培训的标准化文件，比如《“国培计划”课程标准（试行）》《乡村教师培训指南》《中小学幼儿园教师培训课程指导标准》《教师培训者团队研修指南》《新教师入职培训指南》《青年教师助力培训指南》《骨干教师提升培训指南》《教师培训者团队研修指南》等11项指南，为各地落实“国培计划”项目提供了专业性强、操作性强、收效良好的指导。特别是2021年教育部、财政部印发《关于实施中小学幼儿园教师国家级培训计划（2021—2025年）的通知》，为“十四五”期间“国培计划”实施思路、支持方向、工作重点，全力推进教师培训提质增效，助力教师队伍高质量发展指明了方向。文件强调：“建强专业化教师培训队伍。加大培训者、管理者培训力度，提高培训队伍专业化水平。”“打造高水平教师培训机构。市县教师发展机构为基础，师范院校为主体，高水平大学、专业机构、优质中小学幼儿园共同参与，建设一大批专业、引领、创新型培训机构。支持市县教师发展机构发挥好示范性作用。”在这样的大背景下，市、县教师培训机构务必追随“国培计划”脚步，对“教师培训模式、教师培训体系、教师培训机构等多方面进行改革和完善”，充分发挥市县级教师培训机构的地域优势和主体作用，建立功能强大的县域教师培训体系，使之成为县级教师培训提质增效的必由之路。

---

① 闫寒冰．魏非．筑基强师：县级教师发展机构的现实挑战与建设路径［J］．湖南教育（A版），2022（12）：29-31.

② 李瑾瑜，以专业化教师培训助力高质量教育发展——“十四五”教师培训的着力点与增长点［J］未来教育家，2021.3（06）：19-22.

2022 年，由湖南省国培办主任龚明斌带领团队对湖南省 97 个县级教师培训机构进行了调研。研究表明，“湖南省市县两级教师发展机构多种形态并存，机构名称不一，发展水平参差不齐”①已是普遍现象，我市市县教师培训工作机构存在同样的问题。

我市参与教师培训工作的人员大多来自各地的教师培训管理者、教研员、一线优秀教师（或校长）、高等院校或其他教育机构的专业研究人员。这些成员中的教师培训管理者承担了各地项目策划、立项的任务，而教研员、一线优秀教师（或校长）、高等院校或其他教育机构专业研究人员承担了项目实施、培训授课的引领职能。教师培训管理者中有相当一部分人，因为工作岗位调整而从事此项工作，工作中时有应付、不专业、管理不规范等问题。特别是一些针对当前的教育改革重难点问题的研究，县、市、区、一线学校缺少这类培训项目的研究专家，缺少“用得上、干得好”的高质量市县教师培训团队。多数教师培训项目在实施中往往依赖外地专家的“输血”来解决“本地”的教育问题。“教非所学，学非所教”现象在教师培训中时有发生，教师培训质量被质疑。为此，做好教师培训工作，实现教师培训的高质量发展，需要有热爱教师培训事业的、专业化的教师培训管理者和教师培训师团队。因此，各地势必建设两支专业化的教师培训管理者和教师培训师团队，方能从源头上做好科学谋划，采取有效措施，推动市县教师培训不断向前发展。

自 2016 年以来，郴州市教师培训在“国培计划”的带动下，已悄然发生了变化。教师培训工作开展坚持“四项”原则：一是坚持“城乡一体、按需施训、名师带动、强化管理、注重实效”的原则；二是坚持“国培强引领、省培做示范、市培重辐射、县培保全员、校培促常态”的原则；三是坚持内涵发展、激活内需、科学设置培训项目的原则；四是坚持融合发展、开放创新的原则。要求各地各校勇于创新，充分挖掘省内外优质培训资源，构建和谐的教师培训环境，不断提高教师培训的针对性、实效性。“四项”原则的提出，从顶层设计角度科学谋划了我市的教师培训愿景。各县市区按照国家、省市有关文件精神，建立科学的、持续的管理体系，进一步将各项工作落实到位。比如，近年来资兴市教师发展中心做出了积极探索，提炼了《“四融四力”助推县级教师培训机构新发展》工作经验。从“加强党政融合，提高工作战斗力；加强专兼职融合，锻造队伍执行力；加强身心融合，提升团队幸福力；加强研训融合，增强机构服务力”四个角度给全市同行做出了表率。他们的探索之所以能取得成功，资兴市

① 龚明斌. 新时代湖南市县两级教师发展机构的发展现状与强化建议［J］. 湖南教育（A 版），2022（12）：32-43.

的“两支教师培训团队”发挥了不可替代的作用。

（二）把好“培训管理”关，厘清“五级教师培训”职责，精准实施分层分类培训

2022年，闫寒冰教授曾带领团队对全国20个省份共计1324个县级教师发展机构提交的问卷数据进行了统计分析，发现这些机构普遍存在软硬件建设不够完善、人员结构不够明确等问题。就专业度而言，县级教师发展机构的培训者（培训师）和管理者在专业意识和能力上存在较多不足，因而，培训工作中普遍出现“拼盘式讲座”“事务性管理”等现象。在专业不足的背后，暴露出机构建设中的种种现实难题。县级教师培训机构的建设，既是深化教师培训变革的当务之急，也是长远之策，不可仓促图之，而要科学图之、有序图之①。因此，建设高质量五级教师培训体系，建设高素质专业化教师队伍，不仅要发挥“国培计划”的价值引领作用，各级教师培训部门还要厘清管理主体，挖掘县域教师培训的价值。

“‘国培’不是培训的工作任务，而是承载着其使命责任的教师发展行动。‘国培计划’以追求公平而有质量的教育、为乡村教师提供优质培训为其价值追求，以示范、扶贫和改革为其坚守的价值宗旨。”②“省级培训”以落实本省的教育规划、目标以及解决本地的教育重难点、改革推进项目为重点方向。市级和县级培训应聚焦本市、本县的教师培训问题开展培训工作，以提升培训实效，将培训成果转化为工作目标。

教育部、财政部印发《关于实施中小学幼儿园教师国家级培训计划（2021—2025年）的通知》明确提出，支持有条件的地区、省市县教师发展机构、高校开展先行先试，自主创新设计培训试点项目，重点在以下方面进行改革创新。其中特别指出，带动形成教师发展机构、高等院校、培训机构、中小学校幼儿园“四位一体”的教师专业发展支持服务体系，形成分工明确、责任清晰、稳定畅通和效能突出的协作机制。文件中的“目标任务”为：推进以教师自主学习、系统提升、持续发展为导向的“国培计划”改革，实行分层分类精准培训，建立教师自主发展机制，探索教师自主选学等模式，推进人工智能与教师培训融合发展。完善教师专业发展支持服务体系，加强市县教师发展机构专业化建设，健全项目区县、高校、中小学校和幼儿园协同发展机制，加强教师培训者队伍专业化建设，健全教师发展评价、培训综合评价机制，全面推进教师培训提质增

① 闫寒冰．魏非．筑基强师：县级教师发展机构的现实挑战与建设路径［J］．湖南教育（A版），2022（12）：29-31.

② 李瑾瑜．“国培”十年：教师培训专业化探索的中国实践与未来发展［J］．教师发展研究，2020．4（03）：15-26.

效。在"目标任务"中，明确将"实行分层分类精准培训""加强市县教师发展机构专业化建设"与"全面推进教师培训提质增效"紧密联系在一起。不同项目类别、不同层次教师、不同学段学科的培训项目，在"分层分类、分段分科、一体设计、递进发展"的思路中是不同的。作为项目的设计者，需要聚焦不同学段、不同发展阶段、不同学科、不同类型骨干教师的核心素养与关键能力，从发展目标、培训内容、实施流程、绩效评价等方面进行分阶段、递进式、一体化设计，开展分层分类培训，促进骨干教师持续提升。可见，实施"分层分类、精准施培"是教师培训专业能力提升的标志，也是建立教师常态学习体系的关键，各级教师培训工作者要厘清"国、省、市、县、校"五级教师培训的职责，各司其职、形成合力，方能让分层分类精准培训落地。各地应按照属地管理的原则，加大对市县教师培训机构建设力度，发挥好市县教师发展机构的示范性作用，让"五级教师培训"发挥最大的价值。

（三）把好"培训质量"关，采取多种培训形式，探索教师培训实施新路径

在各类教育工作调研中，只要谈到教师培训"质量"，就一律被认为"培训效果有问题"，特别是一些针对乡村教师培训的项目，普遍认为效果不好，培训难以落地。那么什么是培训质量？又该如何解决"培训效果"的问题呢？

一要厘清培训质量的内涵。美国著名的质量管理专家 J. M. Juran 博士从顾客的角度出发，提出了用户对产品的基本要求就是适用，产品质量就是产品在使用时能成功地满足用户需要的程度，即产品的适用性。因此在实际工作中，教师培训质量的目标不是越高越好，而是能够最大限度、最优化地利用教师培训，将参训教师的教育理念、教学方式等提高到适合或略高于其所在地政治经济和教育发展程度的水平，如此会更有利于当地教师和学生的良性发展。这也是衡量教师培训质量的重要标准①。随着我国教师培训进入新的改革发展阶段，对教师培训的评价也不再满足于满意度等浅层次评价，而是更加期望从促进教师专业发展成效的角度对教师培训进行深度质量评价②。

二要关注各培训项目设计、培训目标、培训对象以及培训诉求。教师培训项目设计应基于培训项目类别、培训目标、培训对象而设计实施。就培训项目的主导类型来说有两类。一类是自上而下的项目设计，旨在落实国家政策、法规、重点改革项目及规划。比如，新高考改革、"双减"政策落实、能力提升工程 2.0 考核、义务教育课程标准贯彻落实等。另一类则是自下而上的项目设计，培训主旨在于解决来自教学一线的实际问题。比如，学校管理、安全教育、

---

① 彭彩虹. 关于教师培训质量标准的思考[J]. 职业，2020(26)：20-21.

② 冯晓英，宋琼，吴怡君. "互联网+"教师培训与专业发展：深度质量评价的视角[J]开放学习研究，2020. 25(03)：1-7.

学科教学、薄弱学科教师培训、心理健康教育、幼小衔接、乡村教师提升、教师培训团队研修等。

好的培训会“把教师置于培训的中央，以教师为主体，以学习为中心，是教师培训专业化的根本基础。教师的职业要求是学习，教师培训的特性是成人学习”①。即培训项目设计之初，需关注参培对象的需求，在培训的主题、内容、方式上尽量满足参培教师，同时又引领教师发展。例如，在开展教师培训团队研修项目中，为建强专业化教师培训队伍，针对性地遴选一批名师、学科带头人、教研骨干等作为教师培训储备力量进行培养，持续打造“省、市、县、校”四级教师培训专家库。课程设计聚焦“学为中心”，以“线上+线下”混合式教师培训形式开展，不再拘泥于传统的短时线下集中，而在时空上、时长上、任务驱动上做探究，确保参培教师的个性化成长。

三要关注培训成果及培训成果的应用。如何让参培教师有获得感，除了好的设计，还要有科学的教师培训策划、实施、管理能力，并能将所学所获用于实际工作中。多年来，在“国培计划”的带动下，我市已基本形成了基于“问题导向、目标导向、过程导向、质量导向、结果导向”开展培训工作。以每年必须开展的校(园)任职资格为例，该项目聚焦《中小学校长专业标准》，高标准把握校(园)长专业标准之理念、立场、定位，严格按照《教育部关于进一步加强中小学校长培训工作的意见》(教师〔2013〕11号)文件要求“改进培训方式，发挥校长学习主体作用。完善培训制度，实现校长培训规范化”。各地要严格执行新任校长持证上岗制度，新任校长或拟任校长必须参加不少于300学时的任职资格培训。实行5年一周期不少于360学时的在任校长全员培训制度。培训采取“两地三段混合式培训模式”进行，两地即“本地5天+异地7天”集中培训，三段为集中培训(72学时)+线上学习(178学时)+返岗实践50(天、学时)。该模式自2018年以来推行后取得良好的实效。而在乡村教师培训方面，我们聚焦乡村教师的校本研修问题，开展了“5+2”混合式送培活动，探索了线下送培与线上答疑相结合的聚焦乡村教师真问题的送培活动，分别在宜章县、安仁县、汝城县、桂东县进行了实践，得到一线学校的认可。未来我们还将借鉴专家们的研究，积极探索助推乡村教师成长的培训模式，并将教师参培与教师个性化成长紧密结合，学习省外“教师学分银行”教师培训的新模式，激活教师参培欲望，努力解决当前该类项目实施中存在的目标不清、培训资源欠缺，缺少智慧型“自主选学”平台，以及缺少“专家型”导师等问题，为教师专业发展助力。

---

① 李瑾瑜. 以专业化教师培训助力高质量教育发展——“十四五”教师培训的着力点与增长点[J]. 未来教育家，2021. 3(6)：19-22.

（四）把好“信息技术与教师培训的融合”关，积极参与教育数字化战略行动，优化培训内容，提升中小学教师的信息技术应用能力和科学素养

2023年2月13日下午，教育部部长怀进鹏在北京召开的世界数字教育大会上以“数字变革与教育未来”为题明确指出，当前，科技革命向纵深发展、产业变革加速演进、社会治理迭代升级，人类生产、生活和思维以及交流方式已发生变化，新业态、新模式层出不穷，多样化、弹性化学习需求与日俱增，既对重塑教育的内涵和形态提出了迫切需求，也为教育变革与教育高质量发展提供了平台和动力引擎。报告强调：我们将深化实施教育数字化战略行动，一体推进资源数字化、管理智能化、成长个性化、学习社会化，让优质资源可复制、可传播、可分享，让大规模个性化教育成为可能，以教育数字化带动学习型社会、学习型大国建设迈出新步伐。试看，这些年国家推出的“国家中小学智慧教育平台”，以其优质教育资源的建设与汇聚，为各地高质量发展基础教育、高水平落实“双减”政策、高品质推进教育现代化提供强大动力。可以说“国家中小学智慧教育平台”的强力推出，为各地教师培训的创新发展引领了方向，教师培训必须走向多元、多模态，实现优质资源全面覆盖、全体共享，开启“智能+教师培训”新时代。广大教师培训工作者需进一步深刻认识到，传统的、单一的集中培训模式以及“拍脑袋”“拼盘式”的教师培训已不适应时代的发展。探索人工智能支持教师终身学习、持续发展新机制，促进人工智能与教师培训深度融合，推动实施智能化、个性化、交互性、伴随性培训将成为新时代教师培训的方向。

2022年《教育部等八部门关于印发〈新时代基础教育强师计划〉的通知》（教师〔2022〕6号）明确提出：聚焦基础教育课程改革的理念、要求和教育教学方法变革……优化培训内容、打造高水平课程资源，建立完善自主选学机制和精准帮扶机制，创新线上线下混合式研修模式，提升中小学教师的信息技术应用能力和科学素养。信息技术支持下的教师培训，将“精准到人，为教师队伍建设提供信息化决策和便捷化服务支撑”。以人工智能为代表的新一轮科技革命正在深刻地改变着人类社会，改变着未来教育形态，包括知识生产模式、教育服务供给、人才培养观念以及教师的价值定位等①。教师要主动适应信息化、人工智能等技术变革，积极有效开展教育教学，深入研究智能时代“教与学”的关系问题，其自身专业素养亟待进行适应性调整与升级。

《教育信息化2.0行动计划》《教师教育振兴行动计划（2018—2022年）》

---

① 王丹. 人工智能视域下教师智能教育素养研究：内涵、挑战与培养策略点[J]. 中国教育学刊，2022(3)：91-96.

《教育部关于实施全国中小学教师信息技术应用能力提升工程2.0的意见》《新时代基础教育强师计划》《教师数字素养》等文件，均强调教师培训服务国家“互联网+”、大数据、人工智能等重大战略，推动教师主动适应信息化、人工智能等新技术变革，积极有效开展教育教学。政策文件的出台和技术手段的不断升级为教师培训的创新发展提供了重要的外部支持。党的二十大报告也再次强调，“实施科教兴国战略，强化现代化建设人才支撑”。同时，强调坚持科技是第一生产力、人才是第一资源、创新是第一动力。“但发展是内外因共同作用、相互转化的结果，不仅需要信息技术革命的外源性刺激，也需要教师专业素养的内生性发展与之配合。”①可见，智能时代教师培训工作的开展，须“推动人工智能与教师培训融合”。“建立基于大数据的教师专业发展测量与评估机制，对教师精准测评、指导，实施智能化、个性化、交互性、伴随性培训，形成人工智能支持教师终身学习、持续发展的机制。”把好“信息技术与教师培训的融合关”，不仅仅要优化教师培训内容，更需要以提升中小学教师的信息技术应用能力和科学素养为己任，打造高质量的教师培训。

（五）把好“培训经费投入关”，确保培训经费投入，让教师培训赋能教师发展

关于教育经费投入，有学者认为，保持教育优先发展的战略定力和教育投入的稳定机制尤为重要，教育投入特别要在保重点、补短板方面下功夫，努力推动城乡教育一体化发展②。然而，受经济社会发展形势的制约性影响和教育体系内涵更加丰富的发展性需求，高水平教育经费投入面临重大挑战。虽然我市近三年来教育总投入逐年增加，但就我市教师培训经费的投入而言，市本级近三年的教师培训经费已在原有基础上下降了90万元。各县市区的教师培训经费不足也成为不争的事实。据了解，教师培训经费投入不足的原因有以下三个：一是受疫情影响，全市财政经费紧张，教育附加呈压缩趋势，因此无法确保教师培训经费投入；二是受市县两级教师培训专业化水平的制约，不能高投入；三是教师培训效果不明显，无法立竿见影提高“分数”而被“诟病”。

回顾“国培计划”的实施，作为落实《国家中长期教育改革和发展规划纲要（2010—2020年）》的第一个重大项目，由教育部、财政部联合实施的“中小学教师国家级培训计划”（以下简称“国培计划”）已逾十年，国家投入经费超过170亿元，受益教师超过1600万人次。国培计划覆盖范围之广、持续时间之长、抵达基层之深、影响程度之大、实践探索之新，都开创了我国教师培训前

① 王丹. 人工智能视域下教师智能教育素养研究：内涵、挑战与培养策略点［J］. 中国教育学刊，2022（3）：91-96.

② 杨小敏，杜育红. 国家战略驱动下教育经费投入的总体格局与政策取向［J］. 教育研究，2023. 44（5）：136-146.

所未有的新局面，是我国中小学教师队伍建设历程中具有划时代意义的伟大创举，也为当今世界教师教育创新发展贡献了“中国经验”和“中国智慧”①。余新教授在“国培计划”实施成效的研究中认为：各地在“国培计划”实施过程中，改革了管理模式，创新了工作机制，积累了成功经验；中央财政对教师培训经费也稳定增长，保障了“国培计划”的持续推进②。李瑾瑜教授等认为“国培计划”对我国教师培训的发展具有十个方面的创新性贡献，包括“重构教师培训理念与价值”“注重培训机构资质与专家团队建设”“研发课程标准规范教师培训内容”等。崔照笛等人则依据“实质—形式价值”二维分析框架，阐述“国培计划”的两类价值，并指出价值引领是“国培计划”政策制度创建和发展的根本动因。“国培计划”的实施使许多培训机构得以恢复重建和发展，构建了“国培—省培—市培—县培—校培”五级联动的新型教师培训网络③。而五级联动的新型教师培训体系建设，能有效提高教师培训针对性、实效性，帮助一线教师解决面临的各类突出问题。可见，“国培计划”的投入与产出是有价值的，影响是巨大的。这些年，各地教师培训在“国培计划”的带动、支持下有了长足发展，特别是“国培计划”省市联合、省县联合项目的实施，弥补了市县教师培训经费的不足，引领、推动了市县教师培训机构的发展。然而，受教师培训经费、地域环境、县域教师培训机构专业化程度等因素制约，各地教师培训事业发展仍不够乐观。

教师职业具有公共属性，根据《中华人民共和国教师法》规定，教师应该具有教育教学权、学术研究权、指导评价权、报酬待遇权、参与管理权、进修培训权这六大权利。教师在完成好本职工作的同时，应享有“进修培训”的权利。多年来，国家已出台了众多相关文件，明确必须确保教师培训经费投入。

《教育部关于大力加强中小学教师培训工作的意见》(教师〔2011〕1号)指出：市县级教育行政部门要制订教师培训实施计划，落实培训经费，加强组织协调管理，确保教师培训计划落到实处。《教育部办公厅关于开展示范性县级教师培训机构评估认定工作的通知》(教师厅函〔2011〕26号)强调：县级人民政府将本地中小学教师培训经费列入政府预算，按不低于本地教职工工资总额的1.5%拨付年度教师培训经费。对农村中小学按照不低于年度公用经费预算总额的5%安排教师培训经费。2018年《中共中央、国务院关于全面深化新时代

① 陈睿.“十四五”国培计划的坚守与创新[EB/OL]. http://www.moe.gov.cn/jyb_xwfb/moe_2082/2021/2021_zl39/202105/t20210519_532255.htm, 2021-05-19.

② 余新.“国培计划”十年研究综述与展望[J].教师发展研究，2020，4(01)：48-54.

③ 李瑾瑜.“国培”十年：教师培训专业化探索的中国实践与未来发展[J].教师发展研究，2020.4(03)：15-26.

教师队伍建设改革的意见》明确，各级政府要将教师队伍建设作为教育投入重点予以优先保障，完善支出保障机制，确保党和国家关于教师队伍建设重大决策部署落实到位。《教师教育振兴行动计划(2018—2022年)》强调："加强经费保障。要加大教师教育财政经费投入力度，提升教师教育保障水平。根据教师教育发展以及财力状况，适时提高师范生生均拨款标准，教师培训经费要列入财政预算。幼儿园、中小学和中等职业学校按照年度公用经费预算总额的5%安排教师培训经费。"2022年《新时代基础教育强师计划》再次强调："经费保障。中央和地方共同支持新时代基础教育强师计划实施。各地要优化支出结构，将教师队伍建设作为教育投入重点予以优先保障。"《教育部 财政部关于实施中小学幼儿园教师国家级培训计划(2021—2025年)的通知》再次提出：强化经费保障。中小学、幼儿园按照年度公用经费预算总额的5%安排教师培训经费，保障"国培计划"实施。在地方相关重大教育发展项目中将教师培训作为资金使用的重要方向。

"十四五"期间，"国培计划"的根本任务是秉承"示范引领、雪中送炭、促进改革"的宗旨，推进教师队伍高质量发展和教师培训提质增效，为助力乡村振兴持续发力①。作为"五级"教师培训体系中的市县教师培训，在"国培计划"的带动下，一要不断强化市县教师发展支持体系。加大对市县教师发展机构建设的支持力度，带动市县教师发展机构高质量发展，持续打造"用得上、干得好"的市县教师培训团队，增强市县教师发展机构的"造血"功能。二要健全协同发展机制。带动形成教师发展机构、高等院校、培训机构、中小学校幼儿园"四位一体"的教师发展支持服务体系，形成分工明确、责任清晰、稳定通畅和效能突出的协作机制，创造协同发展、协作共赢的生动局面②。我们期待在市县教师培训部门不断加强自身建设的同时，各级财政真正确保教师培训经费投入，以促使建强高质量的教师培训，破解市县教师培训困境，助推教育高质量发展。

案例评述

该报告在以下三个方面表现出显著的优势和创新之处。

---

① 陈睿."十四五"国培计划的坚守与创新[EB/OL]. http://www.moe.gov.cn/jyb_xwfb/moe_2082/2021/2021_zl39/202105/t20210519_532255.html,2021-05-19.

② 陈睿:"十四五"国培计划的坚守与创新[EB/OL]. http://www.moe.gov.cn/jyb_xwfb/moe_2082/2021/2021_zl39/202105/t20210519_532255.html,2021-05-19.

一、全面深入调研与数据分析

报告的首要优势在于其全面性和系统性。通过综合运用访谈法、问卷调查法和资料查询法，报告对郴州市教师培训工作进行了全方位的审视。特别是在人员配置、工龄分布和专业背景方面的深入分析，为理解培训体系的实际情况提供了坚实基础。报告中的数据、图表直观地展示了教师队伍的构成和经验水平，这种量化分析为精准识别问题提供了有力支撑。

二、创新的培训理念与实践结合

报告的第二个亮点是其创新的培训理念。报告不仅基于实践调研，还紧密结合了国家教育政策和现代教育理念，如“国培计划”和新时代教师队伍建设的要求。报告提出的“五个关键”和“五级培训体系”构建，体现了对教育改革趋势的深刻洞察和前瞻性规划。特别是对教育数字化转型和教师信息技术应用能力提升的重视，展现了报告对未来教育发展方向的敏锐把握。报告还特别强调了教师专业发展的重要性，提出了建立教师自主发展机制和探索教师自主选学模式等创新点。这些措施有助于激发教师的内生动力，促进教师持续学习和成长，体现了对教师终身学习理念的深刻理解和支持。

三、明确的改进建议与教育公平关注

报告的第三个优势是其明确的改进建议和对教育公平的深切关注。在分析问题的基础上，报告提出了切实可行的改进措施，如加强市县教师培训机构建设、厘清各级培训职责、实施分层分类培训等。这些建议有助于破解当前教师培训的困境，推动培训工作的持续优化和改进。报告特别关注了乡村教师培训问题，强调了教育公平的重要性。对乡村教师培训需求的重视，不仅有助于缩小城乡教育差距，也是推动教育均衡发展的关键。报告的这些建议和关注点，体现了对教育公平和教师全面发展的深切关怀。

郴州市的教师培训调研报告在全面深入的调研与数据分析、创新的培训理念与实践结合、明确的改进建议与教育公平关注等方面表现出色。报告不仅为区域教师培训工作的改进提供了宝贵的参考和指导，也为其他地区提供了可借鉴的经验。

二、校本教师培训现状调研

学校作为教师专业成长的摇篮，其在培训调研中的作用不可小觑。深入有效的培训调研是确保教师培训工作精准对接教师需求、提升培训质量的前提。学校在开展培训调研时，需细致考察教师的实际需求、教学实践中的难题以及专业发展的潜在方向。通过科学的调研方法，如问卷调查、访谈、课堂观察等，收集和分析数据，为培训内容的设计提供实证基础。这不仅有助于提升教师的教学技能和教育理念，更能激发教师的内驱力，促进其主动学习与终身发展。学校在培训调研中还需关注教师培训的持续性与动态性，建立长效的反馈与调整机制。这要求学校不断跟踪教师培训的效果，及时根据教育改革的新要求和教师发展的新需求，调整培训策略和内容，确保培训工作的前瞻性和适应性。

本节文选自2023年5月14日郴州市信息技术与教育教学融合研究团队对郴州市六中、郴州市六中观山学校“教师数字素养”的数据分析报告。

郴州市六中、郴州市六中观山学校“教师数字素养”数据分析报告

在数字技术和信息化教育不断发展的今天，教师作为教育教学的组织者和引导者，在教育信息化建设中发挥着关键作用。随着信息技术的普及和应用，教师的“数字素养”提升水平对教育教学工作开展而言显得尤为重要。为贯彻落实《教育部关于发布〈教师数字素养〉教育行业标准的通知》(教科信函〔2022〕58号)文件精神，有效推进我市中小学教师信息技术与学科教学深度融合，全面了解我市中小学校数字化教育教学建设发展和教师数字素养，以促进教师专业发展，提高教学实效。郴州市中小学教师信息技术与学科融合研究团队(以下简称“市融合研究团队”)核心成员，以郴州市六中(校本部)、郴州市六中观山学校(以下简称“观山学校”)为样本，开展了基于“教师数字素养”情况的线上、线下调研，为下一步在全市推进此项工作奠定基础。

一、教师基本情况

线上调研数据显示(见图1.4)，参与本次问卷的教师共计207人，其中郴

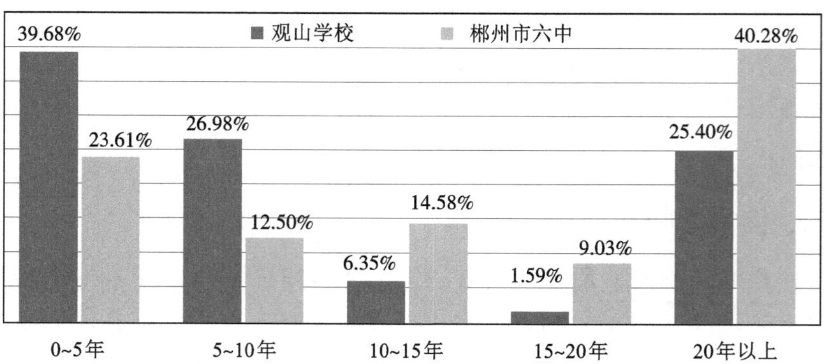

图1.4　郴州市六中、观山学校教师从教年限对比图

州市六中144人(根据性别归类:男性教师占比25%,女性教师占比75%。根据学科归类:文科54.17%,理科45.83%),观山学校63人(根据性别归类:男性教师占比36.51%,女性教师占比64.49%。根据学科归类:文科69.84%,30.16%)。从两校教师的工作年限来看,工龄为0~5年及5~10年这一阶段的教师,观山学校比率比郴州市六中高;而从教10~15年、15~20年及20年以上工龄的教师,郴州市六中均高于观山学校。

二、调研情况

市融合研究团队通过发布在线问卷、赴学校听课(听了郴州市六中的英语、历史课,观山学校小学部的数学、语文课),并组织了教师座谈会,组织教师座谈会,对这两所学校教师的“数字化意识、数字技术知识与技能、数字化应用、数字社会责任及专业发展”五个方面的情况进行了较为深入的了解、分析。

(一)数字化意识

教师数字化意识指的是教师对数字技术在教育教学中的作用和应用有一定的认识和理解,能够灵活地运用数字技术支持教学和教学管理,能够有效地引导和促进学生的数字素养和数字能力的发展。从问卷第8~12题可获知。

1.两所学校大多数教师能够理解数字技术在经济社会及教育发展中的价值,能理解数字技术推动教育数字化转型的重要意义,有部分教师感觉“有点困难”,工作有畏难情绪,其中郴州市六中占比25%,观山学校占比14.29%(见图1.5,左图为观山学校,右图为郴州市六中。以下图片均同)。

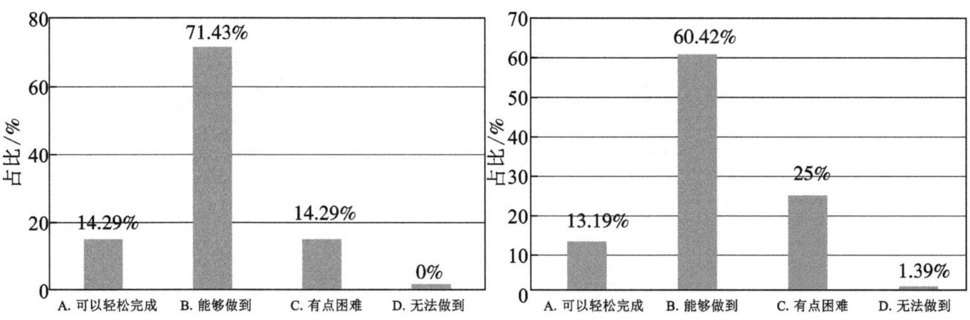

图1.5　理解数字技术在经济社会及教育发展中的价值分析图

2.在对认识数字技术发展对教育教学带来的机遇与挑战(见图1.6)问题的回复中:两所学校教师对该问题的认识上未有较大差异,11%以上的教师认为能轻松应对,绝大多数教师能够正确理解。可见绝大多数教师能够认识到数字技术正在推动教育创新发展,将数字技术资源应用于教育教学,必将引发教学理论、教学模式、教学方法的创新变革。

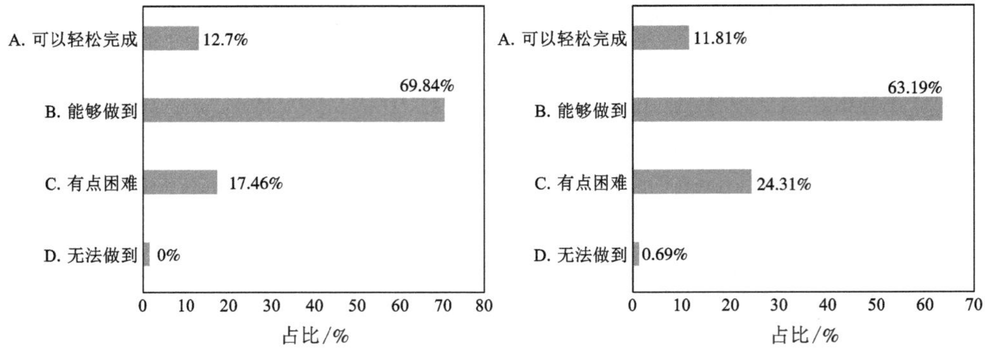

图 1.6　数字技术发展对教育教学带来的机遇与挑战分析图

3. 数据显示，两所学校 60%以上的教师有主动学习和使用数字技术资源（见图 1.7）的意愿，能主动了解数字技术资源的功能、作用，并有在教育教学中使用数字技术资源的愿望；知道合理使用数字技术资源，能够推动教育高质量发展。诚然，也有部分教师对数字技术的应用感到困难，其中，郴州市六中的“老教师”反映较强烈，认为有困难的占比为 19.44%；观山学校有 20.63%的教师认为能轻松完成。

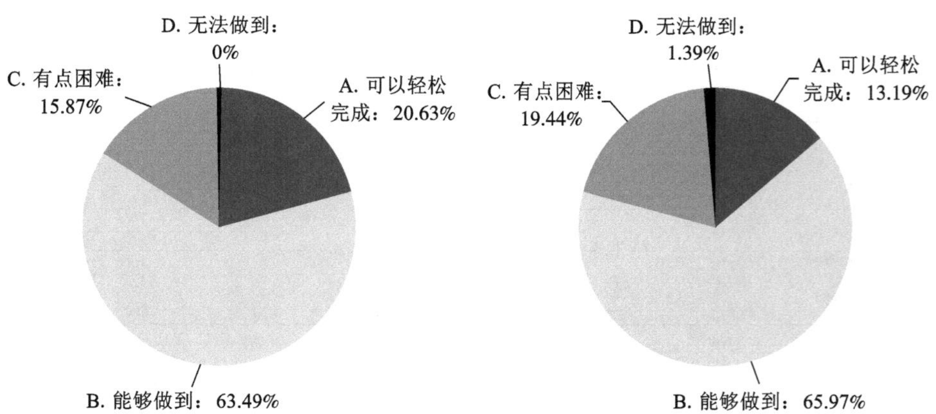

图 1.7　学习和使用数字技术资源分析图

4. 从反馈数据可看出大部分教师具有开展教育数字化实践、探索、创新（见图 1.8）的能动性，具有实施数字技术与教育教学融合的主动性，愿意开展教育教学创新实践。

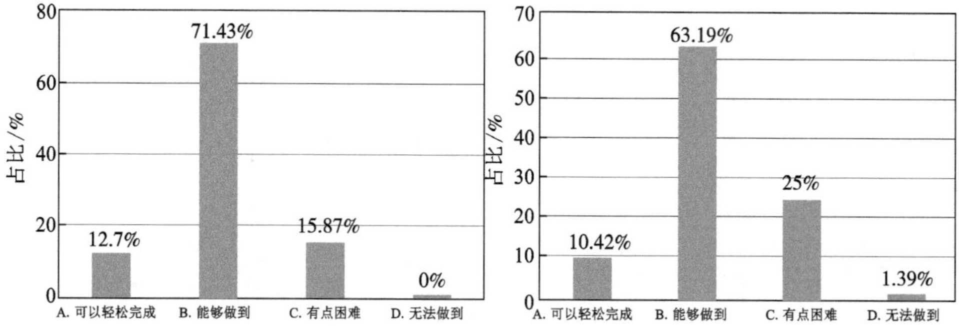

图 1.8　数字化实践、探索、创新分析图

5. 在对战胜教育数字化实践中遇到的困难和挑战的信心与决心(见图 1.9)问题的回复中："可以轻松完成"的选项中，两所学校基本一致，占比均为 11%左右；"能够做到"的选项中，观山学校略高。两校教师均表示，能够战胜教育数字化实践中面临的数字技术资源使用、教学方法创新方面的困难与挑战，能持续开展数字化教育教学实践探索。

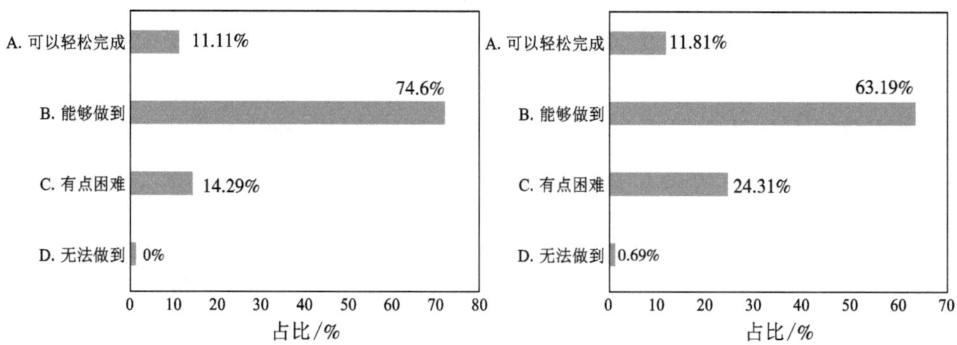

图 1.9　教育数字化实践中遇到的困难和挑战的信心与决心分析图

(二)数字技术知识与技能

数字技术知识与技能是教师在日常教育教学活动中应了解的数字技术知识与需要掌握的数字技术技能 。

1. 在对数字技术资源的选择策略(见图 1.10)问题的回复中：部分教师能够在教育教学中轻松掌握数字化设备、软件、平台的原则与方法；认为有点困难、难以开展的郴州市六中教师明显高于观山学校教师，达到 25. 69%。

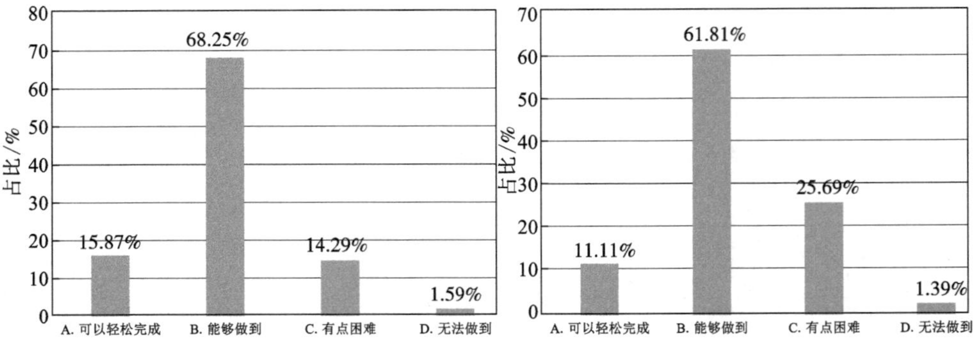

图 1.10　数字技术资源的选择策略分析图

2. 从观山学校及郴州市六中的问卷调查中可以看出，在对待数字技术资源的使用方法(见图 1.11)这一问题上，“可以轻松完成”“能够做到”两项，观山学校所占比例均高于郴州市六中，而“有点困难”一项，郴州市六中明显高于观山学校。

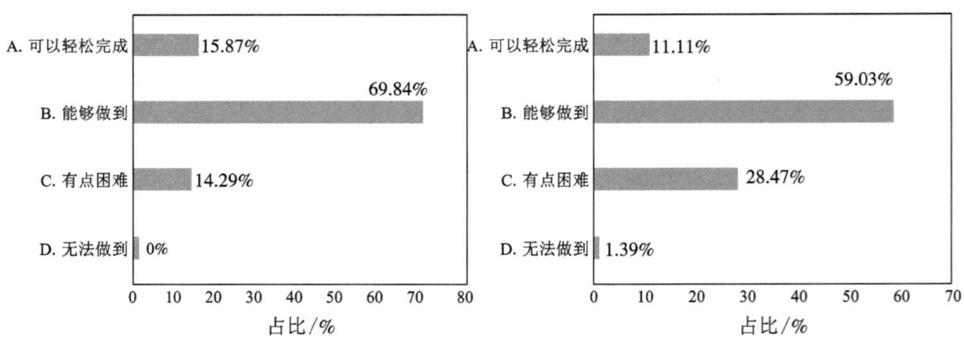

图 1.11　数字技术资源的使用方法分析图

(三)数字化应用

1. 数字化教学设计

(1)大多数教师能够开展学习情况分析(见图 1.12)，能够运用数字评价工具对学生的学习情况进行分析。

(2)对于获取、管理与制作数字教育资源(见图 1.13)，超 15%的教师能够轻松完成多渠道收集，并依据教学需要选择、管理、制作数字教育资源，观山学校教师“能够做到”的比率达到 71.43%，而两所学校仍有近 30%的教师对此感到有点困难。

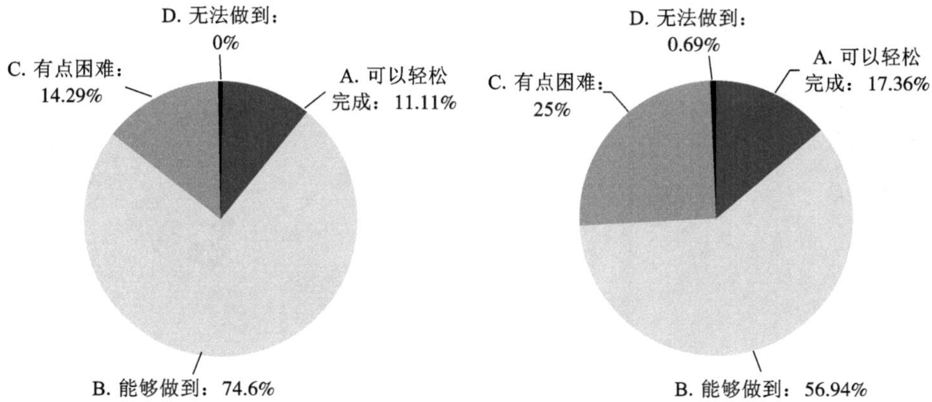

图 1.12　数字评价工具对学生的学习情况分析图

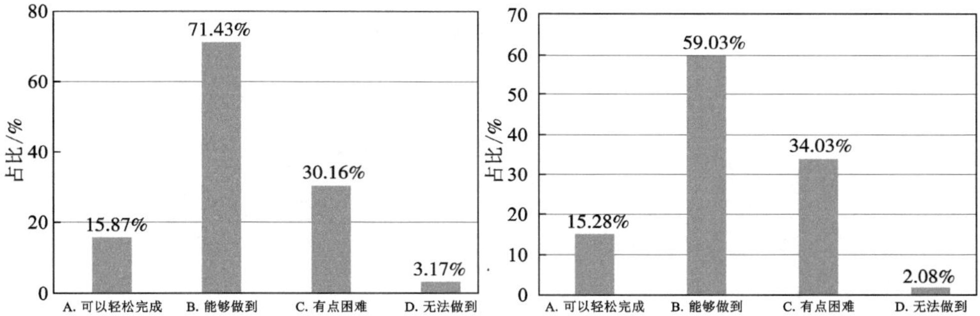

图 1.13　获取、管理与制作数字教育资源分析图

(3) 绝大多数教师能够依据教学目标设计数字化教学活动(见图 1.14)，相比较而言，观山学校“能够做到”的比率更高，达到 73.02%。

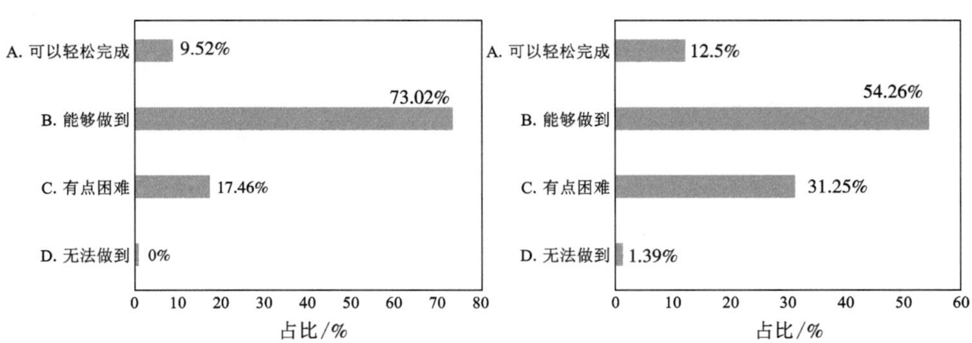

图 1.14　依据教学目标设计数字化教学活动分析图

(4)单从数据来看，能够做到创设混合学习环境(见图1.15)的教师居多，但是观山学校的比率高于郴州市六中。

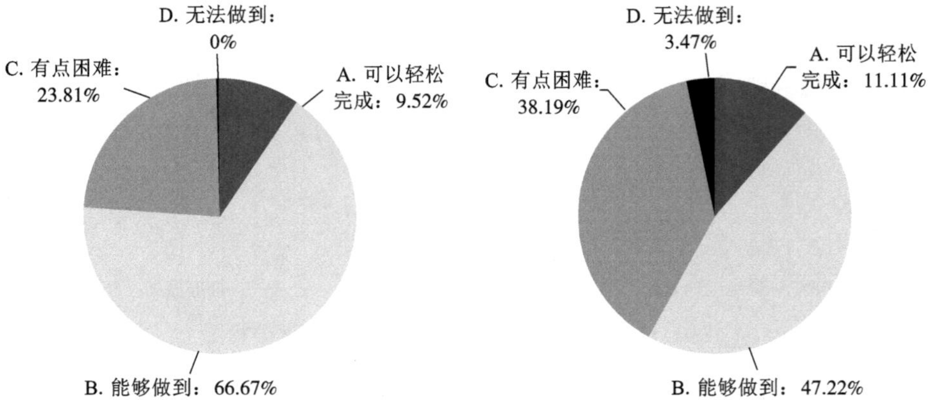

图1.15　创设混合学习环境分析图

2. 数字化教学实施

(1)在利用数字技术资源支持教学活动组织与管理方面(见图1.16)，观山学校与郴州市六中在“轻松完成”的选项中都是11.11%，在“能够做到”的选项中均过半数。而郴州市六中教师面对此内容“感到困难”的较观山学校更多，达到了30.56%。

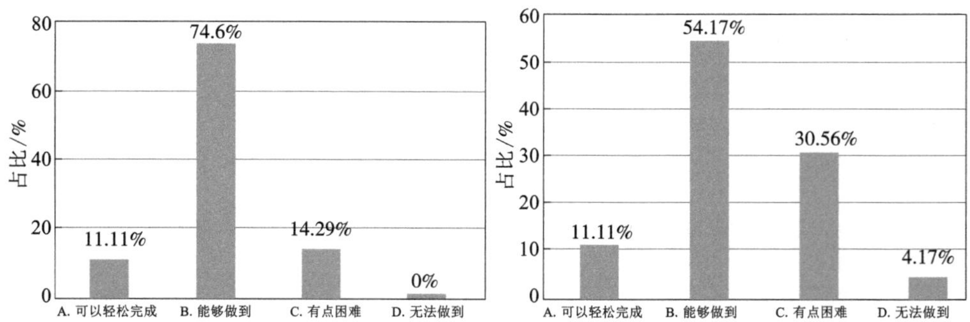

图1.16　数字技术资源支持教学活动组织与管理分析图

(2)过半数的教师能够利用数字技术资源优化教学流程(见图1.17)，郴州市六中有30.56%的教师对此感到困难。

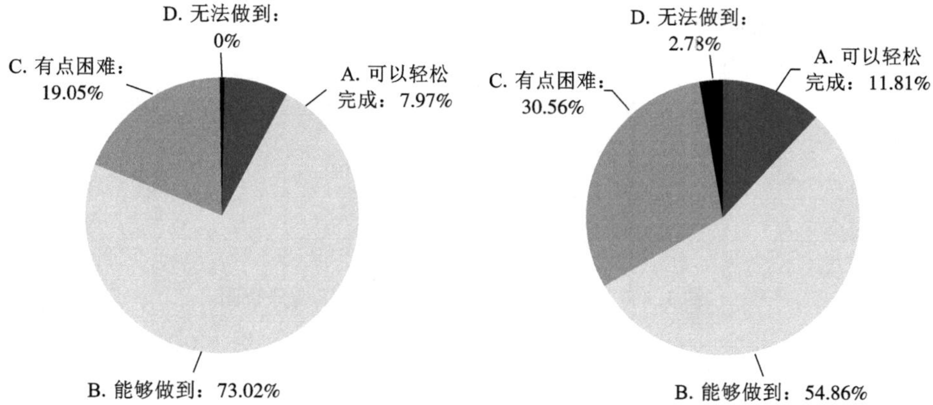

图 1.17　利用数字技术资源优化教学流程分析图

(3)多数教师认为能利用数字技术资源开展个别化指导(见图 1.18)工作，能够利用数字技术资源发现学生的学习差异，对其开展有针对性的指导；也有超过 25%的教师认为“有点困难”，不知道如何开展。

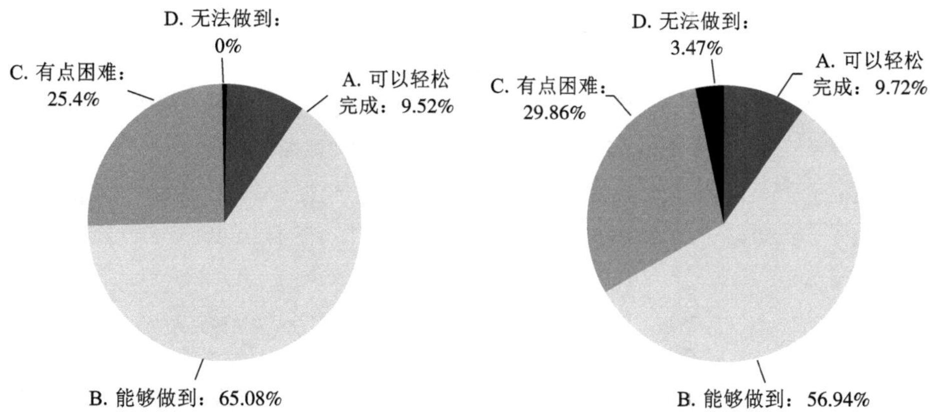

图 1.18　利用数字技术资源开展个别化指导分析图

3. 数字化学业评价

(1)超过半数教师在选择和运用评价数据采集工具(见图 1.19)中，认为能够做到且较好地完成此项工作，也有近 40%的老师认为“有点困难”，不知道如何使用。

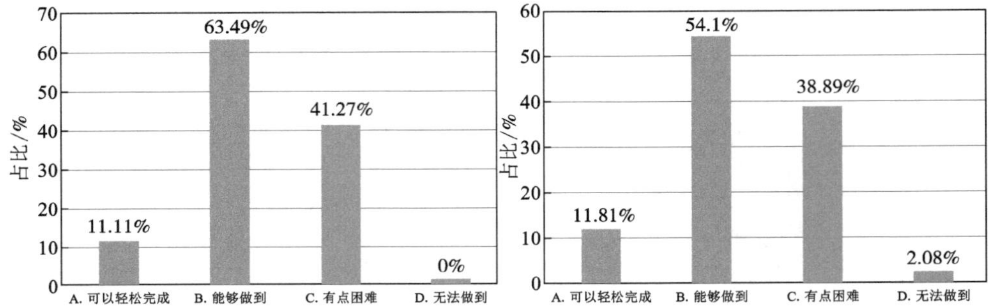

图 1.19　选择和运用评价数据采集工具分析图

（2）在应用数据分析模型进行学业数据分析方面（见图 1.20），超过半数教师认为能够做到，少部分教师认为可以轻松完成，超过 30% 的教师认为有点困难，还有极少部分教师感到无法做到。

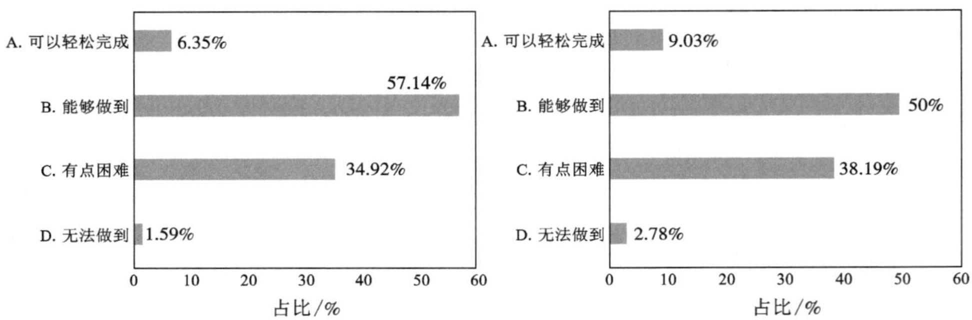

图 1.20　应用数据分析模型进行学业数据分析图

（3）近半数教师能够做到使用实现学业数据可视化与解释的技术工具（见图 1.21），也有超过 30% 的教师认为“有点困难”，还有极少部分教师认为“无法做到”。

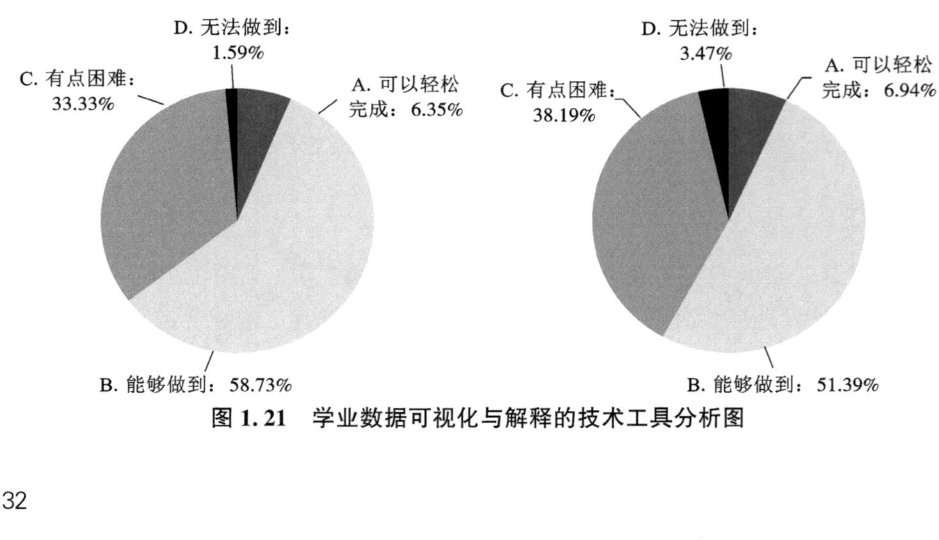

图 1.21　学业数据可视化与解释的技术工具分析图

4. 数字化协同育人

(1)近半数教师认为能够指导学生恰当地选择和使用数字技术资源支持学习(见图1.22)，注重培养学生的计算思维和数字社会责任感，近10%的教师认为能够轻松完成此项工作，其中郴州市六中有37.5%的教师认为“有点困难”，难以完成。

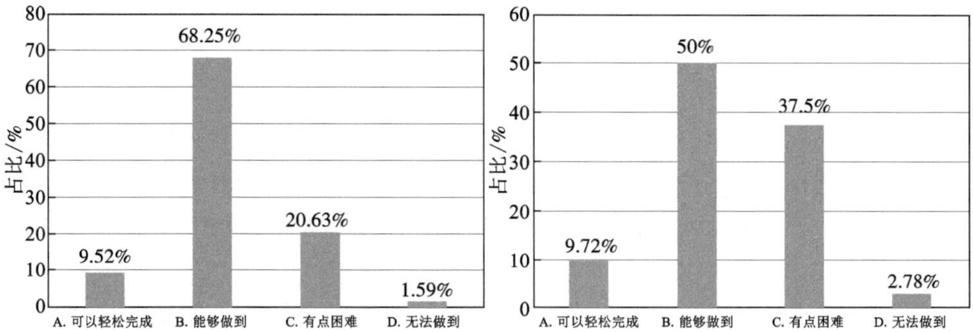

图1.22　指导学生恰当地选择和使用数字技术资源支持学习

(2)在利用数字技术资源开展德育(见图1.23)工作方面，郴州市六中教师认为“能够做到”的不足50%，感到“有点困难”的达到了37.5%。

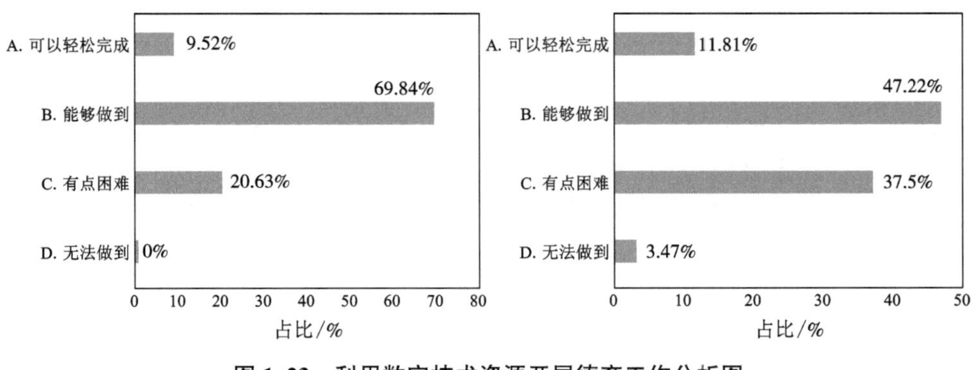

图1.23　利用数字技术资源开展德育工作分析图

(3)在利用数字技术资源开展心理健康教育方面(见图1.24)，观山学校教师认为“能够做到”的人数超过郴州市六中，郴州市六中38.89%的教师认为“有点困难”，难以利用数字技术资源辅助开展多种形式的心理健康教育活动。

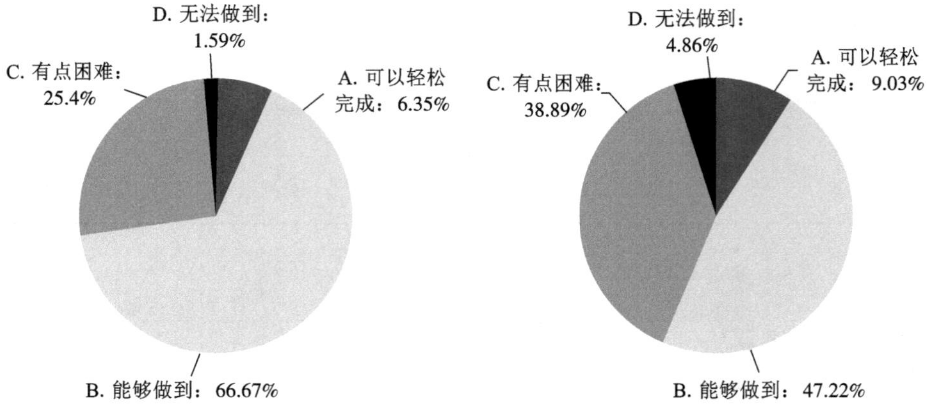

图 1.24　利用数字技术资源开展心理健康教育分析图

(4)有超过半数的教师认为，能够利用数字技术资源开展家校协同共育(见图 1.25)工作，郴州市六中有 36.11%的教师认为“有点困难”。

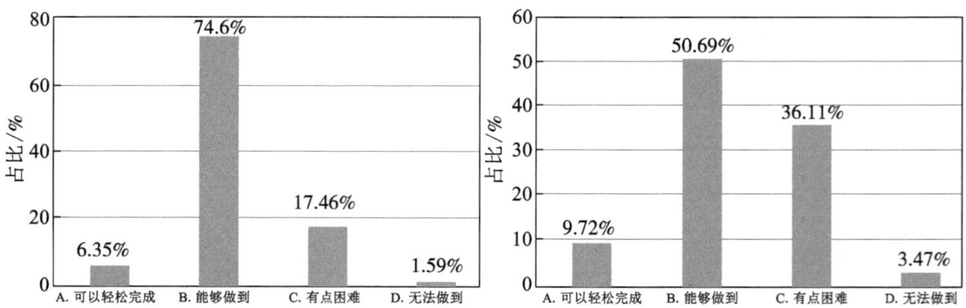

图 1.25　利用数字技术资源开展家校协同共育工作分析图

(四)数字社会责任

两所学校教师在数字社会责任(见图 1.26)问题的回复中显示，各项数值较为接近。在法制道德规范、数字安全保护层面的工作上，多数教师认为“可以轻松完成”“能够做到”。

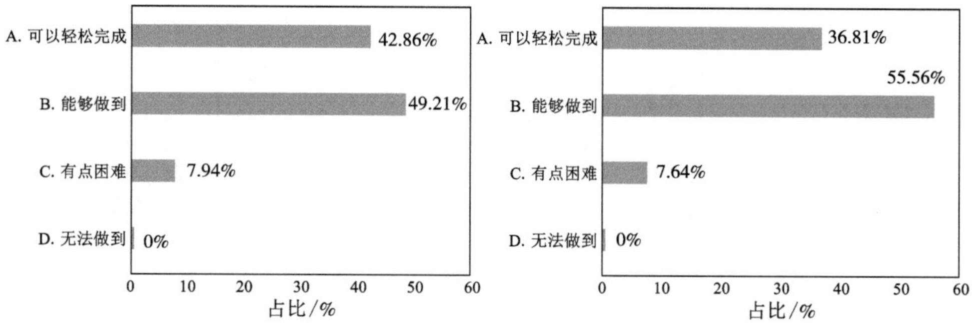

图 1.26　教师数字社会责任分析图

(五)专业发展

1. 数字化学习与研修

(1)在利用数字技术资源持续学习(见图 1.27)方面，“可以轻松完成”和“能够做到”的教师占绝大多数。

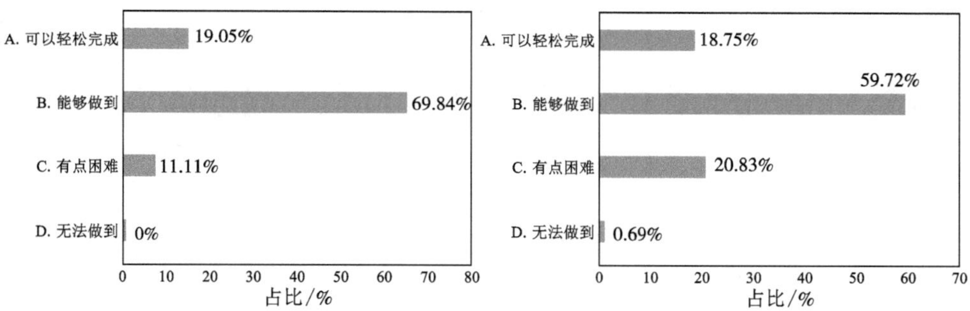

图 1.27　利用数字技术资源持续学习分析图

(2)绝大多数教师能够利用数字技术资源支持反思与改进教学(见图 1.28)。

(3)绝大多数教师能够参与或主持网络研修(见图 1.29)，但郴州市六中教师对此感到“有点困难”的占比 26.39%。

2. 数字化教学研究与创新

(1)在开展数字化教学研究方面(见图 1.30)，依旧是绝大多数教师能够针对数字化教学问题，利用数字技术资源支持教学研究活动，但是郴州市六中教师对此感到困难的人数依旧不在少数，且超过观山学校。

(2)多数教师认为能够利用数字技术资源不断创新教学模式、改进教学活动、转变学生学习方式(见图 1.31)，有超过 20%的教师对此认为“有点困难”，少部分教师认为“可以轻松完成”。

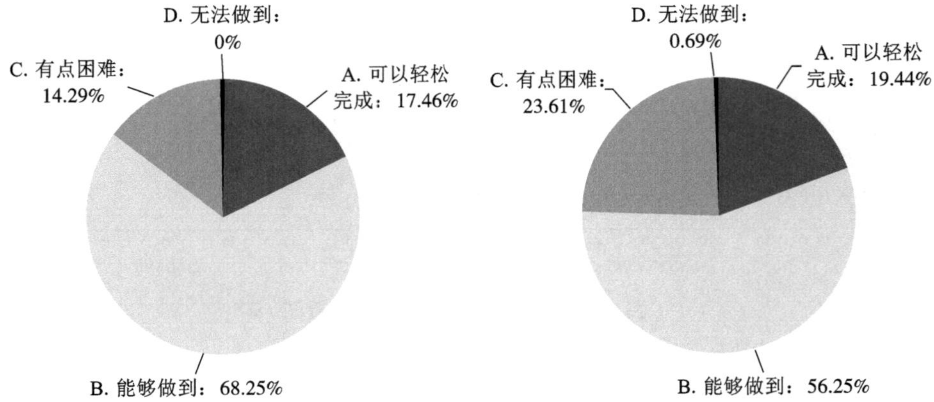

图 1.28　利用数字技术资源支持反思与改进分析图

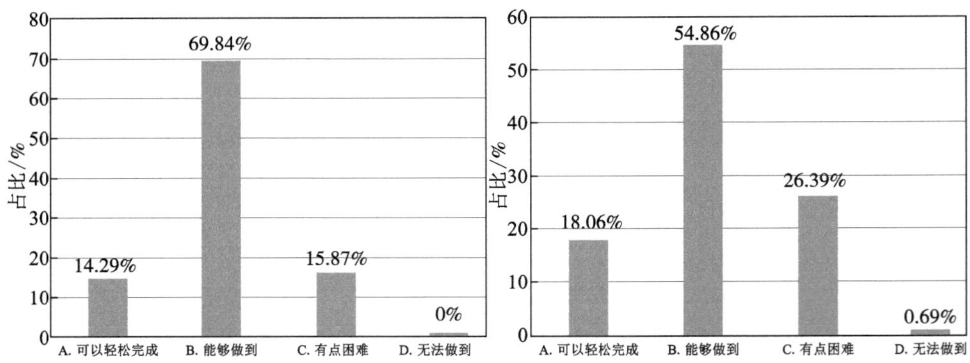

图 1.29　教师能够参与或主持网络研修分析图

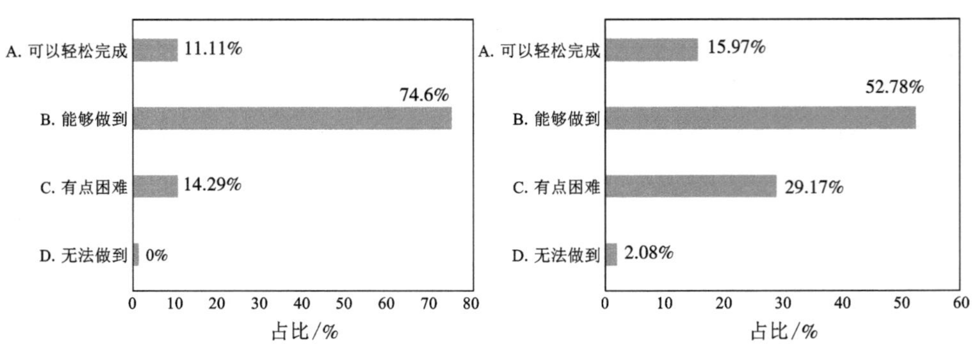

图 1.30　数字化教学研究分析图

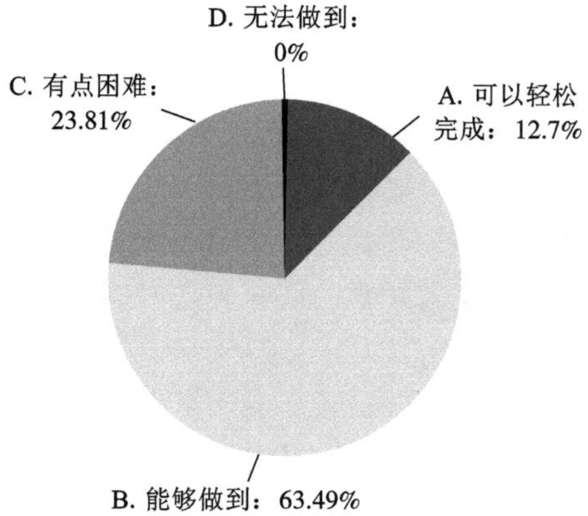

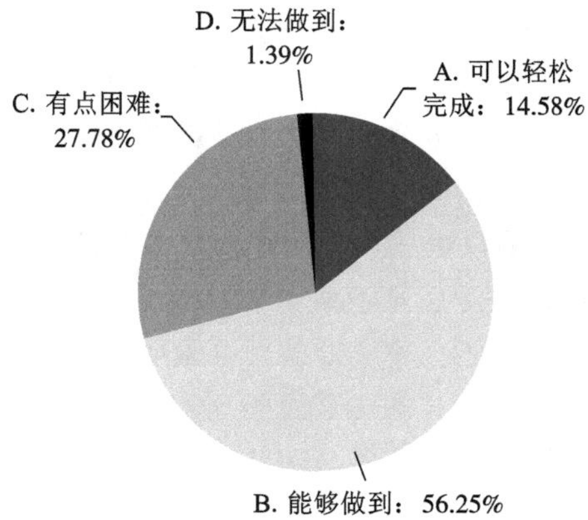

图 1.31　利用数字技术资源不断创新教学模式、改进教学活动、转变学生学习方式分析图

四、工作重点与建议

通过数据分析，结合现场观课、教师座谈会调研的实情，我们认为在中小学校开展“教师数字素养”提升工作，已成为大势所趋，不管教师是否愿意，今天的教师都已经走进智能时代。为此，作为教师必须与时俱进紧跟时代的步伐，树立终身学习理念。教育部《教师数字素养》标准的颁布，为教师的专业化成长，画出了智能时代教师的精准“画像”。于漪先生说：“对于教师来说，摆在第一位的应该是扎实的学识。”那么，教师该如何提高自身的学识水平呢？

一方面，教师自身要不断自修。借用 SWOT 分析法精准找到自身发展的定位。习近平总书记强调，教师要成为“四有好教师”。面对智能时代知识不断“爆炸”的今天，教师要多读书、多学习，相信唯有学习才能使自己不被时代淘汰。另一方面，教师要在自己的工作岗位上大胆探究，勇于实践。教学相长，教学知困，相信在不断解决教育教学真问题的过程中，教师的学识水平会得到不断提升。同时，教师还要积极参加“五级”培训，在各类教师培训中拓宽视野，提高站位。学校可从如下七个方面进行探究：

一是提供专业的培训。通过专业的培训，帮助教师了解使用数字技术来提高教学质量的方法。学校可采取在线学习、研讨会、工作坊和自主选学等形式的培训。特别是针对“老教师”较多的学校，学校仅开展大规模的面向群体的集中培训是不够的，还要开展小组帮扶、学科组帮扶、个别化帮扶的“一对一”指导培训。要充分利用网络教育资源，采用“异步伴随式”培训的形式，进行分层分类的精准培训，确保在一定的时间周期里，让参培教师学有所获，学以致用。

二是倡导数字化教学。鼓励教师在常态课堂上使用数字技术，不断积累数字化教学经验。可利用在线资源和各类APP小工具来增强学生的学习体验，还可鼓励教师使用数字技术来管理学生信息、交流和评估等方法探究数字化教学。学校教研部门可成立专家指导小组，对此项工作的开展进行常态化管理，可让外聘专家入校指导，让本地专家进行“一对一”的跟踪指导。

三是提供必要的设备和资源。学校可以提供必要的设备和资源，例如计算机、平板电脑、软件和应用程序等，以帮助教师更好地使用数字技术来促进学生的学习。学校和教育机构应该不断更新数字技术知识，以保持与技术发展的步伐同步，并帮助教师在数字技术方面保持竞争力。

四是转变传统的教学模式，加强教师间的合作与分享。要不断提升教师数字技术知识和技能，将信息技术与教学过程深度融合，能够利用信息技术促进学生主动学习，实现“以生为本”的教学目标。教师需要熟悉常见的计算机硬件和软件，熟悉各种数字媒体的使用，以便使用它们来支持教学。要鼓励教师之间进行合作和分享，共同探讨如何在课堂上更好地利用数字技术。学校可经常开展信息技术与学科教学融合的“教、学、研、培、展”等研磨课活动，助力教师在“课堂”上研修，在“反思”中提升，在“研究”中成长。

五是强调信息安全和隐私。在数字技术的运用中，要及时向教师介绍信息安全和隐私方面的注意事项，帮助教师了解如何安全地使用数字技术来保护学生及自身的信息。

六是掌握学习管理系统。倡导建设、了解学习管理系统，了解数据分析和可视化，在课程中使用这些系统可以轻松地分配任务和评估学生作业。教师要了解如何使用数据分析工具和可视化工具来理解学生的学习情况，并帮助学生更好地理解课程内容。

七是制定激励奖励方案。学校通过评选优秀数字化教学案例、表彰优秀数字化教育教师等方式，激励和鼓励教师参与数字化教育，提高数字化教育素养。

（作者：杨黎、罗海娟、黄星）

案例评述

通过深入分析郴州市六中及郴州市六中观山学校“教师数字素养”的数据分析报告，我们尝试将本次调研基于TPACK理论（technological pedagogical content knowledge）的框架，进一步揭示报告的深刻内涵和创新之处。

一、TPACK理论视角下的数字素养解读

tpack理论强调教师在教学实践中需整合技术（technology）、教学法

(pedagogy)和学科内容(content)的知识。从这一视角审视，郴州市六中的调研报告在评估教师数字素养时，不仅关注了教师对数字技术的掌握(TPACK 中的“技术”维度)，也涉及了如何将这些技术应用于教学(“教学法”维度)，以及这些技术如何与学科内容相结合(“学科内容”维度)。报告中对教师数字化意识的分析，体现了教师对数字技术在教育中作用的认识，这是 TPACK 理论中“技术知识”的体现。而对数字技术知识与技能的探讨，则深入“教学法知识”和“内容知识”的层面，考察了教师如何将技术与具体的教学实践和学科内容相结合的实践场域。

二、区域教师培训的调研方法创新

报告采用的混合调研方法——线上问卷与现场听评课、教师座谈会的方式进行，为理论的应用提供了丰富的数据支持。线上问卷覆盖了较为广泛的教师群体，能够收集到教师对数字技术在教学中应用的普遍看法和个人经验，这对应于中小学教师信息素养中的“技术”和“教学法”知识有深刻的认知。现场听评课则更具体地观察了教师在实际教学中如何运用数字技术，这涉及教师素养中的“内容知识”和“教学法知识”，以及三者的综合应用。通过这种混合方法，报告能够更全面地评估教师的数字素养，揭示教师在数字技术应用中的优势和不足，为后续的专业发展提供针对性的建议。

三、现代教育信息化理论在实践指导中的应用

报告中提出的实践指导建议，如提供专业培训、倡导数字化教学、提供必要的设备和资源等，都与现代教育信息化理论中的知识维度相呼应。特别是对于教师在数字技术资源的选择、使用和创新方面的建议，直接与 TPACK 理论中的“技术工具知识”和“教学内容知识”相关联。报告建议中提到的转变教师传统的教学模式，强调信息技术与教学过程的深度融合，体现了现代教育信息化理论中对于教师在教学设计中整合技术的需求。同时，提升教师数字技术知识和技能的建议，旨在增强教师的“数字化教学法知识”，使其能够更有效地利用数字技术促进学生的学习。

本次调研报告在 TPACK 理论的指导下，不仅对教师数字素养的现状进行了全面的评估，而且在实践指导上提供了具有理论深度和实践价值的建议。报告的创新之处在于其综合运用了 TPACK 理论的三个知识维度，为教师数字素养的提升提供了一个多维度、系统化的发展路径。报告提出的“七条”工作建议，为学校“教师数字素养”探究描绘了新的工作路径，不仅为郴州市六中及郴州市六中观山学校的教师提供了专业发展的方向，也为整个郴州市在教师数字素养培训中提供了宝贵的参考。

第二章 区域教师培训的设计思维与制度建设

一个能思想的人，才真是一个力量无边的人。

——巴尔扎克

教育的核心在于育人，而教师培训的核心在于提升教育者的素质与能力，进而提高教书育人水平。随着知识经济的兴起和学习型社会的构建，教师培训不再局限于传统的知识传授与技能训练，而是更加注重教师的终身学习和全面发展。在此背景下，区域教师培训的设计思维需要与时俱进，从单一的知识灌输转向多元能力培养，从封闭的体系构建到开放的资源整合，从刚性的制度规定到灵活的机制创新。

本章将重点讨论设计思维与制度建设在教师培训中的重要性。制度不仅是培训实施的保障，更是培训质量的基石。通过分析现行教师培训制度的优势与不足，我们将提出制度创新的策略，包括但不限于培训管理的规范化、培训资源的优化配置、培训师资的专业化发展以及培训评价的多元化。在全球化和信息化的今天，教师培训不仅要解决当前的教育问题，更要预见未来的教育趋势，培养教师的前瞻性思维和应变能力。

第一节　区域教师培训的设计思维

在国家教育改革的宏伟蓝图中，教师培训作为提升教育质量的重要支点，承载着培养高素质专业化创新型教师队伍的使命。近年来，随着“国培计划”重心的下移，区域教师培训迎来了新的发展机遇，同时也面临着分层分类、精准培训的新要求。这一转变，不仅是对教师培训模式的创新，更是对教育均衡发展理念的深化。

“国培计划”的重心下移，是国家对教育均衡发展重视的体现。将培训资源下沉到基层，特别是乡村地区，旨在缩小城乡教育差距，促进教育资源的均衡配置。这一政策的实施，为区域教师培训注入了新的活力，使得更多的教师能够享受到高质量的培训机会，提升了教师队伍的整体素质。分层分类培训是教师培训精细化管理的重要体现。它要求培训内容和方法要根据不同教师的学科背景、教学经验、发展需求等因素进行差异化设计。这种个性化的培训模式，有助于激发教师的内在动力，促进教师的专业成长，实现教师队伍的多元化发展。精准培训是提高教师培训质量的关键。它要求培训工作要基于教师的实际需求，通过科学的调研和分析，制订针对性强、实效性高的培训方案。精准培训的实施，不仅能够提高培训资源的使用效率，更能够确保培训效果的最大化，为教师的专业发展提供有力支持。

在新时代背景下，区域教师培训面临着更高的要求。首先，培训内容要与时俱进，紧跟教育改革的步伐，反映最新的教育理念和教学方法。其次，培训方式要创新多元，充分利用信息技术手段，提高培训的灵活性和便捷性。再次，培训管理要科学规范，建立完善的培训质量监控和评价机制，确保培训工作的有序开展。最后，培训资源要开放共享，打破地域和学校的限制，实现优质培训资源的广泛覆盖。教育是国家发展的基石，教师是教育发展的关键。区域教师培训的设计和实施，不仅要满足分层分类、精准培训的要求，更要立足长远，为教师的专业成长和教育事业的发展提供坚实的支撑。

一、政策引领下的培训蓝图

教师培训是提升教育质量的关键一笔。随着国家教育改革的不断深入，教师培训的政策引领作用愈发凸显。特别是在“国培计划”重心下移的背景下，区域教师培训的设计和实施，不仅关系到教师个人的专业成长，更关系到教育均衡发展和教育现代化的进程。在中国中小学教师教育政策几十年来的演进历程中，由于不同阶段存在着不同的政策问题，为解决这些问题而制定的政策内容及其政策重心也各不相同，但总体体现出政策由零散到系统、由片面到全面、由浅层到深入、由经验到专业、由规定要求到标准建立的不断发展和进步，逐渐体现出了科学性、专业性和制度性的特征，也体现出政策的价值理念越来越符合中小学教师专业发展的规律和特点。①

政策是教师培训工作的指南针和方向盘。国家层面的教育培训政策，为区域教师培训指明了方向，提供了遵循的原则和目标。近年来，随着《教育部等八部门关于印发〈新时代基础教育强师计划〉的通知》(教师〔2022〕6号)等重要文件的发布，教师培训的方向和目标得到了进一步明确。这些政策文件不仅强调了教师培训的重要性，而且提出了具体的目标，如提升教师专业化水平、促进教育均衡发展等。其中，提升教师的理论水平是教师培训的核心内容。《教育部 财政部关于实施中小学幼儿园教师国家级培训计划(2021—2025年)的通知》(教师函〔2021〕4号)等政策文件，为教师培训的理论深化和实践应用提供了指导。在教师培训中，要注重理论与实践的结合，系统学习教育学、心理学等基础理论，提高教师的理论素养。同时，通过案例分析、教学反思等方式，将理论应用到教学实践中，提高教师的实践能力。政策引领下的培训实施，需要各级教育行政部门、学校和教师培训机构的共同努力。教育行政部门要加强领导和管理，制订具体的实施计划和措施。学校要积极组织教师参加培训，提供学习的时间和空间。教师培训机构要根据教师需求，提供个性化的培训服务。此外，还要建立科学的评估体系，对培训效果进行全面评估，及时反馈并优化培训方案，同时建立激励机制，表彰和奖励培训效果显著的教师，激发参训积极性。

在政策的引领下，构建培训蓝图，首先，要明确培训的目标定位。培训目标应与国家教育方针相一致，与区域教育发展需求相契合。其次，要科学规划培训内容。培训内容应涵盖教育理念、教学方法、学科知识、教育技术等多个方面，以全面提升教师的教育教学能力。再次，要创新培训方式。培训方式应多样化，结合线上学习、线下研讨、实践操作等多种方式，以适应不同教师的学习习惯和需求。各高校、教师培训机构应依据对象和主题需要，合理运用同步、异步、同步与异步相混合的方式开展在线培训。②

政策引领下的培训蓝图，是区域教师培训工作的行动指南。在这一蓝图的指引下，教师培训工作要紧密结合国家教育政策和区域教育实际，不断创新培训模式，提高培训质量，为建设高素质专业化创新型教师队伍，推动教育现代化，办好人民满意的教育提供有力支撑。

---

① 李瑾瑜，史俊龙.我国中小学教师培训政策演进及创新趋势[J].西北师大学报(社会科学版)，2012，49(5)：83-89.

② 陈娅，凌云志.中小学混合式在线培训的创新、挑战与模式重构[J].湖南教育(A版)，2022(8)：40-43.

二、需求导向下的精准施训

区域教师培训的设计必须以教师的实际需求为导向，实现精准施训。这种以需求为基础的培训模式是对传统培训模式的重要补充和完善，它要求培训工作能够更加细致地捕捉教师在教育教学过程中遇到的具体问题和挑战。《教育部关于大力推行中小学教师培训学分管理的指导意见》（教师〔2016〕12 号）中明确指出，教师培训应注重针对性和实效性，这意味着培训内容和方式必须紧密对接教师的个性化需求。通过深入调研，了解教师在专业知识、教学技能、班级管理等方面的具体需求，培训才能更加精准地解决问题，提高教师的专业素养和教学能力。

教师的需求是多维度的，包括但不限于学科知识更新、教学方法创新、教育技术应用、学生心理辅导、班级管理策略等。这就要求培训内容的设计必须科学、全面，既要有广度，也要有深度。同时，培训内容的更新也应与时俱进，反映最新的教育研究成果和教学实践经验，确保教师能够在培训中获得最前沿的知识和技能。

精准施训不仅要求培训内容的科学设计，还需要培训方法的创新。《关于进一步加强我市中小学教师培训学分管理工作的意见（试行）》（郴教通〔2018〕117 号）文件中提到，教师培训应采用多样化的方式进行，包括线上学习、工作坊、案例分析、模拟教学等。这些方法能够更好地激发教师的学习兴趣，提高培训的参与度和互动性。此外，培训的实施策略也应灵活多样，如通过建立教师学习共同体、开展校本研修、实施导师制等，以促进教师之间的交流和合作，提高培训的实效性。同时，培训过程中应注重教师学习实情的收集和分析，及时调整培训方案，确保培训内容和方法能够最大程度地满足教师的实际需求。

三、质量监控下的持续优化

教师培训的质量直接关系到教育质量和教师专业发展。因此，构建一个全面的质量监控体系对于确保培训效果至关重要。《教育部 财政部关于实施中小学幼儿园教师国家级培训计划（2021—2025 年）的通知》中强调了培训质量的重要性，并提出了建立和完善培训质量监控机制的要求。这要求各级教育行政部门和培训机构建立严格的培训前、中、后的质量评估体系，通过科学的评估方法和工具，对培训方案的设计、培训过程的实施以及培训效果的达成进行全面监控。

在培训开始之前，质量监控的首要任务是进行深入的需求分析和准确的质量评估。这一阶段需要通过问卷调查、访谈、观察等方法，收集教师对于培训内容、方法、资源等方面的需求和期望。同时，应对培训目标、课程设置、师资队伍等进行预评估，确保培训计划的科学性和合理性。我们关注课程质量及其价值，因为，课程价值取向伴随课程设计的技术安排和要素实施的全过程，是课程设计具体技术背后的“幽灵”和“无形的手”。[①]《郴州市教育赋能乡村振兴行动计划（2022—2025年）》中提到，要特别关注乡村教师的实际需求，这要求在培训前的质量评估中，更加注重乡村教育的特殊性和差异性，通过优化课程、丰富互动、完善管理，为乡村教师提供更加精准和有效的培训支持。

培训过程中的质量监控是确保培训质量的关键环节。这一阶段需要对培训的实施过程进行实时监控，包括教学内容的传达、教学方法的应用、教学互动的开展等。通过建立有效的信息反馈机制，收集教师对培训过程的意见和建议，及时调整和优化培训方案。同时，应加强对培训师资的管理，确保培训教师具备高水平的专业能力和教学经验。

培训结束后，对培训效果的评估是质量监控体系的重要组成部分。这一阶段需要通过测试、考核、问卷调查、访谈等方法，对教师的知识掌握、技能提升、教学改进等方面进行全面评估。评估结果应作为培训质量改进的重要依据，指导培训机构对培训内容、方法、师资等进行持续优化。同时，应建立长期的跟踪评估机制，关注教师在培训后的教学实践和专业发展情况，以确保培训效果的持久性和深远性。《教育部等八部门关于印发〈新时代基础教育强师计划〉的通知》中提出的教师终身学习和持续发展的理念，为培训后的效果评估和持续改进提供了理论指导和实践方向。

通过构建和实施全面的质量监控体系，区域教师培训能够更加有效地提升教师的专业素养和教学能力，促进教育质量的整体提升。这不仅需要政策的支持和指导，更需要教育行政部门、培训机构、学校和教师的共同努力和协作。

附：区域教师培训规划案例

2024年郴州市“国培计划”市本级项目设计规划书（摘选）

一、工作思路

郴州市2023年度“国培计划”项目实施工作在省教育厅组织的绩效评估中被评为“优秀”等第，即便如此，我们也发现其中存在一些不容忽视的问题，如教师培训经费投入不足，教师培训管理者、教师培训团队的专业能力有待提升，分层分类、精准培训有待落实，教师培训工作资料有待完善等。为做好2024年“国培计划”“市培计划”工作，充分发挥“国培计划”的示范引领作用，

① 程明喜. 改革开放以来我国中小学教师培训课程价值取向研究［D］. 长春：东北师范大学，2019.

现明晰如下工作思路。

（一）指导思想

全面贯彻落实党的二十大精神，围绕建设教育强市宏伟蓝图，立足区域教育发展实际，推进教育均衡和高质量发展。落实《教育部 财政部关于实施中小学幼儿园教师国家级培训计划（2021—2025）的通知》精神，坚持“国培为引领、育名师；市培做示范、建队伍；县培育骨干、重辐射，校培保全员、求实效”的原则，建设好“5+1”级教师培训体系，充分发挥国培、市培、县培的辐射带动作用，大力推进精准培训、提质增效，服务基础教育改革发展，建设高质量教师队伍，助推教育高质量发展。

（二）年度工作重点

立足建设教育强市的宏伟蓝图，发挥“国培计划”促进改革、示范引领、雪中送炭的示范引领作用，基于本地教育实情，在培训项目设置、参培对象的遴选上倾斜义务教育阶段的乡村教师、中青年教师。本年度“国培计划”市本级项目设置5大类9个培训项目，重点抓好紧缺薄弱学科、市县教师培训师团队、市县教研员团队、市级教师数字素养培训者团队、教师自主选学项目和校本研修能力提升培训项目。采用“四精准五步骤四协同”教师培训项目设计与实施策略，培育一批种子教师（农村骨干教师）；建设“三支”教师培训师团队；探究一种培训模式；建构“5+1”（“国家、省、市、县、校”+“1，即教师自培”）级教师培训范式，探究“教—学—研—训—评”一体化教师培训工作机制。

（三）工作思路

坚持双轮驱动、双线并行，打造精准培训。树立“高站位、低重心，有学理、有实践”的培训设计理念。项目确立实行省级统筹、市级共管；聚焦“五个导向”，引进优质培训资源，完善课程梯度；加强过程管理，完善培训评价体系，开展好“国培计划”市本级、市级教师培训工作。

1. 项目设计统一管理。立足教师发展实情，做好“五级”联动，建立“1+3”团队共审项目工作机制。项目实施围绕培训主题、目标，立足“高站位、低重心，有学理、有实践”的培训理念设计培训课程，以问题为导向，因需定培。

2. 项目创新基于实情。一是加大教师培训模式创新力度，发挥“国培计划”的示范、引领带动作用，探究“国培计划+市培计划”的“1+1”跨区域自主联合培训模式。该项目纳入市级教师培训计划，由市级教师培训部门牵头组织实施，县市区基于自身实情，自愿选派教师加入培训（培训经费自理），实行统一管理。项目首席专家、培训指导专家由本市专家培训团队人员或省域外知名教师培训专家担任，培训的主题、目标、课程因需设定。二是将校本研修“小课题”“自主选学”渗透在各培训项目中广泛推介，以不断提高教师培训的针对性和实效性。

3. 项目执行各有侧重。“国培计划”“市培计划”依据国培计划文件以及我市教育发展总体目标制订。一是聚焦本地实情。国培、市培均要重点做好对乡村教师的培训，抓实薄弱学科教师培训以及教育热点、难点问题解答。二是分层次分类别，精准实施各项培训工作。校本研修的开展由“国培计划”牵头，以市、县为主实施，真正聚焦一线教育教学中发现的“微、小”问题，开展好“小课题”研究培训。三是“国培计划”市本级项目设计与实施要全面贯彻落实国家政策，培育名师，带动一方教育。按照教育部、湖南省“双名”计划文件要求，发挥“三支”教师培训师团队（郴州市教师培训师团队、郴州市教研员团队、郴州市教师数字素养团队）的名师主导作用，培育“种子”教师，增强市县教师培训的“造血”功能，打造师德高尚、业务精准、结构合理的教师培训师团队，产出一批可在全市乃至全省推广的优质培训成果，营造良好的郴州教师培训生态。

4. 项目考核分层落实。国培项目的主管部门为教育部、省教育厅、省国培办、市县教育局，由承办机构具体实施。需要建立逐级管理平台，建立管理台账。根据省教育厅省管市、市管县的工作要求，分层抓好落实。市级国培管理部门要建立常态化的月报制度、抽查制度，对培训的过程性资料、终结性资料进行抽查，通过线上、线下双线考核的形式，由市级教师培训专家团队对项目的实施情况、培训质量进行监管。

（四）本地培训与国培如何融合设计和实施

“国培计划”“市培计划”项目设置，立足区域教育发展实情，基于“扬长补短、错位补位”“相互支撑、相互依存”的原则进行设计与实施并努力做到以下五点。

1. 培训目标融合。树立合作共赢，互助互惠，共同发展的融合理念。坚持“国培为引领、育名师；市培做示范、建队伍；县培育骨干、重辐射，校培保全员、求实效”的原则；坚持“城乡一体、按需施培、名师带动、强化管理、注重实效”的原则；坚持“扬长补短，错位补位”“互相支持、相互依存”的原则，各培训项目的设计与实施避免重复、低效培训。

2. 项目专家融合。成立市县教师培训专家团队，建立“1+3”团队共审项目工作机制。对“国培计划”市本级项目、国培项目县的项目以及市培计划项目设置中的同类别培训项目，由市级专家培训团队进行审核把关，以确保资源共享、专家共享，分层落实培训目标，提高项目的专业化水平。

3. 培训方式融合。同类项目的各级培训项目以“国培计划”的培训方式为基准，可基于实情，在基本规范上进行融合、创新，以确保培训的针对性、实效性。

4. 培训资源共享。整合国培和本地培训的资源，如专家、课程、案例等，避免重复投入，提高培训效率；利用国培的优质资源和本地的实践经验，设计具有地方特色的培训活动和实践环节。

5. 培训评价融合。运用“四步”评价流程（统一的评估流程—统一的评估考核对象—统一的评估时间节点、评估内容、评估方式—统一的评估结果运用），建立兼顾国培和本地培训的综合评价体系，既评价教师参加国培的学习成果，也评价他们在校本研修中的实践表现和点滴收获；设定激励机制，对积极参与培训的和在培训中进步显著的教师给予认可和奖励。

二、绩效目标

本年度“国培计划”市本级培训项目涉及 5 大类 9 个小类别的培训项目，分别为农村骨干教师分层分类培训、自主学习模式试点研修、“一对一”精准帮扶培训、市县教师培训团队研修、骨干校园长提升研修、中小学党组织书记研修、学校管理团队信息化领导力提升培训、学科骨干教师信息化教学创新能力提升培训、培训团队信息技术应用指导能力提升培训等，共设计了 9 个培训项目，采取的培训方式为集中培训、校本研修、网络培训、跟岗培训、送教培训、名校访学、导师带教、工作坊研修等。培训的总绩效目标如下。

（一）实行分层分类精准培训

树立“分层分类、精准培训”的理念。在项目主题、目标的设计上，基于参培对象需求，确定培训主题，设立分层次分类别培训目标，按需实施培训。通过 5 大类 9 小类子项目，培训教师 736 人，其中培训农村骨干教师、“一对一”精准帮扶、农村骨干校园长培训合计 467 人，郴州市教师培训团队研修、郴州市教研员团队、郴州市教师数字素养团队成员共计 260 人。

（二）建立教师自主发展机制，探索教师自主选学

积极推行教师自主选学式培训，明确教师自主选学流程，优化培训课程，引进国家智慧教育平台等网络资源，为教师提供必修、选修等学习资源。

（三）推进人工智能与教师培训融合发展

全面启动教师数字素养提升培训工作。帮助参培学员掌握“教师数字素养”标准，在常态化教育教学中自觉改变教学行为，主动探究新课堂教学模式。通过大数据评估、学员网络匿名评估、专家抽查评估和第三方评估等形式，对各培训项目实施过程、实效进行监管。创新开展智能化、个性化、交互性、伴随性培训，建立教师培训档案，及时将教师的培训数据反馈给各地，探究人工智能支持教师终身学习、持续发展的机制。

（四）建设“四位一体”的协同机制

建立教育行政、承办机构、中小学校、专家团队等“四位一体”的教师培训协同机制，各部门工作形成合力，发挥各自的作用，打造“双线并行”（行政推

动、专业引领）的教师培训新生态，探究教师专业成长新模式。

（五）健全教师发展评价、培训综合评价机制，全面推进教师培训提质增效

1. 提升培训者专业水平。遴选“三名”教师、优秀教研员、优秀教师数字素养团队成员、县级及以上名师工作室主持人，组建郴州市教师培训专家团队，提高教师培训专业化水平，指导各地开展专业化的教师培训工作。

2. 组建市、县教师培训质量监督、指导组。通过问卷调研、交叉检查、现场视导、线上视导、资料审核等方式对各教师培训项目的实施方案、实施进度、培训质量进行层层把关。

3. 建立教师培训常态检查制度。凡培训必有方案，凡培训必有审核，凡培训必有考核、凡培训必有反馈。各培训项目的设计与实施，需经市、县教师培训专家团队审核后方可执行。

4. 注重成果凝练。在全市开展教师培训精品案例评比活动。以任务驱动方式完成各项培训任务，产出一批教师培训组织实施案例、优质教师培训课程，以及精品教学设计案例、教师成长案例等。

分类绩效目标（略）

三、项目计划（略）

四、项目论证

（一）必要性

教师培训是促进教师专业发展的专业学习活动，也是高素质、专业化、创新型教师队伍建设内源性、基础性要素。大力加强教师培训是全面贯彻落实党的教育方针、国家政策法规，实现教育改革、创新的重要举措，也是深入实施素质教育、全面打造高教育质量的必然要求，更是广大中小学教师专业化成长与发展的内在需求和愿望。近年来我市教育事业发展迅猛，教育质量飞速提升，但与人民群众迫切需要的“优质教育”还有较大的差距。

在教育教学方面，2022 年我市高考、中考以及小学质量监测数据显示，教育教学质量得到迅猛提升，取得了较好成绩，但也存在优势不够明显、特色不够突出、乡村教育质量偏低的问题。特别在薄弱学科科学、艺术（音乐、美术）以及初中、高中物理、生物等“小学科”的教学质量方面，存在兼职教师过多、教师专业水平亟待提升的问题。依据《教育部 财政部关于实施中小学幼儿园教师国家级培训计划（2021—2025）年的通知》（教师函〔2021〕4 号）文件，进一步落实“精准培训、提质增效，服务教师队伍高质量发展”的工作目标，基于我市本年度工作重点、工作思路，提出了本规划的项目绩效目标和项目计划，能较好地解决我市教师培训工作的亟待解决的问题，并能创新性地开展工作，

探究适合我市教师培训的新路径。

（二）可行性

针对我市教育发展实际，制订了“国培计划”“市培计划”工作目标，通过建立“5+1”级教师培训体系，不断完善“四精准五步骤四协同”教师培训项目设计与实施策略，以确保各培训项目的精准实施，打造高质量培训。

1. 领导重视，配备了高水平专业人员，确保了培训投入

郴州市委、市政府高度重视教师培训工作，始终把加强教师队伍建设作为实现教育强市的一项重要工作来抓，设立了专人、专职、专门部门管理全市教师培训工作，为全市有序开展教师培训工作提供了强大的支撑。市教师培训管理部门的教师培训专业水平、领导能力得到了各级同行的高度认可。在教师培训投入方面，每年确保了市本级不少于560万元的教师培训专项经费，教师培训工作取得了可喜成效。

2. 管理规范，建立了完善的教师培训制度，形成了工作合力

郴州市各培训项目按照“七步流程”（“征集计划，初步立项—各部门研讨—报分管领导审核—局党组会审议—公开遴选—公平评审—党组会审议”）设立。项目实施按照《郴州市教师培训工作流程》《郴州市教师培训管理制度》（拟修订）《郴州市校本研修管理办法》（拟出台）进行。项目考核依据柯氏评估理论，各部门间齐抓共管，逐步形成了科学高效的教师培训管理机制。

3. 建立团队，发挥了培训团队的引领作用，为打造高质量培训提供保障

培训授课专家的水平在很大程度上直接影响着培训的效果。自2016年以来，郴州市成立了郴州市教师培训师团队、教师培训管理者团队、郴州市融合研究团队，并设有专人管理各项工作。每年还设立专门培训项目，对这几支队伍进行常态化培训。在不断打磨中，影响了、成就了一批批教师。这些年，郴州市教师培训工作经验多次在全省“国培、省培管理者”培训班上被作为典型经验介绍。

4. 创新模式，勇于探索，促进教师培训可持续发展

郴州市各培训项目的实施，均重视“五个导向”，充分发挥了名师主导、学员主体的“双主”作用，营造了积极向上的自主、自愿、自发学习的培训态势。“四精准五步骤四协同”教师培训项目设计与实施策略，为分层分类、精准培训提供可能，有效助推郴州教师培训可持续发展。

（三）科学性

1. 与省级统筹培训项目的关系

支持省级统筹培训项目。重点做好新时代基础教育名师名校（园）长工程。“国培计划”市本级教师培训项目的参培对象为义务教育阶段的乡村中青年教

师。本年度举办的“科学、心理健康、幼儿教育”等培训，以及“一对一”精准帮扶培训、农村骨干校园长培训、市县教师培训团队、教师数字素养培训团队培训项目，均未与省级统筹的培训重叠。市本级培训项目覆盖全体教师，重点抓好高中教育、义务教育（中考）、薄弱学科“小学科”的培训以及校园长任职资格培训、职业教育培训等，参培人员也未与省级统筹项目发生冲突。在项目实施中，我市“国培计划”“市培计划”的实行，采取“扬长补短，错位补位”“相互支撑、相互依存”的方式进行。

（1）扬长。建设好“三支”（培训师、教研员、教育数字素养）教师培训高素质队伍，设置周期为“2学年”的培训时长，采取“淘汰制”“造血式”培训方式，打造充满活力的“名师”团队。

（2）补短。“国培计划”各培训计划倾斜乡村教师，探究教育质量的提质路径；市级、县级教师培训计划的参培对象为未参加国培的教师。

（3）错位。参培学员在同一学年所参加的培训项目不重复参加，建立教师培训分层分类体系，为更多的教师提供参培机会。

（4）补位。在项目设置上，“国培计划”聚焦小学、幼教、小学科、教师队伍建设；“市培计划”聚焦初中、高中的各学科教师，校（园）长以及各教育行政部门的重点工作，构建“大教育”概念。

2. 与县市区培训项目关系

市级与县市区设置互补型培训项目。市级培训要“做示范，建队伍”，重视基于项目培训主题、目标遴选参培教师。县级培训是县级教师培训的主体单位，要重点抓好面向一线教师培训的重点、难点问题，扶持培养本地、本校的骨干教师，做到面向全体教师开展培训。基础较薄弱的县市区暂缓举办教师数学素养队伍培训，积极开展基于人工智能大数据背景下的教师培训自主选学模式的探索。

3. 与校本研修的关系

（1）明确目标与定位。确保“国培计划”市本级计划与校本研修在目标上的一致性。市级制定校本研修管理办法，明确校本研修的工作流程，聚集一线教育教学中的“微小”问题开展“小课题”研究，在市级教师培训专家团队的带领下深化研究成果。

（2）整合资源与互补优势。聚焦“五级”教师培训体系，整合各级教师培训资源，基于《郴州市校本研修管理办法》，将培训成果转化运用在校本研修上，进行再实践、再转化，以丰富校本研修的资源，并充分运用好网络丰富的课程资源，创新开展多模态、多样态的校本研修工作。

（3）评价与激励。建立兼顾国培、市培、校本研修的综合评价体系，设定激励机制，对积极参与和成效显著的校本研修项目给予认可和奖励，激发教师和学校的积极性和创新性。

五、工作措施

(一)市州统筹管理措施

1. 成立领导小组。为确保工作顺利开展，市教育局成立专门领导小组，由局长担任顾问，分管领导担任组长，市县两级教师培训管理部门的分管领导、市教科院、局教师科以及教师培训部门人员担任领导小组成员。具体工作由局教师科牵头，市教科院教师培训部门对国培进行统筹管理，抓好落实。

2. 实施统一管理。国培、市培计划实行统一管理。统一制订规划，统一开展分层分类培训，根据项目确定"七步"流程确定培训计划；"1+1"跨区域自主联合项目与"国培计划""市培计划"实行统一管理，统一专家团队，分级承担培训费用，为县级教师培训质量提升奠定基础。

3. 精心做好安排。基于"四精准五步骤四协同"教师培训项目设计与实施策略开展培训工作，提前下发"国培计划""市培计划"文件，按要求做好训前、中、末、后的调研、管理、检查、考核、跟踪、反馈等各项工作，以确保各项工作有序完成。

4. 加强培训管理。一是完善培训制度。二是成立市县教师培训专家团队，对"国培计划"以及市、县两级教师培训工作的开展进行常态化的监督检查。三是制作项目实施进度表。根据培训总计划，每月上报培训实施进度，采取"包干""蹲点""抽查""送教""定期汇报""视导"等形式，加大对市县教师培训工作的常态化指导。四是对各项目开展情况进行专项视导并发布绩效评估通报。

5. 关注成果凝练。各级教师培训工作均要及时总结培训成果，召开成果汇报会，追踪各培训成果的转化情况。市教育局开展"国培、市培"教师培训成果评选工作，并在全市积极推介一批优秀成果。

(二)国培监管与指导措施

1. 加强对培训任务承担机构的监管与指导

(1)加大对培训承办机构的审核力度。培训机构是培训项目的承担方和实施方，其资质和实力就决定了培训的成效。凡申报参评我市"国培计划""市培计划"的培训机构，必须具备2年以上的国培培训资质。在参加公开遴选时，需提供培训纸质证明材料、提供以往承担过的教师培训项目的全套资料、提交申报书参加评审。

(2)郴州市教育局教师培训部门负责"国培计划"的立项、承办机构的遴选工作。郴州市教育科学研究院负责对项目实施进行监督、管理和指导，对项目培训承担机构进行管理。

(3)组建省、市、县专家组。拟聘请湖南省“十四五”国培专家担任我市“国培计划”“市培计划”项目的专家顾问，成立若干专家小组，对各教师培训项目实施方案、实施情况进行检查、指导、评估，以确保各项目的培训质量。年末对各项目实施情况进行终结性绩效评估，评估结果作为第二年申报我市教师培训项目的重要参考依据。

(4)建立教师培训档案管理台账。依托湖南中小学教师发展中心，建立教师培训管理档案，确保“精准”选送教师参培。

(5)建立规范的经费审核制度。依据“国培计划”有关文件、“市培计划”有关经费管理的文件规定，“国培计划”市本级项目的经费使用接受省国培办、市教育局的双重管理。市财政局将“国培计划”教师培训专项经费下拨给市教育科学研究院，由市教科院负责审批、报账，并拨付相应的培训经费给培训承办机构。

2. 加强对参训教师的全程监管和专业指导

(1)建立教师参培电子档案，避免重复参培。

(2)建立规范的教师培训项目实施流程，凡培训必考核。经考核合格，获得结业证书并计入培训学时(学分)。按国培规定每项目遴选20%的优秀学员。

(3)实行“考核淘汰制”。对线下培训缺勤超过总学时五分之一，或线上培训考核成绩低于80分者，不得颁发结业证书。

(4)实行“责任追究制”。将各县市区的送培工作纳入各教师培训年度考核范畴，影响次年的我市“国培计划”项目县的申报资格。

3. 有关管理举措

(1)加大对县级校本研修培训工作的指导力度。以校级“小课题”研究为切入口，加大对县、校级教师培训的研究、管理、考核评估力度。

(2)加大对教师“自主选学”项目的推进、研发力度。依托“国家智慧教育公共服务平台”(含国家中小学智慧教育平台、国家职业教育智慧教育平台等)的丰富课程资源，开展教师自主选学培训。设立专项“国家智慧教育公共服务平台”教师自主选学项目，完成相应培训主题、目标学习任务的教师，可核计10学分。

(3)通过大数据评估、学员网络匿名评估、专家抽查评估和第三方评估等形式，对各培训项目实施过程、实效进行监管。

(4)建立教师培训常态检查制度，所有参培学员、承办培训机构每年度均要参加考核评估。“国培计划”市本级项目、“国培计划”项目县的考核评估工作，由省教育厅国培办、市教育局主导开展，其他县市区的培训考核工作由市教育局、市教科院组织实施，考核评估通报由市教育局发布。

(5)教师培训常态管理、各项培训检查工作均纳入全市教师培训的年度考核中，作为下一年度“国培计划”项目县申报的必审评分材料。

(6)教师培训经费报账工作在“国培计划”文件的指导下，按照郴州市教师培训经费管理有关文件，实行严格审查，接受市审计、市财政、市人大的随时抽查。

(7)初拟各项目完成时间为4月中旬至11月底，12月初至中旬开展年终视导评估工作。

(三)项目绩效评估

1. 统一的绩效评估流程

组建评估团队。由市级教师培训部门，根据“国培计划”“市培计划”要求，组建涵盖省内外教师培训专家、省内外各教师培训管理者、教师培训师团队成员的评审专家组。

设定评估指标。针对不同的绩效评估对象，建立训前、训中、训后评估指标体系，明确评估的内容和要求。

数据收集与分析。通过问卷调查、访谈、教学观察和学习成果考核等方式，收集所需数据，并进行分析和整理。

绩效报告撰写。根据收集的数据和分析结果，编写绩效报告，总结培训的成效和问题，并提出针对性的改进意见和建议。

2. 设定绩效评估考核对象

国培承办机构、县级承办机构、参培教师

3. 确定绩效评估的时间节点、评估内容、方式

根据柯氏四级评估理论、依据“国培计划”管理有关规定，结合市级教师培训管理办法，做好开展绩效评估工作的各项准备工作。

一是做好训前准备工作检查。

严把资质关。具备2年以上国培资质的高校、科研院所、市县教师培训机构、社会企业单位，方有资格承办我市的“国培计划”培训项目，方有资格提交申报材料。从源头上杜绝低质量教师培训机构承担培训项目。

严把学员关。确保所培为所学，杜绝“培训专业户”，按要求遴选参培学员参加培训。

严把方案关。按照省国培办的管理要求，本年度“国培计划”市本级项目实施，由市级建立市县两级教师培训专业团队，聘请省内外高水平专家担任顾问、导师，对各级教师培训项目的规划书、实施方案实行监管，审批通过后方可执行。

二是做好训中培训工作抽查。

严把实施关。培训项目的培训主题、目标、课程内容需建立联系，保持一致，基于主题、目标达成，建构适宜的培训课程。建立“理论学习—案例解析—交流研讨—学习考核”的学习闭环。

严把资料关。按项目类别，做好培训课程的实施、班级管理、专业指导措施、成果整理措施、校本应用措施、团队与送培校的协调等工作。采用定期督查和抽查方式反馈的方式，检查学员的出勤率、互动情况，了解培训成果生成情况。

三是做好训后培训测评工作。

严把考核关。考核分两类进行：对承办机构的考核，通过现场调研、资料查询、大数据评估等方式进行；对教师的考核，所有参培教师按照不同类别项目的实施要求进行考核。在课程计划完整实施后，采用线下或线上的方式进行。每个培训班至少选择一种考核方式，进行一次考核。对重点项目的培训考核不少于两次。同时要加强对培训的训后跟踪指导工作。

严把指导关。由项目举办单位、承办机构和专家团队组建训后指导小组，对参培学员进行现场访谈和推门听课或电话访谈、线上视导等跟踪指导工作。

严把成果关。学员的培训成果需经过严格审核后再分享，以确保其先进性、科学性，确保政治站位。具备一定条件的地方、机构，可举办一定规模的成果推广会，拟聘请有关专家检验培训成果，并在全省、市、县推介。

4. 明确绩效评估结果运用

应用于名师工作室和承训机构白名单管理、应用于各承办机构的管理、应用于个人评先评优和学分认定。

六、预期成果

（一）项目预期成果

1. 探究大数据支持下的区域教师自主选学模式，完善“四精准五步骤四协同”培训项目设计与实施策略

我市近两年组织研究了区域教师自主选学模式，本年度将继续开展此项研究。从“教师申报、能力诊断、菜单选课、教师选学、校本研修、应用实践、考核评价”的自主选学流程着手，为教师提供“选项目、选机构、选课程、选方式”的机会。同时继续完善“四精准五步骤四协同”项目设计与实施策略，发表相关论文、著作。

2. 打造“三支”高素质的教师培训专业化团队，扩大在全省全市的影响力

本年度拟持续打造郴州市教师培训师团队、郴州市教师数字素养研究团队、郴州市教研员团队，组建教师培训专家库，指导各地开展培训工作，为实施精准培训提供丰富的专家资源。

3. 生成一批高质量的精品课程，可复制、可推广、可传播（略）

教师培训的精品课程包含教师培训论文、组织实施案例、教师培训方案设计与实施案例、教师参培故事、教师成长故事汇编等。

4. 构建“教、学、研、训、评”一体化的教师培训机制，提升教师培训质量

探索形成教师培训项目课程开发、教学设计、培训研究、培训管理和培训考评新体系，不断创新培训模式，优化实施策略，以提高教师培训的针对性、实效性。撰写相关论文并发表。

5. 加大对乡村教育的研究力度，产出关于乡村教育研究的精品案例

国培中西部计划的主体对象为乡村教师，在培训指标分配上以乡村学校教师为主；在培训课程设置、授课教师选择上，要不断优化课程，遴选有情怀、热爱乡村教育的培训专家为参培教师授课。由市教育科学研究院牵头，做好培训资源收集整理，以产出一批促进乡村教育发展的实施案例、精品课程。

（二）项目成果宣传推广的工作思路

1. 建立宣传报道制度。每次培训项目启动，必及时邀请各类媒体对教师培训实情进行宣传报道。

2. 加大成果推广力度。汇集培训优秀成果，推介优秀参培学员，举办教师培训成果宣传报告会。

3. 积极开展公益送培活动。在市级教师培训计划中设立“名师送培”专项公益项目，以“送培到校”“送培到县”“送培到市”等专项活动的推介培训成果，让参培学员切实感受教师培训的价值、魅力。

案例评述

郴州市“国培计划”市本级项目设计规划书是一份针对当前教师培训问题，通过分层分类、精准培训的方式，提升教师专业素养，推动教育均衡发展的规划。计划落实中采取“扬长补短，错位补位”“相互支撑、相互依存”的方式，能有效区分“五级”教师培训的各自作用，深度挖掘教师培训的价值。本规划重点是针对乡村教师、中青年教师以及紧缺薄弱学科教师，通过“1+1”跨区域联合培训、自主选学、信息化教学等方式，培养种子教师，建设高素质培训师团队，通过“1+3”共审机制，建立区域市级教师培训专家团队，共同探索“教—学—研—训—评”一体化的培训机制。“四位一体”的协同机制建设，能不断加强培训过程管理，完善评价体系，重视过程性评价与结果性评价相结合，严把立项、检测、评估关口，以确保培训质量，并积极推广优秀成果。

一、该规划的制订有如下亮点

（一）问题导向，精准施策。规划书首先分析了郴州市教师培训中存在的问题，例如经费不足、管理能力待提升、培训针对性不足等，并针对这些问题提出了具体的解决方案。规划书强调"分层分类、精准培训"的理念，根据不同教师群体的需求，设置分层次分类别的培训目标，实现精准培训。

（二）创新模式，提升质量。规划书提出"四精准五步骤四协同"教师培训项目设计与实施策略，为分层分类、精准培训提供可能，有效助推郴州教师培训可持续发展。规划书强调教师自主选学式培训，能激发教师自主学习积极性；区域探索构建的"教、学、研、训、评"一体化的教师培训机制，能不断提升教师培训质量。

（三）团队建设，专业引领。规划书强调打造"三支"高素质的教师培训专业化团队，包括教师培训师团队、教师数字素养研究团队、教研员团队，一方面为实施精准培训提供丰富的专家资源；另一方面提出建立的市级教师培训专家团队，能对"国培计划"以及市、县两级教师培训工作进行常态化的监督检查。

（四）评估考核，确保实效。规划书提出建立完善的绩效评估体系，明确评估指标和考核对象，确定评估时间节点、评估内容、方式，明确绩效评估结果运用，同时强调了加强对培训任务承担机构和参训教师的监管与指导，以确保培训实效。

（五）宣传推广，扩大影响。规划书提出建立宣传报道制度，加大成果推广力度，积极开展公益送培活动，扩大教师培训的影响力。

二、该规划的实施需做好如下工作

（一）前期准备阶段。成立领导小组（制订培训计划，明确培训目标、对象、内容、方式、时间等）——遴选培训机构（通过公开遴选方式，选择具备资质、经验丰富的培训机构承担培训项目）——组建专家团队（成立市县教师培训专家团队，负责项目审核、评估、指导等工作）——完善培训制度——确保培训经费。

（二）培训实施阶段。开展训前调研（对参培教师进行调研，了解其培训需求，为制订培训方案提供依据）——组织实施培训（按照培训计划，开展集中培训、校本研修、网络培训、跟岗培训、送教培训、名校访学、导师带教、工作坊研修等形式的培训）——加强过程管理（建立项目实施进度表，定期督查培训实施情况，确保培训质量）——开展训后跟踪（由项目举办单位、承办机构和专家团队组建训后指导小组，对参培学员进行跟踪指导，促进培训成果转化应用）。

（三）成果评估阶段。组建评估团队（由市级教师培训部门，组建涵盖省内外教师培训专家、省内外各教师培训管理者、教师培训师团队成员的评审专家组）——设定评估指标（针对不同绩效评估对象，建立训前、训中、训后评估指标体系，明确评估的内容和要求）——数据收集与分析（通过问卷调查、访谈、教学观察和学习成果考核等方式，收集所需数据，并进行分析和整理）——绩效报告撰写（根据收集的数据和分析结果，编写绩效报告，总结培训的成效和问题，并提出针对性的改进意见和建议）。

（四）成果推广阶段。建立宣传报道制度（每次培训项目启动，必及时邀请各类媒体对教师培训实情进行宣传报道）——加大成果推广力度（汇集培训优秀成果，推介优秀参培学员，举办教师培训成果宣传报告会）—— 积极开展公益送培活动（在市级教师培训计划中设立“名师送培”专项公益项目，通过“送培到校”“送培到县”“送培到市”等专项活动推介培训成果）。

（五）总结反思阶段。定期召开总结会议，反思培训工作，总结经验教训，不断改进培训工作。建立健全教师培训长效机制，确保教师培训工作持续健康发展。

第二节　区域教师培训的制度建设

人是教育的中心和出发点，也是教育的目的和归宿。一切教育的关键就在于使人成为自由的存在者，成为自由发展的主体。教育价值合理性的依据应当指向人的解放和自由，应当为扩展人的教育自由、促进人的自由发展服务。教育制度与教育自由之间存在着辩证统一的张力关系，教育制度扩张了个人的教育自由，并通过一系列内在的社会机制使个人的教育自由成为可能。[①] 教师培训如同一场精心编排的交响乐，旨在提升教师的专业素养，激发教育的内在活力。区域教师培训的制度建设，正是这场交响乐的总谱，它规定了培训的节奏、旋律与和声，确保每一位教师都能在专业成长的道路上和谐前行。面对新时代的教育需求与挑战，如何构建一个科学、合理、高效的区域教师培训制度，已成为教育改革的重要课题。在本节中，我们将深入探讨教师培训制度的内涵与外延，分析当前制度建设中存在的问题与不足，并提出创新性的解决方案。我们将从制度设计的理念出发，探讨如何将国家教育政策与地方教育实践相结合，如何通过制度创新激发教师的内生动力，以及如何通过制度保障实现教师

---

① 王蜜，李锐.教育自由何以可能：教育制度的解答[J].教育学术月刊，2009(10)：13-16，62.

培训的可持续发展。通过对现有政策的梳理与分析，揭示制度建设的重要性与紧迫性，为后续深入探讨奠定坚实的基础。

一、区域教师培训制度建设的价值意义

区域教师培训制度的建设，不仅是提升教师队伍整体素质的基石，更是推动教育均衡发展的关键环节。它首先构建了一个系统化的学习与发展框架，为教育知识的传承与创新铺设了坚实道路。其次，通过精准对接教师发展需求，实现了培训资源的优化配置，促进了教育体系的自我进化与完善。区域教师培训制度的制定与完善为培养适应未来教育变革的高素质教师队伍提供了强有力的支撑，从而深刻推动了教育公平的实现与社会整体的进步。

第一，制度框架的构建之美。我国需要构建教师教育新体系。这个体系应该是一个以管理层级和院校类型两个维度建构的高等院校体系中的层级化的二级专业学院体系。[①] 区域教师培训的制度设计，是一项系统而复杂的工程。它不仅关乎教师个人专业成长的需求，更关系到整个教育体系的均衡发展和质量提升。在《教育部等八部门关于印发〈新时代基础教育强师计划〉的通知》指导下，区域教师培训制度的构建，旨在通过科学规划和系统实施，为教师提供一个全方位、多层次、高质量的学习和发展平台。在基础教育“强师计划”政策出台过程中，我国中小学教师资源配置、农村教师队伍建设等系列数据指标、焦点事件、政策运行反馈信息等共同构成了问题源流；政府部门的理性选择、人大代表和政协委员对政策提案的推动、专家学者的建言献策共同组成了政策流；党中央执政理念和国民情绪共同构成了政治流。[②] 制度设计的美，在于其能够精准把握教师培训的内在逻辑和外在需求，通过顶层设计和基层实践的有机结合，实现教师培训工作的有序开展，并尽力以制度设计和体制创新保障教育公平[③]。它要求我们在培训目标、内容、方式、评价等方面进行细致规划，确保培训工作既有理论的高度，又有实践的深度。同时，制度设计还要考虑到区域特色、学校特点和教师个性，实现培训工作的个性化和差异化。

第二，制度执行的精准之道。制度的生命力在于执行。我国社会转型时期的各种利益矛盾和冲突也体现在教育政策执行过程中，导致教育政策执行效率不高，教育政策执行结果有时会有悖于教育政策制定者的初衷，甚至可能出现适得其反的结果。教育政策执行模式作为一种理论模式，是在总结和归纳教育

---

① 朱旭东. 论我国教师教育新体系的六个特征[J]. 课程·教材·教法，2012，32(12)：74-82.

② 李晓娜，张警之，范晓东. 多源流理论视角下我国新时代基础教育“强师计划”政策议程的形成过程探析[J]. 教师教育论坛，2023，36(2)：32-35.

③ 田慧生，曾天山，杨润勇. 以制度设计和体制创新保障教育公平[J]. 人民教育，2007(1)：3-6.

政策执行理论和实践的基础上，对教育政策执行过程本质和规律的抽象概括，有利于指导教育政策执行的实践活动，使教育政策成为政府对社会经济发展实施宏观调控的杠杆。① 区域教师培训制度的有效执行，是确保培训质量、提升教师能力的关键。从供给侧结构性改革视角来看，我国教师培训经历了“补数量”“补短板”“促发展”“促均衡”几个发展阶段，目前进入“促创新”的变革期。② 在《教育部 财政部关于实施中小学幼儿园教师国家级培训计划(2021—2025年)的通知》等政策文件的引领下，区域教师培训的制度执行，需要我们在精准识别教师需求、精确配置培训资源、精细管理培训过程上下功夫。精准之道，体现在对教师培训需求的深入挖掘和准确把握。通过问卷调查、访谈、数据分析等手段，真实了解教师的知识短板、技能缺陷和发展需求，为培训内容的定制和优化提供依据。同时，精准执行还要求我们在培训资源的配置上做到合理高效，确保优质培训资源能够覆盖到每一位有需求的教师。此外，对培训过程的精细管理，也是确保制度执行效果的重要保障。

第三，制度反馈的持续之策。任何一项制度都不是一成不变的，它需要在实践中不断检验、反馈和完善。区域教师培训制度亦然，其持续改进的动力来源于对培训效果的持续跟踪和评估。《郴州市教育赋能乡村振兴行动计划(2022—2025年)》等地方性文件，为我们提供了制度反馈和持续改进的实践路径。首先，持续之策体现在对培训效果的定期评估和反馈。通过建立科学的评估体系，对教师培训的知识掌握、技能提升、教学改进等进行量化分析和质性评价，及时发现问题，提出改进建议。其次，制度反馈还要注重教师的主体地位，鼓励教师积极参与到培训的反馈和改进中来，通过教师的声音，不断优化培训内容和方式。最后，制度的持续改进还需要政策的支持和引导，通过政策的不断完善，为教师培训制度的优化提供方向和动力。

区域教师培训的制度设计与实践，是一项长期而艰巨的任务。它需要我们在制度构建、执行和反馈各个环节上下功夫，确保制度设计的科学性、执行的有效性和反馈的及时性。

---

① 毕正宇. 教育政策执行模式研究[D]. 武汉：华中师范大学，2006.

② 冯晓英，林世员，何春. 深化教师精准培训改革：概念模型与实施路径[J]. 中国远程教育，2023，43(10)：41-50.

二、区域教师培训制度建设的典型案例

关于做好2024年度郴州市教师培训实施工作的通知(摘选)

一、项目设置及承办单位

基于本地教育发展实情，遵循《2024年郴州市“国培计划”市本级项目设计规划书》确定的方向，本年度市本级教师培训项目从学前教育、义务教育、高中教育、职业教育视角出发，确定了40个市级培训项目(包含校(园)长培训、局各科室教育工作重点项目培训、学科类培训)，计划培训教师5971人次；9个“国培计划”市本级教师培训项目计划，培训教师1028人次，两项培训计划共计培训教师6999人次。

二、培训工作要求

(一)明确工作思路。本年度“国培计划”市本级培训计划，在培训项目设置、参培对象的遴选上倾斜义务教育阶段的乡村教师、中青年教师。重点抓好紧缺薄弱学科、三支培训团队(市级教师培训专家团队、市县教研员团队、市级教师数字素养培训团队)、教师自主选学项目和校本研修能力提升培训项目。市本级教师培训工作重点抓好中小学幼儿园校(园)长岗位任职资格培训、义务教育课标解读、新中考等项目，做好教育系统各部门工作重点培训工作。聚焦乡村教育实际、一线教育发展实情，聚焦校本研修，解决好当前亟待解决的问题。

(二)落实各级责任。根据省教育厅省管市、市管县的工作要求，国培项目的主管部门为教育部、省教育厅、省国培办、市县教育局，各级教师培训项目要按照属地管理原则，落实各级教师培训部门的主体责任，明确管理职责。建设“5+1”级教师培训体系，打造精准培训，促进教师培训工作提质增效。

(三)推进精准培训。各级教师培训要聚焦“五个导向”，不断提高教师培训专业化水平。

一是推行“1+1”跨区域自主联合培训项目。充分发挥“国培计划”“市培计划”的示范、辐射、引领作用。本年度开展的“1+1”跨区域自主联合培训项目有“国培计划”市本级计划+“县培计划”“市培计划”+“县培计划”自主联合项目。参培计划纳入市级教师培训计划，实行统一管理。

二是建立“1+3”专家团队共审工作机制。全市“国培计划”市本级培训、“市培计划”以及11个县市区(含“国培计划”项目县)的各级教师培训实施时，

均要经“1+3”专家团队共审后开展教师培训工作。按照 1 名首席专家制订实施方案，3 名审核专家共审的方式，对各级教师培训项目设计与实施方案进行专业把关。未经“1+3”专家团队共审的培训项目实施方案不得实施。

三是探究教师自主学选培训。按国家、省市有关教师培训文件精神，建立教师自主发展机制，探索教师自主选学模式。从 2024 年起，在常态化教师培训学分登记中增加“教师自主选学”培训项目。所有在编在岗教师自行登录“国家中小学智慧教育平台”，按规定自主选学与自身任教学科有关的师德、学科、现代教育信息技术等课程内容。凭借相应培训课程的学习笔记(10 份)、学习截图(10 张)、学习作业(5 份)交学校审核后，报县市区教师培训部门审核合格的，计 10 学分。

四是积极开展校本研修工作。按照“5+1”级教师培训体系的构架，树立以学习者(即“1”，教师)为中心理念，落实“国培、省培、市培、县培、校培”的各级责任。在省、市级教师培训部门的带动下，全市积极推进校本研修工作。具体工作要求另发文。

五是加大公益送培送教力度。按照“国培计划”“市培计划”带动引领县级、校级教师培训发展的思路，督促各县市区做好农村教师培训工作。“国培计划”市本级教师培训项目农村教师培训占比为 75%；市本级教师培训项目中要确保各类培训项目的农村教师培训人数不少于 50%。由市级教师培训专家团队、各级名教师工作室、各级教研员等专家团队牵头，指导县市区、农村学校开展好校本研修、联片教研工作，探索解决农村教育教学中存在的问题。各级培训者公益送培的往返差旅费从各级各校教师培训专项经费中列支。

六是建立参培教师电子档案。要建立基于信息技术支持的教师参培电子档案，国培、省培、市培避免重复培训。各县市区在每次培训前统一填写《郴州市国培计划、省培计划、市培计划教师参培档案管理表》(另发操作指南及表格)，于 12 月 1 日统一发市教育局教师培训管理部门审核。

(四)规范培训管理。各地各培训机构要依法依规举办培训。

一要规范培训管理，科学设置课程。市级、国培管理部门要建立逐级管理平台，建立管理台账，建立常态化的月报制度、抽查制度，对培训的过程性资料、终结性资料进行抽查。由市级教师培训专家团队，通过线上、线下双线考核的形式，对各培训项目的设计与实施、培训质量等情况进行监管。各培训项目的授课教师，市(县)域外专家不少于 50%，实践性培训课程设置不少于 50%。已设立的市本级教师培训项目，原则上不得改动。

二要开展教师培训专项视导工作。建立兼顾国培、市培、校本研修的综合评价体系，开展教师培训专项视导检查工作。市教育局根据各县市区教师培训工作情况，设置年度教师培训工作推优指标，评选县市区优秀教师培训工作者，对积极参与且成效显著的校本研修项目给予认可和奖励。

三要加强培训报道，做好培训成果凝聚。各级教师培训部门、各承办机构要对各项教师培训工作开展情况进行报道，总结培训成果，召开成果汇报会，追踪各培训成果的转化情况，并向全市积极推介优秀培训成果。

四要严格遴选学员，确保培训质量。各地各校要基于培训主题，严格遴选参培学员。要面向全体教师，确保公民办学校(幼儿园)教师都有适量的参培机会。要加强学员管理，根据学员在培训中的现实表现，按照国培有关规定评选优秀学员。要倾斜农村教师，确保乡村教师参加培训的机会。对于国家、省、市名师培养培训项目中指定的参培教师，各地各校不得以各种理由限制其参加培训。

五要严格进行培训考核。各“国培计划(2024)”项目承办机构，依据国培项目管理办法制订项目绩效考核方案和评估指标及细则，科学设置各培训项目的培训质量、时效、效益指标。市级教师培训项目参照“国培计划”项目管理办法执行。各地、各培训机构要强化安全责任，加强学员安全教育、安全管理，与参培学员签订安全责任协议，购买参培教师安全责任保险，确保培训顺利实施。

(五)加强经费管理。各县市区、各项目承办机构要坚持“谁使用、谁负责”的原则，明确经费支出。各培训项目的经费使用根据国家、省市等有关文件规定执行。郴州市教师培训研究与管理、视导等相关费用以及湖南省中小学教师数字素养推广、湖南省备课大赛作品工作费、评审费，按照有关文件规定，各地可从教师培训专项经费或信息化建设经费中列支。“国培计划(2024)”市本级培训及市级教师培训计划的培训经费以拨款形式支付培训承办机构，要加强经费使用监管，确保专款专用。

制度评述

作为一名专业教师培训研究者，对郴州市2024年度教师培训实施工作的文件内容进行专业评述时，我们可以从区域教师培训的制度建设角度，探讨其合理性和创新点，并从以下三个方面进行详细分析：

一、制度设计的系统性与前瞻性

郴州市的教师培训制度体现了明显的系统性和前瞻性。文件中提到的培训计划涵盖了学前教育、义务教育、高中教育和职业教育等多个层面，显示出培训制度的全面性和系统性。同时，通过依据《教育部 财政部关于实施中小学幼儿园教师国家级培训计划(2021—2025年)的通知》等国家级政策文件，确保了培训制度与国家教育方针的一致性，体现了前瞻性。此外，制度设计中对乡村教师、中青年教师的倾斜，以及对紧缺薄弱学科的重点培训，都显示出对当前教育需求的深刻理解和对未来教育发展趋势的预判。

二、制度执行的创新性与灵活性

郴州市教师培训制度的执行体现了创新性和灵活性。文件中提出的“1+1”跨区域自主联合培训项目，是制度创新的体现，它通过整合不同区域的教育资源，实现优势互补，增强培训效果。同时，建立“1+3”专家团队共审工作机制，确保了培训项目的质量和专业性。此外，教师自主选学模式的探索，不仅体现了制度的灵活性，也尊重了教师个性化发展的需求。通过“国家中小学智慧教育平台”进行自主选学，增加了教师培训的自主性和选择性，有助于激发教师参训的积极性和主动性。

三、制度保障的全面性与实效性

郴州市教师培训制度的保障措施体现了全面性和实效性。文件中对培训经费的严格管理，确保了培训资源的合理分配和使用。通过“谁使用、谁负责”的原则，强化了经费使用的监管。同时，对培训项目的考核和评价体系的建立，以及对优秀培训成果的推介和奖励，都是提高培训实效性的重要措施。此外，通过建立参培教师电子档案，避免了重复培训，提高了培训资源的利用效率。安全责任的明确和保险的购买，也体现了对教师培训过程中安全问题的重视，这些都是提高培训制度实效性的重要保障。

郴州市2024年度教师培训实施工作的文件内容，展现了一个系统、创新、全面的区域教师培训制度。该制度的合理性体现在其对教育需求的深刻理解和对国家教育方针的积极响应上；其创新点则体现在跨区域联合培训、教师自主选学等灵活多样的培训方式上；而其实效性则通过严格的经费管理、完善的考核评价体系和安全保障措施得到保障。这些特点不仅为区域教师培训提供了有力的制度支持，也为其他地区教师培训制度的建设提供了可借鉴的经验。未来，随着教育环境的不断变化和教师需求的日益多样化，郴州市的教师培训制度也应持续优化，以适应新的教育发展需求。

郴州市中小学教师信息技术与教育教学融合研究团队工作实施方案(试行)(摘选)

根据《中共中央 国务院关于全面深化新时代教师队伍建设改革的意见》(中发〔2018〕4号)、《教育部关于印发〈教育信息化2.0行动计划〉的通知》(教技〔2018〕6号)、《教育部关于实施全国中小学教师信息技术应用能力提升工程2.0的意见》(教师〔2019〕19号)、《关于印发〈湖南省中小学教师信息技术应用能力提升工程实施规划〉的通知》(湘教通〔2014〕311号)等文件精神，以信息化带动教育现代化，加大教师队伍建设，全面提高我市中小学教师信息技术应用能力和水平，充分发挥现代信息技术在教育教学中的重要作用，特制订本实施方案。

一、指导思想

结合全市教育工作实际，开展中小学教师信息技术与教育教学深度融合研究，将信息技术有效应用于教育管理中，让管理便捷、科学、有效；将信息技术有效应用于不同学科、学段的教学中，以适合、恰当、适才有机融合为标准，树立智慧融合创新教育理念，打造有效课堂。本着"总体规划、分步实施、注重实效、突出重点，树立典型"的工作思路，以培训为抓手，聚焦乡村教育，聚焦创新课程，聚焦师生发展，聚焦学校管理，不断促进教育创新与变革，探索我市中小学教师信息技术与教育教学深度融合的应用模式，坚持育人为本，坚持融合创新，坚持系统推进、坚持引领发展，加快教育信息化带动教育现代化进程。

二、实施原则

(一)育人为本。适应新时代和信息社会人才培养需求，以信息化引领构建以学习者为中心的全新教育生态，实现公平而有质量的教育，促进人的全面发展。

(二)深度融合。积极利用信息化成果，以信息技术应用手段和培训课程资源为载体，推行混合式培训，引导教师将信息技术引入教学全过程，推动信息技术、教育理念、教学方法和教学模式的深刻变革，通过信息技术与教育教学的深度融合，推动优质资源共享。

(三)应用导向。坚持把应用作为信息技术推广的切入点、着力点和核心要务。将信息技术应用于教育管理、教学活动和教学评价中，改变学校经验型管理模式，改变教师与学生传统的"教与学"的模式，构建形成内容更加多元、方式更加灵活、目标更加多样的新型的教育教学环境，实现教材多媒化、资源全球化、管理智慧化、教学个性化、学习自主化和环境虚拟化。

(四)按需施训。遵循教师专业成长规律，以需求为导向，增强培训针对性和实效性，全面提升教师运用信息技术有效解决教学重点、难点、易错点等问题的能力。

(五)分层推进。合理设计培训项目，建立“阶梯式”教师培训模式，按照先易后难，先骨干后全员，由点带面分层推进的方式，构建省、市、区县(市)、校“四级”培训体系。加大培训培养力度，建设好骨干教师培训者团队，充分发挥其示范引领作用。

(六)重心下移。充分利用乡村教育信息化已有的基础条件，探索基于乡村中心校、小学教学点的优质数字教育资源运用问题，基于融合研究四要素(课程、学生、教师、学校)的问题解决需求，通过实地诊断、案例分析、整合资源、创建课程、同步研修、资源共享等活动形式，实施教育精准扶贫培训计划。

三、目标任务

以探究信息技术与教育教学深度融合路径为出发点，推介易用、够用、好用、适用、活用的现代信息技术与教育教学融合研究成果，创建融合新型课程，培育融合创新校(园)，打造融合创新个人，建设好一批理论领先，技术过硬，乐于奉献，能做能讲能写的高素质、专业化融合研究培训团队，创设良好的教育环境，走出一条内涵与外延共同发展的深度融合之路。

(一)提高教师队伍信息技术应用水平

通过各级融合团队发挥引领作用，促进广大教师掌握现代信息技术，改进教育教学手段，掌握TPACK、BYOD、翻转课堂等一系列教育教学理论，学会制作微课程，掌握必要的学科软件及教学APP应用工具。深入研究信息技术背景下硬件与软件的组合与取舍，学科教学的设计与信息技术工具的应用，线上与线下信息技术工具的应用等。

(二)探究“教与学”新型教学模式

促进课堂结构的变革。研究信息技术与教学深度融合的新方法、新途径，学习尝试线上与线下、校内与校外、翻转课堂、创客教育、STEAM教学模式、人工智能、机器人教育等在教育教学中的有效应用。

促进教学方式的变革。深化课程改革，将数字化的信息媒体由教师展示教学内容的工具，变为学生的认知工具；并把教师的主导地位和作用由课堂上的显性行为，逐渐转变为课堂内外教学设计中的隐性行为。

促进学习方式的变革。帮助学生由依赖书本的学习转向基于资源的学习；由知识的简单机械记忆转向自我建构和合作协同；使学生由依靠老师的学习转向自主学习；由按部就班的学习转向具有个性特征的跨越式学习；由局限于校内的学习转向超越校园围墙的学习；由单一的学习转向多元化的学习。

（三）创新学校管理方式

创建培育融合智慧校，形成区域内教师培训的基地，培训融合名师，推介融合系列课程。

（四）促进城乡教育均衡发展

通过信息技术与教学融合工作开展，深入推动区域、城乡、校际间课堂教学互联互通，共建共享优质教学资源，关注农村留守儿童、特殊教育要求，解决农村中小学和教学点师资短缺问题，开足开好系列课程，缩小区域、城乡校际之间的差距，提高农村教育质量，促进城乡教育均衡发展。

（五）打造郴州融合研究团队品牌

经过三年（2018—2020年）探索，逐步建成我市中小学教师信息技术与教育教学融合团队学习共同体，明确“为师生助力，为教育添彩；做智慧融合，让奇迹发生”的宗旨，建立集研发、培训、引领、服务为一体的团功能队，形成“三乐”（乐学、乐思、乐行）学风，实施“三自五用”考核评价标准（“三自”即自主管理、自动晋级、自修学分，“五用”即易用、好用、够用、适用、活用），打造郴州市融合研究团队的品牌课程、品牌教师、品牌学校。

四、组织构架与工作方式

（一）组织构架

在湖南省工程办的指导下，建立省、市、县、校“四级”管理模式、“四级”培训体系。市教育局成立“郴州市中小学教师信息技术与教育教学融合研究团队”（简称融合研究团队），局分管领导担任顾问，办公室设郴州市教师培训中心，由1名首席专家、若干名核心成员组成。市融合研究团队首席专家及组长由市教师培训中心负责人兼任，核心成员由市、县、校及省内外融合研究专家组成。

市直属各学校（幼儿园）、各县市区成立本地相应的融合研究团队，积极吸纳本地名师或名师工作室成员加入融合研究团队。按照属地管理原则，市直学校（幼儿园）融合研究团队归属市教育局教师培训中心管理，各县市区融合研究团队归属县市区教育局教师工作培训部门管理，均由1名首席专家、3名核心成员、若干名志愿者组成。各级融合研究团队均可外聘省内外融合研究专家充实研究队伍。

市级负责统筹规划、做好顶层设计，制订全市信息技术与教育教学融合研究实施工作方案，组织开展市级培训者培训，督导评估各县市区、市直属学校（幼儿园）的研究工作。各地各校要做好本地本校的融合研究顶层设计，制订方案，明确任务，落实职责。

（二）工作方式

各融合研究团队要积极参与省、市、县、校举办的各级各类研究、培训活动。根据省市有关文件精神，将融合研究工作列入市、县级教师培训项目。实施“阶梯式”分层分类融合培训课程，开展“送培到校（园）”教师培训活动，通过开展实地诊断、案例研讨、赛课评比、训后评价、论文评比、发表专著等活动，探寻信息技术与教育教学融合的内在关系，改变“教与学”模式。

五、研究内容与路径

郴州市融合研究团队的研究主题为《基于 TPACK 理论视野下信息技术与教育教学融合问题的路径研究》，基本内容与路径：

（一）理论学习

TPACK 是信息化时代教师专业发展的主要知识基础。重点了解 TPACK 的核心内容，包括 PCK 学科教学知识、TCK 整合技术的学科内容、TPK 整合技术的教学法知识等。此外要开展翻转课堂、创客教育、STEM 教育、智慧教室、人工智能、机器人教育等相关研究活动。

（二）技术应用

重点解决教育教学中的信息技术应用工具和方法问题。以网络技术、软件的应用和 APP 学习工具的推进作为重要的内容和方向；以各项信息技术与学科教学融合设计等有效实施为落脚点。各区县、各学校（幼儿园）根据研究需要，组建优质研究团队，确立研究方向，探索融合研究路径。

（三）课程融合

基于融合研究目标，各地各校要组织专业人员（含信息技术专门人才与各学科名师）开发基于本区县、本校的特色融合课程，大胆尝试微课教学、BYOD 教学、云平台教学等多种形式的融合创新课例，推陈出新，形成精品课程。

（四）机制构建

省市两级将建立融合研究成果的评估标准，对各地各校工作建立评估机制。评估方向为关注交互关系，检验学习成果及发现创新点。加强信息化与教育教学融合的“拿来、改造、建设”研究，形成研究一代、示范一代、应用一代、普及一代的创新格局。

（五）资源共享

市级融合研究成果将以微信公众号形式呈现，建设人人皆学、处处能学、时时可学的学习型社会，构建“互联网+教育”大平台，构建泛在化学习体系，进行全方位、全过程、全息化管理，满足广大教师的“三随”（随时、随地、随意）学习愿望。市微信公众号中将设立“融合之心、融合之智、融合之光”三大板块，用于展示具有本土特色的能推广应用的信息技术与教育教学融合培训线上与线下课程，推介本地名师、精品课程以及各地的融合研究成果。

各县市区、各市直学校要做到科学谋划，精心研究，主动参与，构建与省市培训内容形成互补、延续拓展的培训体系。教师点击微信公众号中的培训课程学习时，完成学习任务并提交作业，经市、县有关部门审核后可记相应的教师培训学分。

六、实施计划

（一）2018 年度工作计划

1. 准备阶段（2018 年 3—4 月）

一是成立市中小学教师信息技术与教育教学融合研究团队。明确团队研究方向，招纳本市专家、名师骨干组建团队，并向湖南省教育厅中小学教师信息技术应用能力提升工程领导小组办公室提出组建团队的申请。二是召开市融合研究团队成立大会。三是开展问卷调查，了解本地信息技术与教育教学融合现状，制订市融合研究团队实施工作方案。四是对市、县、校各融合团队成员进行培训。五是打造团队文化。制作团队 Logo，征集团队口号，确立研究主题，整合教育资源，服务郴州教育。

2. 实施阶段（2018 年 5—11 月）

一是推送市融合研究团队微信公众号。每月推出 2~3 期培训内容，推介精品课程。二是开展“送培到县（校、园）”工作。帮助县市区乡村学校、幼儿园教师更新教育理念，掌握基本技能。帮助优质学校提升品牌意识，吸收教育精华，打造智慧校园。拟培训的内容有：学科软件、手机 APP 课程、智慧校园课程、学科精品课等。三是打造融合创新学校。市融合研究团队将制定融合智慧学校评价标准，通过创建融合智慧学校，由点带面，分层分类整校推进，充分发挥典型的辐射示范带头作用，推动信息技术与教育教学的深度融合。

3. 总结阶段（2018 年 11—12 月）

一是开展省市各类评比活动，完善实施方案，向省工程办提交各类资料。二是召开阶段工作现场研讨会，开展反思提升，进一步探索研究路径。

（二）2019—2020 年度工作计划

一是聚焦乡村教育，打造智慧校园。按照国家省市有关文件精神，深入乡村，深入学校，针对实际需求实施精准培训。帮助团队每个教师提升自我，挖掘潜力，打造具有本地特色的系列精品课程。

二是聚焦学生，了解学生信息技术素养及应用情况。开展学生问卷调查，掌握各地工作实情。

三是聚焦课堂，实施教师培训计划，推动教育改革，探索“教与学”新型教学模式。

四是开展行动研究，助力教师在“学、思、行”中成长。通过开展“送培到县(校、园)”培训工作，在做中学，做中思、做中研，为教师成长搭建平台，打造融合培训名师。

五是固化融合品牌，推介郴州融合研究经验。经过三年努力形成“基于TPACK理论视野下信息技术与教育教学融合问题的路径研究”成果，积累课堂设计、数字化资源的使用、常用网络工具、融合系列培训课程等方面的培训资源，提升教师信息化技术与学科融合的信息化应用效益，全面提升师生信息素养，提高我市教育信息化质量。

七、保障措施

(一)严格考核，动态管理，确保质量

市融合研究团队在省工程办指导下，开展系列融合研究工作，一要注意遴选优秀授课专家、名师，建构省内最优质的教育信息化培训资源。二要加强教育研究工作，统一思想，提高认识，贯彻本课程设计理念，确保达成目标。三要创新混合式课程建设线上和线下管理手段，探索信息化全程管理，提高学习和管理的效率和质量。四要加大管理力度，实行动态监管。按照省级对市级的考核机制，市教师培训中心对郴州市内各级(县区、校)融合团队实行层级管理，每年度采取过程性评估和任期届满终结性评估相结合的考核管理方式，根据各地工作任务完成情况进行动态调整及表彰。对各地各校不参加、不积极、不主动工作且无成果的团队和个人实行自动退出政策。对在融合研究工作中成绩突出的团队和个人，优先安排参加各类学习培训，搭建成长的阶梯。

(二)明确任务，落实经费，确保发展

贯彻落实《教育部关于印发〈教育信息化2.0行动计划〉的通知》(教技〔2018〕6号)文件精神，以评价促学习，以培训促发展，激发教师积极参与持续学习的动力，推动每个教师将信息技术有效应用在教育管理、课堂教学以及日常工作生活中，促进融合研究工作取得新突破。

为确保各项工作的顺利实施，市级融合研究团队要积极争取将融合研究团队的教师培训项目纳入“国培计划”，每年在市教师培训计划中安排适当的融合专项培训经费，确保培训研究工作正常开展。各县市区教育局、市直属学校(幼儿园)要在教师培训专项经费中安排适当的培训研究经费，鼓励教师参加省市融合研究团队组织的各项培训、研究、评比活动，促使融合研究工作真正落在实处。

制度评述

第一，理念构筑。在教育信息化的浪潮中，郴州市的《中小学教师信息技术与教育教学融合研究团队工作实施方案(试行)》以其深邃的理念构筑，为区域教育梦的实现提供了清晰的蓝图。该方案不仅响应了国家对教育现代化的号召，更体现了对教育信息化深度推进的深刻理解与前瞻性规划。方案中提出的“育人为本原则”和“深度融合原则”，强调了教育的人文关怀与技术应用的有机结合，旨在通过信息技术的融入，促进教育公平，提升教育质量，实现学生全面发展。这一理念的提出，不仅符合新时代教育的需求，也为教师培训提供了明确的方向和目标。

第二，创新驱动。郴州市的教师培训方案，以其创新性为驱动力，点燃了教育智慧的火种。方案中的“应用导向原则”和“按需施训原则”，突出了培训的实用性和针对性，确保了教师能够在培训中获得真正适用于教学实践的技能和知识。特别是方案中对“TPACK”模型的引入和应用，为教师提供了一个全面理解和掌握信息技术与学科教学融合的框架。通过这一理论模型的指导，教师能够更深入地探索信息技术在不同教学场景中的应用，实现教学内容、教学方法和教学策略的创新。

第三，体系支撑。郴州市的培训制度，通过建立一套完善的体系支撑，为教师的专业成长铺就了坚实的路径。方案中的“分层推进原则”和“重心下移原则”，不仅体现了对教师专业发展规律的尊重，也展现了对教育均衡发展的重视。通过构建省、市、区县(市)、校“四级”培训体系，方案实现了教师培训的分层分类和逐级推进，确保了培训内容和方式的多样性和适应性。同时，通过重心下移，方案将乡村教育作为重点，通过实地诊断、案例分析等方式，为乡村教师提供了更加贴近实际、更具针对性的培训支持。

关于进一步加强我市中小学教师培训学分管理工作的意见(试行)(全文)

各县市区教育局、市直属有关单位：

根据《教育部关于大力推行中小学教师培训学分管理的指导意见》(教师〔2016〕12号)精神，为进一步落实《关于印发〈湖南省中小学教师培训学分登记管理试行办法〉的通知》(湘教发〔2011〕61号)及《关于印发湖南省中小学教师培训学分登记管理实施细则的函》(湘教继函〔2012〕4号)文件，加强全市"十三五"期间教师培训学分管理工作，完善五年一周期360学时全员培训制度，现就进一步加强我市中小学(含普通中小学、幼儿园、特殊教育学校、市县研训机构中等职业学校等，下同)教师培训学分管理工作提出如下意见。

一、加强信息化管理，全面提升管理效率

(一)积极推进"互联网+教育"发展，依托湖南省教师培训信息管理系统，实行省、市、县、校四个层级教师培训管理一体化，推行培训需求调研、项目立项、方案评审、学员遴选、过程管理、结业考核、学分登记和证书生成及打印、查询统计等全过程信息化管理，推进新时代教育信息化发展。

(二)全市各级教育行政部门、非教育行政部门和教师培训机构举办拟登记培训学分的培训项目，均须通过管理系统进行管理。

(三)教师参加教育部立项的示范性培训项目培训而获得的学分，由教师属地学分管理部门根据实际情况凭培训结业证书认定登记或通过管理系统直接认定登记。

二、完善市级统筹监管与分级负责相结合的管理制度，规范培训学分管理

(一)进一步加大教师培训学分统筹管理的力度。根据省厅有关文件要求，完善分层、分类、分科逐步建立教师培训课程体系，健全教师培训学分监管和应用机制。全市统一培训学分管理职能划分，市县教育行政教师培训管理部门负责培训项目立项、培训过程监管和培训学分审核认定等，指定市县中小学教师发展中心落实学分登记、管理系统维护、数据分析研究等工作。没有成立中小学教师发展中心的个别县市区应尽快落实责任单位，确保工作落实到位。

(二)统一培训学分来源与认定标准。各级教育行政部门依法依规举办和批准举办的各类培训，方能在管理系统中进行培训立项和登记学分。各级各类行政工作会议不属于学分登记范围。教育行政部门的有关教育工作纳入学分登记管理部分的有关学分登记项目，每年累计登记学分不超过18分(含各类竞赛、教学评审、教育监考培训学习、教育行政干部网络学习、普法学习、党校学

习等项目）。

（三）未经各级教育行政部门批准和认定的培训项目，不得进行培训项目立项和登记学分。各级教育行政部门在审核非教育行政部门举办的各类培训项目的学分时，应核查举办单位的培训资质（经当地注册地教育行政部门批准认可的培训机构）、培训课程、培训专家、培训学时是否为正规单位，培训项目是否属实。未经教育行政部门审批通过的教师培训项目一律不核算学分。

（四）统一规范培训学时和学时学分折算标准。原则上每半天培训记 3 学时、每天记 6 学时，每学时记 1 学分。每个教师五年一周期内培训学时累计不少于 360 学时、每年不少于 30 学时，专任教师每年参加非教育教学专业类培训原则上不得超过 6 学时，国民教育学历提升培训在五年一周期内不超过 150 学时，每五年校本研训不超过 120 学分。班主任教师五年一周期内须接受不少于 30 学时的专题培训。新任教师岗位培训时间应不少于 150 学时，其中校本研训 30 学时；新任校长任职资格培训累计不少于 300 学时［依据教育部文件，校（园）长培训可采用三段式培训方式实施，即集中培训 5 天（30 学时）+影子培训 7 天（42 学时）+返岗实践 50 天可含部分网络研修时间（100 学时返岗+128 学时网络）］；在职教师、校长提高培训每五年累计培训不少于 240 学时。对因产假、病假、支教等特殊原因确实无法完成培训学分的教师，由各级教育行政部门确定免修学分的办法和认定登记。

（五）完善市、县、校三级分层管理制度。在省中小学教师发展中心的指导与监管下，市教育局负责落实全省“国培计划”“省培计划”工作，协助省中小学教师发展中心做好培训管理、过程监管和学分结果认定工作。市教育局教师培训部门负责全市教师培训管理工作，制订市级教师培训计划，指导县市区开展教师培训工作，指导市级县级教师培训机构、省市教师培训基地校、市直属学校（幼儿园）、县市区教师培训部门开展组织实施教师培训项目，对市级教师培训项目进行过程监管，核记相应的教师培训学分。县级教育行政部门负责县级教师培训项目立项、审批监管，指导县级中小学教师发展中心（教师进修学校）对本县的校本研修、县级培训、市级培训项目参训学员情况进行管理，核计相应的教师培训学分。

（六）进一步明确教师参加培训的审批流程。教师参加培训遵循属地管理、下级服从上级的原则，实行国家、省、市、县、校“五级”管理模式。即“国培、省培计划”教师参培指标由教育部、省国培办下达到市级教育行政部门，市级教育行政部门根据各地各单位的培训需求下达培训指标。县级教育行政部门接到培训任务后，根据本地各校教师培训需求安排参培指标到学校，校长落实指标让教师参培。

市教育局教师培训中心对市直属学校教师参培进行管理(职业学校教师参培由市教育局职成科管理)。教师接到各类参培指标经校长同意后方可参加培训。市直学校校长接到参培指标需报市教育局分管领导、局长批准后方可参加培训。市教育局机关一般干部或副科长参加培训需经科长、分管领导批准;科长参加培训需经分管领导、局长批准。

市直两所幼儿园的教师参加培训由园长批准即可;园长参加培训需经所属管理部门分管领导批准后方可参加培训。

组织全市各级教育行政干部、教师外出参加市、省外培训项目需报局务会审议通过列入市级教师培训计划。组织全市教育系统各单位主要领导参加培训需报分管副市长口头同意或签署批字同意后方可举办。市教育局领导参加培训需报相关市级领导同意。

市直属各学校(幼儿园)教师(含校长)、市直属二级机构人员参加非教育行政部门举办的培训,如需核计学分,除了需核查承办单位的培训资质、培训课程、培训专家、培训学时,还需经本部门分管领导和市教师培训管理部门审批、备案。

各县市区必须完成国培、省培、市培计划。县市区教师参加培训的审批流程由各县市区教育行政部门依据教育部、省教育厅、市教育局文件精神作出规定。

(七)加强学分审核登记管理工作,实行分级管理。市教师培训中心负责市直属学校(幼儿园)、市教育局二级机构的教师培训学分认定、学分审核的具体工作,指定市中小学教师发展中心安排专人负责,专人管理教师培训学分有关事宜,对各县市区和市直有关单位的教师培训学分登记管理工作进行定期检查。县教育局指定县级中小学教师发展中心负责本县的学分登记管理工作,统筹监管本县、校两级培训项目实施。

三、明确层级培训责任,落实五年一周期教师培训任务

(一)坚持以“国培计划”为引领、“省培计划”为拓展、市级培训为补充、县级培训为主体、校本研修为基础,逐步健全培训主体责任,突出各层级培训责任,明确各级培训相互补充的全员培训制度,为每一位教师提供机会相对均等的不同层级培训。

(二)市级教师培训以加强中小学名师名校(园)长培训、卓越教师、名师骨干培训、教师培训者培训和实施精准扶贫培训项目为主体,充分发挥示范引领、辐射带动作用,促进区域教师队伍均衡发展。

(三)市级及以上级别的各类培训,原则上周期内完成60学时。县市区是中小学教师培训主体责任者,要确保相关培训政策落实到位,确保区域内教师

周期内完成360学时的学习任务。专职培训者每年研修时间不少于72学时，各地、各校要完善培训者考核评价制度，形成培训者队伍动态管理机制。一般县市区的县级培训，周期内应完成180学时以上。被市级及以上教育行政部门评定为校本研修示范县的县市区，周期内应完成150学时以上。

（四）市县级教师培训管理部门和市、县中小学教师发展中心要建立和完善校本研修管理与考核制度，制定详细的校本研训学分认定的实施细则，充分发挥省、市教师培训基地校和校本研训示范校的辐射带动作用，切实加强对中小学校本研修规划设计、方案制订、过程管理及实施成效的审核评价。

四、建立培训激励机制，强化学分应用，促进教师发展

（一）实行奖励性选学和学分奖励制度，激励优秀教师专业特色发展，具体实施方法以省教育厅文件为准。

（二）建立教师培训诚信档案。对于不按规定和要求送培的单位，将单位及单位负责人记入培训档案，作为培训计划分配、培训表彰奖励的依据。无特殊情况未参训、被劝退、未结业的学员，记入培训管理系统和培训黑名单，三年内不得参加同级别及以上各类项目培训，不得报销当次培训往返交通费或差旅费，并与年度师德考核、绩效工资发放、评优评先等挂钩。建立学分举报制度，确保学分真实有效。对于学分造假酿成不良社会影响的，要追究当事人责任。

（三）建立教师培训学分监测与通报机制，分级落实监测责任。市级教师培训部门督查和不定期抽查各地各学校学分完成情况。定期发布各地、各校周期学分完成监测报告，学分任务监测绩效作为各级教师培训工作绩效考核的重要内容。

（四）严格落实教师培训学分的使用。教师培训学分作为教师资格定期注册、教师职务（职称）评聘、绩效考核、评先评优以及骨干教师、学科带头人、名师和省特级教师评选的必备条件，严格实行教师培训学分管理与校长考评、名校长评选、学校办学水平评估和教育督导工作相结合。

（五）强化培训管理，提高培训质量。教师承担着传播知识、传播思想、传播真理的历史使命，肩负着塑造灵魂、塑造生命、塑造人的时代重任，是教育发展的第一资源，是国家富强、民族振兴、人民幸福的重要基石。为此，各地、各部门和各级各类学校应采取有力措施认真贯彻落实，各地各校要建立教师培训工作与质量评估机制，完善教师培训的工作与质量评估体系，加强项目过程评价和绩效考评，正确审核登记教师培训学分。将教师培训学分管理工作纳入教育督导并作为各地各单位绩效考核的重要内容，确保教师培训与学分管理工作科学规范。

（六）本文件从2018年1月起执行。

制度评述

对郴州市《关于进一步加强我市中小学教师培训学分管理工作的意见(试行)》对学分管理制度建设的合理性和创新点有如下三点:

一、制度设计的系统性和规范性

郴州市的教师培训学分管理制度体现了高度的系统性和规范性。文件明确提出了依托湖南省教师培训信息管理系统,实现省、市、县、校四个层级的一体化管理,这不仅提高了管理效率,也确保了培训管理的连贯性和一致性。通过信息化手段,从培训需求调研到学分登记和证书生成的全过程管理,都纳入了规范化的轨道,减少了人为因素的干扰,提高了管理的透明度和公正性。此外,文件中对培训学分的来源、认定标准、学时学分折算标准等进行了统一规定,这种规范化的做法有助于确保教师培训的质量,避免了培训学分的随意授予,确保了培训效果与教师专业发展需求的对接。

二、层级化管理与责任明确化

该制度的另一个亮点是层级化管理与责任的明确化。文件中提出了市、县、校三级分层管理制度,并对各级教育行政部门、教师培训机构以及教师个人的职责和任务进行了清晰划分。这种层级化管理不仅有利于提升管理效率,也有助于形成上下联动、协同推进的工作机制。

特别是在教师参加培训的审批流程中,实行了国家、省、市、县、校"五级"管理模式,这种模式体现了属地管理和下级服从上级的原则,确保了培训工作的有序开展。同时,通过明确各级职责,增强了各级教育行政部门和学校的责任感,有利于推动教师培训工作的深入开展。

三、创新性的学分管理和激励机制

郴州市的教师培训学分管理制度在学分管理和激励机制上也显示出创新性。文件中提出了奖励性选学和学分奖励制度,这种制度有助于激发教师参训的积极性,促进教师专业特色发展。同时,通过建立教师培训诚信档案和学分举报制度,加强了对教师培训过程的监督和管理,确保了学分的真实性和有效性。此外,文件中还提出了将教师培训学分与教师资格注册、职称评聘等紧密挂钩,这种制度设计强化了学分的应用,提升了培训的实用性和针对性。通过这种方式,教师培训不再是一种形式,而是成为教师职业发展的重要组成部分。

郴州市的教师培训学分管理制度建设在合理性、系统性、规范性方面做出了积极尝试，并在层级化管理、责任明确化、创新性学分管理等方面展现出明显优势。未来，随着教育改革的不断深入，该制度还可以进一步优化和完善，以适应教育发展的新要求和教师专业成长的新需求。

第三节　区域教师培训的方案设计

教师培训方案的设计是提升教师培训质量的关键支点。它不仅关系到教师个人专业发展的方向和速度，更直接影响到整个教育系统的活力与效能。随着教育改革的不断深入，区域教师培训的方案设计被赋予了新的使命和要求，它需要在继承与创新中寻找平衡，在普遍性与特殊性中实现融合。在复杂多变的现实情境中，方案设计的价值与意义远远超越了其作为问题解决工具的基本属性，它构成了连接理论与实践、策略与执行、当前与未来的桥梁。一个精心构思的方案设计，不仅是对现状的深刻剖析与精准定位，更是对未来发展方向的前瞻规划与战略布局。首先，方案设计通过系统化、逻辑化的思维过程，将纷繁复杂的问题拆解为可管理、可操作的子问题，这一过程本身就是对问题本质的深入探索与理解。它促使决策者跳出局部视野，以全局性、前瞻性的视角审视问题，为找到根本性解决方案奠定了坚实基础。其次，高质量的方案设计能够有效整合多方资源，优化资源配置效率。通过科学合理的规划布局，确保有限资源在关键领域和环节得到最大化利用，避免资源浪费与重复建设，促进经济效益与社会效益的双重提升。此外，方案设计中蕴含的创新思维与前瞻理念，能够激发新的增长点，推动教育乃至社会的持续进步与发展。再者，方案设计在风险管理方面同样发挥着不可替代的作用。通过对潜在风险因素的全面识别与评估，制定针对性的预防措施与应对策略，有效降低项目实施过程中的不确定性与风险水平。这种预见性与防范性的管理机制，为项目的顺利实施与成功达成目标提供了有力保障。

方案设计的价值与意义在于其不仅是解决当前问题的有效手段，更是推动社会进步、促进可持续发展的关键力量。它要求设计者具备深厚的专业素养、敏锐的洞察力与卓越的创新能力，以科学严谨的态度、系统全面的思维，为经济社会发展贡献智慧与力量。本小节将呈现郴州市教师培训的经典案例，深入剖析培训方案设计的理论与实践，探讨如何根据教师的实际需求和区域教育的特点，制订出既具针对性又具普适性的培训计划。我们将从培训目标的设定、内容的筛选、方法的选择、效果的评估等多个维度，全面审视培训方案设计的科学性和实效性。

一、典型方案：教育精准扶贫“乡村教师跟岗实践”培训（摘选）

根据郴州市《2017年教育精准扶贫教师培训计划》精神，遵循教师教育规律，依据教师学习的特点与要求，发挥教师的学习主体作用，以行动学习落实培训理念，以学科为基础、以问题为中心，通过聚焦课堂教学有效引领校本研修活动开展，逐步提升乡村小学教师教学能力和水平。针对农村教师在新课程背景下课堂教学实践中存在的具体问题，结合汝城、桂东、安仁、宜章四个贫困县的教育教学实际需求，特制订本实施方案。

一、培训主题

建立常态研修机制，切实提升乡村小学教师教育教学能力。

二、培训目标

（一）解决问题。以新课程理念为指导，以问题为中心，以跟岗培训学习为主要方式，通过系统的培训，帮助学员制订校本研修计划并督促实施。

（二）提升能力。针对乡村小学教育教学实际，开设递进式培训课程，提升学员的教学设计能力，掌握教学策略。

（三）培养种子。为4个贫困县培养一批深入推进课程改革、实施素质教育中发挥作用的种子教师，能在乡村学校开展基于实情的校本研修工作。

三、培训对象及时间

培训对象：宜章、桂东、汝城、安仁县乡村小学学校领导、教研组长。每县指标25人，共100人。

培训时间：10天。

四、培训原则

（一）实践导向。坚持理论联系实际，聚焦贫困县乡村教师专业发展需要，探索解决乡村学校在教学管理和校本教研中的现实问题。

（二）专业引领。坚持内涵发展，探索开发、完善乡村教师培训课程体系。基于“学用结合、学以致用”原理，引导乡村教师把学习与工作紧密结合，在做中学，在学中做，不断提升综合素质。

（三）优质服务。坚持质量为本，加强培训监督与效果测评，保障培训质量，满足教师的专业发展需求。

（四）开放创新。坚持改革创新，依据参培教师需求，灵活开设培训课程，创新培训方法。借鉴国内外教师培训经验，研发乡村小学教师培训优质课程，促进乡村教师专业成长。

五、培训课程

本次培训设计三大课程模块。

（一）师德课程。聆听优秀教师师德报告，促进参训学员自身专业成长。

（二）专业知识与技能课程。基地校跟岗实践，了解核心素养下课堂教学与学校教育教学管理、班级管理新常态。参与基地学校的课堂观察、评课议课、集体备课的全过程，参与基地学校的日常教育教学活动，以提升参培学员的教育教学水平。

（三）省内名校访学。走进浏阳新文学校，了解“三元素教学”教学的实施，参与名校教学管理和班级管理以及年级组、教研组建设案例论坛，提升教学、教研组和班级的管理能力。

六、培训方式

（一）以任务驱动为核心，采用专题讲座、案例式培训，跟岗位式培训，通过跟班观课、评课、议课，参与学校和班级管理，参与基地校教科研活动的培训方式。

（二）根据培训活动目标、内容和任务，将集中培训和分组培训相结合，强化学员与基地校、专家的交流互动。确定市内5所跟岗基地校，省内1所浏阳新文学校，走进真实培训课堂，通过现场观摩、案例研讨、交流汇报等方式解决一线教师的实际问题。运用行动研究和反思实践，切实提升参培学员的教学能力和管理水平。

七、日程安排表（附后，摘选）

八、师资团队与组织管理（摘选）

（一）培训人员岗位职责

1. 项目首席专家：(1)指导培训项目申报、培训方案研制和课程与教学设计；(2)指导培训项目实施和培训质量监控；(3)指导项目总结和培训后项目追踪。

2. 项目负责人：(1)负责项目方案的起草；(2)组建项目团队；(3)组织团队成员制订项目实施计划和实施方案；(4)组织和协调项目实施过程中的各项活动；(5)了解和掌控教学的全过程，对学员反映的问题及时与讲课教师进行沟通；(6)在项目领导小组和首席专家指导下，全面负责项目管理工作。

3. 项目专家团队：(1)负责项目的培训定位，策划指导，实施监控与评价；(2)指导培训课程的设置和师资的选择；(3)指导和参与培训课堂，协助主讲教师开展分组指导活动；(4)负责项目总结及成果整理。

4. 项目管理与服务团队：(1)负责培训班级的教务工作落实，班级教学档案的收集整理和学籍管理；(2)负责学员的日常生活管理和组织、落实教学考察活动；(3)负责班级的后勤保障与服务；(4)协助项目负责人完成其他相关工作。(5)成立班委会，由学员推选班长、学习委员、生活委员和技术顾问，5个大组长，10个小组组长，负责培训期间班级活动组织和协调工作。

(二)考勤制度

培训研修期间实行严格的考勤制度，每次培训均要签到；班主任负责考勤事务。学员不得无故迟到、早退或旷课。培训期间，学员一律不准离开学校，学员因病(事)需请假的，半天以内的，由班主任批准；一天以内的，由项目负责人批准，并报培训中心备案；超过一天的，由所在单位出示证明，所在县教育局盖章。没有请假或未准假而缺勤者，按旷课处理。凡旷课一天以上者不予结业。未履行请假手续或无故逾期一天未报到的学员，取消参训资格。

九、考核评价

在项目专家团队指导下，由项目负责人组织项目管理与服务团队人员共同负责培训活动的全程质量监测任务，主要采取以下措施与办法：

(一)对培训进行过程性评价与终结性评价。每次专家授课后,组织学员扫二维码,完成培训教学满意度测评。

(二)根据培训目标，结合学员实际，特制定学员考核原则与标准。

1.考核原则。坚持自我考评与他人考评相结合，过程评价与终结性考评相结合、合格考评与激励考评相结合、定量考评与定性考评相结合。

2.学员接到跟岗学习通知后，结合本人教学实际，做好自身教学现状分析，找出学校和自我教学中的问题，制订出切实可行的学习计划，明确个人跟岗学习的重点。

3.学员在跟岗期间，撰写《跟岗学习日志》，详细记录各项培训活动安排、学习观摩的收获和体会。听评课4节，参与集体备课2次。通过课堂发言、主持、团队参与、后续行动计划、成果展示等方式，观察与分析学员表现，作为评优秀学员的依据。考核表见附件2。

4.通过小组主持、专家对话、心得分享、汇报展示团队反思成果。每个跟岗小组制作成果简报1期。

5.结业发证。学员按规定学完所有课程，且按规定完成学习任务，考核及格，颁发结业证书，培训班按20%比例评选优秀学员。

十、训后跟踪指导

在班级QQ群搭建交流、研讨、资源共享的平台，并以此加强与学员的后续联系和交流，及时了解和把握学员的信息和动态，适时解决学员在工作中的重要问题，促进学员个人成长和学校发展，拓展培训时空，增强培训效果。

利用郴州市中小学教师管理与教师发展网，建立网络研修社区，打造区域、校本、班级三级研修共同体，形成常态化的、与参训教师日常教学活动相结合的实践研修模式。训后继续畅通专家服务通道，为参训教师的专业成长提供开阔的发展空间。

附件 1：

培训日程安排表

<table>
<tr><th colspan="2">时间</th><th>培训内容</th><th>地点</th><th>提交作业</th></tr>
<tr><td rowspan="2">第 1 天</td><td>8：30—12：00</td><td>报到</td><td></td><td>我的教育故事</td></tr>
<tr><td>15：00—17：30</td><td>破冰、团队建设</td><td></td><td></td></tr>
<tr><td rowspan="4">第 2 天</td><td>8：30—9：00</td><td>开班仪式</td><td rowspan="4"></td><td rowspan="4">制订教师个人成长规划</td></tr>
<tr><td>9：10—12：00</td><td>【师德课程】专题讲座：立足当下,放眼未来</td></tr>
<tr><td>14：30—17：00</td><td>【班级管理】心理健康教育在班级管理中的应用</td></tr>
<tr><td>19：00—20：30</td><td>【专业知识】专家指导：制订教师个人成长计划</td></tr>
</table>

续表

时间		培训内容	地点	提交作业
第 3 天	8：00—12：00	见面会、学校简介、参观校园	1~2 组学员赴湘南学院附属小学南校区多媒体教室,随后分组进班听课	小组研磨：课堂教学观课议课
		【专业知识与技能】观摩语文课、交流研讨		
		【专业知识与技能】观摩数学课、交流研讨		
		【专业知识与技能】观摩美术课、交流研讨		
		本校教师与学员见面会	3~4 组学员赴郴州市一完小多媒体教室，随后分组进班听课	
		【专业知识与技能】观摩数学课、交流研讨		
		【专业知识与技能】观摩美术课、交流研讨		
		【专业知识与技能】观摩语文课、交流研讨		
		【专业知识与技能】观摩数学课、交流研讨	5~6 组学员赴市三完小科教楼报告厅听课	
		大课间活动展示		
		研讨交流：家庭教育经验交流会		
		本地教师与学员见面会	7~8 组学员赴市九完小多媒体教室参加见面会,随后分组进班听课	
		【专业知识与技能】观摩语文课、交流研讨		
		【专业知识与技能】观摩数学课、交流研讨		
		【专业知识与技能】观摩音乐课、交流研讨		
		本地教师与学员见面会	9~10 组学员赴市涌泉小学多媒体教室,随后分组进班听课	
		【专业知识与技能】观摩语文课、交流研讨		
		【专业知识与技能】观摩数学课、交流研讨		
		【专业知识与技能】观摩美术课、交流研讨		
	14：30—17：00	参与各基地校的集体备课研讨	五个基地校	

续表

时间		培训内容	地点	提交作业
第 4 天	8：00—12：00	【专业知识与技能】观摩语文课、交流研讨	市涌泉小学多媒体教室	小组制定主题教学活动
		【专业知识与技能】观摩数学课、交流研讨		
	14：30—17：00	【专业知识与技能】专题讲座：校园文化建设探究	市一完小多媒体教室	
		【专业知识与技能】观摩：分组展示校本教研课例		
第 5 天	8：00—12：00	【专业知识与技能】观摩语文课、交流研讨	市九完小多媒体教室	
		【专业知识与技能】观摩数学课、交流研讨		
		【专业知识与技能】观摩班会课、交流研讨		
		【专业知识与技能】专题讲座：语文阅读策略		
	14：30—17：00	【专业知识与技能】观摩“百家讲坛”活动	湘南学院附属小学北校区	
		【专业知识与技能】观摩“小白鹿”社团活动		
第 6 天	8：00—11：40	【师德课程】：师徒结对经验介绍	市三完小多媒体教室	小组学习成果汇报
		【专业知识与技能】示范课：《云海日出》		
		大课间活动展示		
		【专业知识与技能】示范课：《饮湖上初晴后雨》		
		【专业知识与技能】师徒课例研讨会		
	14：30—17：00	【总结汇报】学员分组汇报、专家点评		
第 7 天	8：20—17：00	从郴州市赴浏阳新文学校		

续表

时间		培训内容	地点	提交作业
第 8 天	8：30—11：30	【师德课程】新文学校经验介绍：善待教师让评价更温暖	浏阳市新文学校	基地校跟岗学习反思
	15：00—17：30	观摩学生社团活动		
		【专业知识与技能】专题讲座：学生社团活动经验介绍		
第 9 天	8：30—12：00	【专业知识与技能】 1. 观摩升旗仪式； 2. 观摩学校交响乐团演奏； 3. 参观校园（小导游解说）； 4. 学生综合实践及班主任队伍建设经验交流； 5. 年级组管理成功案例汇报：学生综合实践及班主任队伍建设经验分享	浏阳市新文学校	跟岗学习工作总结
	14：30—15：40	【专业知识与技能】观摩三元素课堂		
		【专业知识与技能】微讲座：探索课堂改革之路		
	15：40—16：00	【专业知识与技能】课改经验介绍（观看学校宣传片）	多功能报告厅	
	16：00—17：30	【专业知识与技能】小组合作案例展示		
第 10 天	8：30—10：00	【专业知识与技能】专题讲座：教学管理经验介绍	多功能报告厅	学员制订本校的校本研修计划，于训后 10 天内上交
	10：00—10：20	观摩大课间活动	操场	
	10：30—11：30	【专业知识与技能】1. 教研组建设案例分享；2. 结业总结	多功能报告厅	
	12：40—17：30	返程		

附件2：

2017年教育精准扶贫“乡村教师跟岗实践”培训学员评分表

姓名：　　　　　　　　　　　　组别：

项目	评分标准	自评	小组长评	班委会评
考勤情况：30分	满勤30分，迟到早退一次扣5分，迟到缺课两次以上不得分。旷课一次不得分			
作业反思：30分	1份学习计划、1份“我的教育故事”、2篇学习反思，1份跟岗学习工作总结，1份改进学校管理的方案。每份计5分			
学习笔记：20分	优秀(19~18分)，良好(17~16分)，及格(15~13分)，不合格(10分及以下)			
参与讨论：20分	每次提问或发言讨论计2分，主持活动每次计5分			
合计				
综合得分	自评占40%，组长评分占60%			
本人签名：	组长签名：			

说明：各组小组长的“小组长评分”由班主任完成。

二、典型方案：郴州市教师培训师岗位胜任力培训研修(摘选)

开班寄语

这是一份迟到的相约，踏着六月的阳光，我们开启铸造培训师的学习之旅。

这是一个学习共同体，有共同的目标，也有共同的愿景；有共同的文化认同，也有共同的责任与使命。今天，我们相聚在苏仙岭下，一起学习，同台竞技；线上线下，倾心交流。研修期间，我们共同演绎培训者的情怀，展现湖湘儿女独有的风采！

我期待您带来独特的感悟，把智慧和经验、创新与思考、见解和精神表现出来！

我期待您带来真诚的微笑，用欣赏的眼光，把团队的友谊、合作的成果展示出来！

一次相识、相知、相学，终生同志、同道、同行！

亲爱的学友们，本次培训有专家的引领与示范，也有我们大家共同搭建的经验分享、交流观点、展示风采、众筹众智、共赢共生的平台。相信我们的努力将得到完美的见证，相信我们定会学有所思、思有所悟、悟有所践！

请努力，你的点滴收获都是自己努力的结果！未来的你会感谢今天拼搏的自己！

请携手，精准施培，助力教师发展；郴州培训，因你我而精彩！

请相信，智慧的培训将打造不平凡的你！

项目管理团队

一、服务指南

为使您拥有一个安全、舒适的学习、工作和生活环境，项目组愿竭诚为您服务。现将有关事项告知如下。

(一)学员在线研修指南

学习任务	达成要求	研修平台
专家直播课	请加入并关注 CCtalk 群号：81513263。其中6月6日黄佑生主任的《教师培训师的结构性思维》专题报告在师训宝中观看学习，请大家提前20分钟进入课程安排并进入直播间	CCtalk
学员考核展示	完成一次10分钟的直播课程	
训前调研问卷	本次培训将通过问卷形式实名收集参训学员的基本现状及培训需求，以提高本次培训的有效性。请于6月4日前在师训宝活动中认真填写并提交训前调研问卷	师训宝
考勤签到	按照直播课程和集中培训课程安排，学员至少提前20分钟进入授课直播间或教室，进行签到。班主任将在课前30分钟和课间休息时间将考勤签到二维码发在学习平台讨论区，请打开师训宝首页右上角的“扫一扫”完成签到	
网络课程资源学习	本次培训从师德教育、素质与能力两个模块设置了9个主题共100学时的网络课程资源供自主学习，其中，60学时为必修学时	

续上表

学习任务	达成要求	研修平台
学习资料下载	培训手册、师训宝学员操作手册、网络课程资源学习指南已上传至师训宝“资源”中，供大家下载学习	师训宝
学习作业提交	1. 在师训宝作业中提交一份自我学习规划(含文稿、表格、思维导图、5分钟内微课)； 2. 完成一次10分钟的直播课程，并将课件提交至师训宝作业中； 3. 完成一次课前5分钟的演讲、故事或者访谈分享，并将分享内容提交至师训宝作业中； 4. 完成一次10分钟的实地授课，并将课件提交至师训宝作业中	

(二)集中报到时间与地点(略)

(三)项目管理团队(略)

二、项目实施方案

为贯彻落实《中共中央 国务院关于全面深化新时代教师队伍建设改革的意见》《教育部等五部门关于印发〈教师教育振兴行动计划(2018—2022年)的通知〉》(教师〔2018〕2号)等有关文件精神，结合我市教师培训工作实际，建设一支适应教育现代化要求的高素质、专业化、创新型教师培训师队伍，特制订本实施方案。

(一)培训主题

聚焦以学为中心，提升郴州市教师培训师岗位胜任力。

(二)培训目标

1. 明晰教师培训师的角色，了解教师培训师岗位胜任力内涵。制订自我成长规划(学习计划)并实施。提升我市教师培训师的基本素养、能力，助推培训质量提升。

2. 提高研训能力，掌握现代教师培训方法与技能、教科研能力，参与式培训方法，混合式教师培训方法等。学习微课制作、在线直播技术；学会应用现代信息技术制作可视化教育资源。

3. 学习开发教师培训课程，提高从实践中开发培训课程的能力，形成自己的授课风格。能开发1小时线下培训课程，会制作微课，开发20~60分钟直播课，做到一名师一课程。

4. 认真完成“七个一”的学习任务。

（三）培训对象

在全市遴选中小学（幼儿园）教师，共计70人。

遴选要求：根据项目定位和培训主题要求，参培人员提交《2020年郴州市教师培训师申报推荐汇总表》《2020年郴州市教师培训师个人基本情况表》及佐证资料；每人提交5~10分钟代表个人最高水平的现场授课，或直播授课视频（压缩在100M以内）以及本次授课的完整讲稿和PPT。从中遴选出热爱教师培训事业，有三年以上中小学（幼儿园）教师培训工作经验，有教育科研能力，能独立承担授课任务的优秀培训者。

（五）培训时间

本次培训分三个阶段进行。

1. 第一阶段：自主学习与在线培训。培训时间（略），学习平台为CCtalk。

2. 第二阶段：线下集中培训。培训时间（略）。

3. 第三阶段：自主学习与在线培训。培训时间（略）。学员需自主学习，参与班内直播学习及考核，提交学习作业。

（六）培训原则（略）

（七）培训课程结构

根据培训主题与培训目标，设计两大模块课程。

1. 教师培训师的角色定位及专业素养提升：（1）教师培训师角色的自我定位；（2）现代教师培训理念与方法；（3）培训师语言训练与基本能力提升（含朗读、演讲、讲故事、访谈、专家介绍等）；（4）混合式教师培训技能（含微课制作、在线直播技术、常用的APP软件应用等）。

2. 教师培训课程开发与设计：（1）教师培训课程开发与设计；（2）以学为中心的课程建设；（3）教育科研与教师专业发展；（4）研修成果转化指导。

（八）培训方式

本项目依据建构主义、行动学习理论，探索“TTT”混合式教师培训师培训模式。根据培训目标、内容和任务需求，把线上与线下，班级、小组、个人的多种学习形式结合起来，突出情境学习体验，探索参与式、探究式、启发式培训模式。通过专题讲座、案例分析、任务驱动、专家指导、现场观摩、成果展示、小组及个人评比相结合的培训方式，达成学习目标。培训总计160学时，其中第一阶段、第三阶段完成各项学习任务后，小计100学时；第二阶段集中培训小计60学时。

第一阶段：自主学习与在线培训（10天）。通过阅读书目，参与在线直播课程学习，解读案例，参与互动交流、自我展示等方式，帮助教师培训师提升基本素养，制订切实可行的学习计划并实施。

第二阶段：线下集中培训(10天)。学习教师培训理论与方法，树立学为中心理念，不断提升培训师的专业素养与能力，提高教育科研水平，学习经验，开发培训课程，提高培训师的授课水平。

第三阶段：自主学习与在线培训(30天)。通过阅读书目，撰写笔记、反思、总结、论文，开展直播分享、考核，凝聚培训成果。

(九)各阶段课程安排(详见附件)

(十)组织管理与师资团队

1. 领导小组(略)。

2. 项目管理团队岗位职责(详见附件)。

3. 成立班委会，负责培训期间班级活动组织和协调工作(详见附件)。

(十一)考核评价

在项目首席、专家团队指导下，项目管理负责人组织项目管理服务团队，共同负责培训活动实施，设立全程质量监测任务，主要采取以下措施与办法：

1. 建立班级管理制度。应用《学员考勤表》《学员手册》等管理工具考核学员出勤情况和学习表现，及时观察、分析学员的学习反应(应用师训宝进行管理签到)。

2. 完善考核评价。应用《训前调研问卷》《学员课程评价表》《学员项目满意度评价表》等评价工具，考核学员对培训教师和项目的满意度(应用技术软件进行测评)。

3. 学员学习作业。

(1)培训前按规定提交遴选资料。

(2)培训期间学员在导师指导下开展学习活动，完成“七个一任务”：1份自我规划(含文稿、表格、思维导图、5分钟内微课)，1次直播，1次实地授课，1次演讲或讲故事、访谈、专家介绍等，1篇读书笔记(不少于1000字，不超过2000字)，1份反思总结(不少于1000字，不超过2000字)，1篇小论文(不超过3000字，鼓励提交培训课例论文)。

(3)各小组提交一次本组主题研讨学习的分享集锦、小组照片集锦、小组培训简报。

4. 考核评优

(1)积极参加小组研讨互助学习，完成班组交付的各项工作任务及班级考核活动。

(2)学员作业完成情况、课中学习展示及回答问题情况均纳入优秀学员、优秀小组的计分范畴。课前和课中学员的演讲、讲故事、访谈、专家介绍等，每人每项目任选展示(不超过5分钟),主张原创或优质故事分享。直播考核为每人10分钟,现场实地授课考评为每人10分钟。

(3)未完成阶段学习任务的学员视不合格处理,不发结业证书,并通报学员单位。完成所有学习任务方可获得参评优秀学员资格。优秀学员推荐在全省、全市的直播课程中分享学习成果。

(4)按照国培标准,培训结束时评选20%的优秀学员、20%的优秀小组,颁发优秀证书。

5. 训后跟踪

由培训承办单位采取现场调研和网络调研的形式,进行当堂训后反馈以及训后阶段追踪,以便于进一步整理培训成果,积累经验,对存在问题进行改进。

(十二)培训经费(略)

三、课程安排

第一阶段:自主学习+直播授课					
时间		授课主题	授课人	主持人及备注	培训场地
第1天	19:00—21:00	【教师培训师的角色定位】专题讲座:成长的约定——教师培训师培训方案解读			CCtalk平台
第2天	9:00—11:00	【现代教师培训理念与方法】专题讲座:教师培训师的结构性思维			师训宝
	19:30—21:30	【现代教师培训理念与方法】培训师必备的三项极简技术			CCtalk平台
第3天	19:30—20:30	分组在CCtalk平台上展示,专家进行直播辅导			
第4天	19:30—21:30	阅读书籍,小组互助学习			
第5天	19:30—21:30	【现代教师培训理念与方法】专题讲座:从经验到技术			CCtalk平台
第6天	19:30—21:30	【现代教师培训理念与方法】专题讲座:混合式培训课程设计			CCtalk平台
第7天	19:00—21:30	学员学习计划分享,专家点评			CCtalk平台

续表

第二阶段：集中培训+能力考核					
第1天	15：00—18：00	集中培训报到			
	19：30—21：30	团队建设，班委会议			
第2天	8：00—12：00	【教师培训课程开发与设计】实战训练：以学为中心的教师培训一			
	14：30—18：00	【教师培训课程开发与设计】实战训练：以学为中心的教师培训二			
	19：30—21：30	导师指导，小组互助学习			
第3天	8：00—12：00	【培训师语言训练】实战训练：语言的艺术——以(……为例)朗读、演讲为例			
	14：30—18：00	实战训练："TTT"应具备的四项基本能力			
	19：30—21：30	【教师培训课程开发与设计】导师指导,小组互助学习			
第4天	8：00—12：00	【现代教师培训理念与方法】专题讲座：参与式培训			
	14：30—18：00	【现代教师培训理念与方法】专题讲座：教练技术			
	19：30—21：30	【现代教师培训理念与方法】导师指导,小组互助学习			
第5天	8：00—12：00	【教师培训课程开发与设计】专题讲座：我与我的"五多课堂"——培训师成长之路			
	14：30—18：00	【教师培训课程开发与设计】专题讲座：《教师培训师专业修炼》导读			
	19：30—21：30	【教师培训课程开发与设计】专题讲座《教师培训项目方案设计》解读			

续表

第 6 天	8：00—12：00	【现场教学】1. 观摩语文课。2. 专题讲座：观课议课策略与方法			
	14：30—18：00	【教师培训课程开发与设计】专题讲座：教师教育理念与专业成长促进			
	19：30—21：30	【教师培训课程开发与设计】导师指导，小组互助学习			
第 7 天	8：00—12：00	【教师培训课程开发与设计】专题讲座：教师培训课程开发流程 1			
	14：30—18：00	【教师培训课程开发与设计】专题讲座：教师培训课程开发模型 2			
	19：00—22：00	【教师培训课程、理念与方法】实战训练一：学员直播展示、专家点评			
第 8 天	8：00—12：00	【教师培训课程、理念与方法】实战训练二：学员直播展示、专家点评			
	14：30—18：00	导师指导，小组互助学习	赴资兴		赴资兴
	19：30—21：30	导师指导，小组互助学习			
第 9~10 天		学员现场授课考核			
第 11 天	结业典礼，返程				
第三阶段：自主学习+直播考核					
培训后跟踪指导：30 天		每日阅读，每周确定两天的 19：00—21：30 进行直播考核：学员分享、专家点评			CCtalk 平台
		提交阅读笔记、课例论文、学习反思			CCtalk 平台

2020 年郴州市教师培训师岗位胜任力培训班网络平台在线学习及自主学习课时安排

时段	模块	主题	学时
培训前至培训后：60 天	师德教育	做党和人民满意的“四有”好老师	2
		那些有关教师职业幸福感的事	2
	素质与能力	基于 OBE 理念的培训管理	3
		基于实证的效果评估	2
		教师培训发展与需求调研	3
		教师培训需求调研与分析方法	3
		教师培训资源开发设计与实施	3
		送教下乡培训模式创新与服务体系的构建	3
		体验式培训活动设计	3
		直播考核	14
		阅读书籍 1~2 本	30
		学习笔记 1 篇	6
		论文 1 篇	20
		总结 1 篇	6
总学时			100

四、专家介绍(略)

五、考核方案

(一)“七个一”考核方案

1. 工作目标

(1) 落实学习计划，实现人人参与、人人考核、人人提升的学习目标。

(2) 互帮互助，共生共赢，发挥学习小组的作用。在导师的指导下，开发自己的教师培训课程并大胆展示。

2. 实施步骤

(1) 在班主任指导下分设学习小组。各小组采取自愿或分配任务的形式，列出每次学习任务及分享展示顺序。

(2) 个人学习任务考核安排如下：

① 自我学习计划展示考核：19：00-21：30 直播分享。学员需提交一份文字稿、一份学习计划表、一份思维导图、一节微课(限时 5 分钟内)。根据申报，各组推荐 1 名学员展示，展示学员将获得加“2 分”的奖励，其他学员在师训宝中提交作业。展示考核采取 10 分制计分，9 分为优秀，8 分及以上为合格，8 分以下为待合格。

② 演讲、讲故事或访谈、专家介绍考核：由班委安排考核顺序。每天上午、下午各 4 人，其中 1 人做专家介绍。每人展示时间不超过 5 分钟。由班委、小组长轮流担任评委。考核采取 10 分制计分，9 分为优秀，8 分及以上为合格，8 分以下为待合格。每次安排评委 3 人，取平均分为学员最终得分。

③ 直播考核：19：30—21：30，2 名学员直播，每人 10 分钟，直播后专家点评。评委由专家、班委共同担任，考核采取 10 分制计分，9 分为优秀，8 分及以上为合格，8 分以下为待合格。

④ 现场授课考核：每人限时 10 分钟。由班主任及班委会安排考核顺序。考核采取 10 分制计分，9 分为优秀，8 分及以上为合格，8 分以下为待合格。设专家评分、学员评分和观众评分，具体细则另见方案。

⑤写作类考核：1 份读书笔记、1 份反思、1 份总结、1 份论文(培训案例)按规定时间提交。由专家评审后遴选优秀文案汇编成册，发群内共享并推荐发表。

(3)小组考核如下：

① 每组完成一期简报，汇集学员参训照片集锦，交给班主任。完成任务情况纳入优秀小组的考核范围。

② 学员考勤、各项学习作业考核成绩、日常学习情况考核分数累加为优秀小组评选的分数。

(二)学员考核评价细则

1. 考核评价内容

应用学员培训期间考勤、课堂参与、优课展评、学习成果(学员提交的作业、材料、考核成绩)等情况作出综合评价。

2. 考核评价方法

(1)学员自评，小组长进行核查后签名。(2)小组汇总本组组员个人得分和团队得分(全体组员的总分即为团队得分)上报到学习委员处。(3)学习委员汇总，提交班委会。班委会根据得分情况给予相应评价，评选出优秀小组和优秀学员。

3. 考核评分实施细则表

考核评分实施细则表

一级指标	二级指标	权重	评价要素
日常表现	考勤	20	直播课时，每次课程前至少提前25分钟进入直播间/教室，进行签到，考勤共计20分。
	课堂表现	20	1. 按课表参与全部网络课程异步在线学习任务计5分； 2. 参与直播课程学习计5分； 3. 课堂发言或提问，每次计1分，最高得5分； 4. 主持活动每次计1分，最高得4分； 5. 担任班干部、小组长工作，计1分
成果产出	1份自我学习规划	5	在规定时间内提交一份自我学习规划，成绩合格计5分；由专家评审为优秀加2分
	1次演讲或讲故事、访谈分享	5	完成一次课前5分钟的演讲或者故事、访谈分享成绩合格计5分；由专家评审为优秀加2分
	1次直播	8	完成一次10分钟的直播课程，成绩合格计8分；由专家评审为优秀加2分
	1次实地授课	8	完成一次10分钟的实地授课，成绩合格计8分；由专家评审为优秀加2分
	1篇读书笔记	8	阅读书籍后，提交一篇读书笔记(不少于1000字，不超过2000字)，成绩合格计8分；由专家评审为优秀加2分
	1篇反思总结	6	提交一篇反思总结，计6分(不少于1000字，不超过2000字)
	1篇论文(培训案例)	20	提交一篇小论文(不超过3000字，鼓励提交培训课例论文)，成绩合格计20分，由专家评审为优秀加10分
	小组考核	不设上限制	学习分：核计小组成员在学习中的个人累加分值取小组平均分为小组最后分值。 考勤分：小组全体出满勤计10分，缺勤1人减1分，请假1人减0.5分
总计		100	个人考核成绩合格线80分，80~90分为良好，优秀为90分以上。未完成阶段学习任务的视为不合格。加分项另行累加

4. 学习评价结果应用

(1)请假超过10%取消评优资格，超过30%做不结业处理；(2)学员按规定学完所有课程并完成学习任务的颁发结业证书；(3)按照国培标准，培训结束时评选20%的优秀学员、20%的优秀小组。

(三)学员自我鉴定表

姓名： 组别：

评价内容	自我小结	小组评分
1. 自主学习		
2. 在线学习		
3. 考勤情况		
4. 课堂参与		
5. “七个一”任务		
考核成绩		
个人签名		

说明：小组长完成1~4项工作，第5项考核为班主任与班委会填写。小组评分采用10分制计分，优秀为9分(含)以上，合格为8分(含)以上。学员自评后交组长评议，评议结果告知本人并签名。

六、培训管理

(一)班级约定

直播学习约定

1. 请妥善安排好工作与学习时间，确保准时参加线上直播学习。2. 请提前熟练掌握线上教学平台的操作应用。3. 请确保学习环境独立安静。4. 请提前检查网络情况，挑选网络畅通的环境开展学习。5. 请关闭QQ、微信、手机或调成静音。6. 请主动做好课前作业，积极参与互动。7. 请注意不发言时关闭话筒声音。8. 请确保衣着整洁，能随时开启摄像头参与活动。9. 请认真完成课后作业。10. 请积极参与小组及班级直播活动，分享您的学习收获。

集中培训约定

1. 着装整洁得体，言行文明礼貌。2. 讲究卫生，物归原处，不在教室内抽烟、嚼槟榔。3. 每节课提前10分钟签到，开展晨间学习活动。4. 按时上课，不迟到早退，有事做到提前请假。5. 课堂上将手机设为静音或关闭状态。6. 专心听讲，每次集中研修参与互动不少于1次。7. 按时完成作业，严禁抄袭。8. 网络研修上传学习资源不少于1件。9. 积极参加班级活动，主动为班级发展建言献策。10. 请积极参与小组及班级活动，分享您的学习收获。

（二）项目团队岗位职责

1. 项目首席专家及负责人

(1)负责项目方案的起草，培训方案研制和课程与教学设计；(2)组建项目团队，协调有关工作；(3)指挥培训项目实施和培训质量监控。

2. 项目管理负责人

(1)协助负责项目方案的起草，制订项目实施计划和实施方案；(2)制订研修手册并印制；(3)组织和协调项目实施过程中的各项活动；(4)了解和掌控教学的全过程，对学员反映的问题及时与授课教师进行沟通；(5)在项目管理组和首席专家领导与指导下，全面负责项目管理工作；(6)做好项目总结和培训后项目追踪工作。

3. 项目专家团队

(1)协助指导项目的培训定位，实施监控与评价；(2)讲授好培训课程。

4. 项目管理与服务团队

(1)负责培训班级的教务工作落实，班级教学档案的收集整理和考勤管理（实行纸质文档与电子签到双考勤）；(2)负责学员的日常生活管理和组织、落实教学考察活动；(3)负责班级的后勤保障与服务；(4)负责专家接待，协助项目负责人完成其他相关工作；(5)负责项目总结及成果整理。

5. 班主任

(1)担任主持人，负责培训班级的教务工作落实，班级教学档案的收集整理和考勤管理；(2)参与教学指导，协助项目负责人完成其他相关工作；(3)负责项目总结及成果整理。

6. 副班主任

(1)负责学员的日常生活管理和组织、落实教学考察活动；(2)负责班级的后勤保障与服务；(3)负责专家接待，协助班主任完成相关工作。

7. 教师指导专家

(1)担任直播主持人，负责培训学习小组的自主研修，协助开展小组学习活动；(2)负责网络平台的技术指导，答疑解惑。

（三）班委会与临时党支部书记职责

1. 班长职责

(1)主持班委会全面工作，引领成员做好班级管理和服务工作；(2)落实班主任工作要求，建设卓越班集体；(3)负责班委会成员考核工作；(4)协助项目办做好学员个人与学习共同体的过程管理、绩效考核工作。

2. 临时党支部书记职责

(1)负责学员思想政治工作；(2)负责组织党员学习活动；(3)负责监督学

员遵规守纪工作；(4)监督做好学员个人与学习共同体过程管理工作。

3. 副班长职责

(1)负责学员集中学习和研修期间考勤，执行班级管理制度；(2)负责班级考核材料的归集和整理工作；(3)负责班委会会议通知的草拟、发布和会议记录工作。

4. 组织委员职责

(1)负责学习共同体的组织建设工作；(2)负责班级活动的组织协调和服务工作；(3)配合班委会完成其他工作。

5. 宣传与策划委员职责

(1)负责班级活动的图片、音像摄录和资源的归集工作；(2)负责班级简报、美篇、微信号编制和其他宣传工作；(3)配合班委会完成其他工作。

6. 学习委员职责

(1)配合班主任组织授课专家教学测评，做好教学意见反馈工作；(2)负责学习资源、学习成果的收集、整理、上传、下发工作；(3)组织安排学习研讨、经验交流、学员考核顺序等学习活动；(4)负责学习共同体绩效考核工作；(5)配合班委会完成其他工作。

7. 文娱与体育委员职责

(1)营造课前、课中文化氛围，丰富学员业余生活；(2)组织集中学习期间的文体活动；(3)配合班委会完成其他工作。

8. 生活委员职责

(1)负责班级卫生值日安排与检查，为班级提供温馨整洁的学习环境；(2)收集和反映学员生活意见，协调培训机构提高服务质量；(3)协助学员外出活动交通、食宿和安全服务工作；(4)配合班委会完成其他工作。

9. 小组长职责

(1)协调学习小组成员关系，组织好本小组参加各项活动，安排好学员考核顺序，创建优秀学习共同体；(2)掌握本组学习情况(线上+线下)和每日学习任务的落实情况，及时进行检查与督促，做好小组及组员积分登记，落实小组“优秀学员”评选工作。

三、典型方案：教师数字素养培训团队能力提升培训(摘选)

依据《教育部 国家发展改革委 财政部关于实施新时代基础教育扩优提质行动计划的意见》《教育部关于发布〈教师数字素养〉教育行业标准的通知》《教育部办公厅关于印发〈基础教育课程教学改革深化行动方案〉的通知》等文件精神，立足郴州市“国培计划(2024)”市本级教师培训的具体需求，帮助郴州市教师数字素养培训团队探索教育数字化转型背景下新型教与学模式及指导能力提升的方法路径，深刻领悟《教师数字素养》标准，创新教学模式，提升培训团队的数字化意识，提升数智化常态化应用水平，研发常态化应用案例，引领、指导区域教师常态化创新应用，形成区域教师数字素养提升支持服务体系，加速区域落实教育数字化转型，促进区域教育数字化可持续发展，特制订本实施方案。

一、研修主题

聚焦数字赋能，立足常态应用，提升郴州市教师数字素养培训团队素养。

二、研修目标

(一)提升数字化转型相关政策理解能力。把握国家教育数字化转型要求，深化对教师数字素养行业标准的理解，帮助培训团队明确基础教育课程教学改革深化行动对数字化赋能教学质量提升的整体要求，基于区域、学校教育教学改革发展方向，深度理解教育数字化转型及教师数字素养提升的意义与价值，提升数字化意识。

(二)提升数字化“教与学”模式创新能力。继续扩大对不同教学环境下技术工具应用的探索，掌握在教育教学中选择人工智能、大数据等数字化设备、软件、平台的原则与方法，并能解决常见教育教学问题，基于教育教学问题的解决，探索新技术赋能的混合式、体验式、探究式教学方式，促进数字技术赋能“教与学”模式融合创新，有效助力教育教学质量提升。

(三)提升数字化教学创新应用指导能力。积极探索教师数字意识、数字知识与能力、数字化应用等素养培养与能力提升的模式方法，增强教师数字社会责任，通过教师数字素养提升，以区域研修引领校本研修，提升教师数字化常态化应用水平，推进区域教师数字素养提升。

(四)提升常态化应用案例研发能力。基于数字化教育教学实践，打磨优秀案例，提炼应用成果，生成一批应用效果好、融合创新程度高的数字化教育教学应用案例，形成一批适用于本地的优质数字化教育教学资源。

三、研修对象

年龄在50岁以下(教师数字素养管理者除外)，郴州市教师数字素养研究团队成员及该项目工作部门负责人(县市区各1人)，共计90人。

四、研修时间及地点(略)

五、培训内容

(一)注重培训实效性。按照“训前自修”“集中培训”的主线规划课程模块内容，以问题为导向、以案例为载体、以任务驱动为主要手段，训前自修定“需求”，集中培训学“方法”，返岗实践共同助力“计划”落地，有效引领参训学员完成培训。

（二）重视课程设计，注意结构清晰。培训过程采取参与式、研讨式、案例式、情境式、体验式、任务驱动式等方式，提升学员政策理解能力、模式创新能力、应用指导能力和案例研发能力。

集中课程具体安排如下：

时间		培训内容	主持人/主讲人	场地
第 1 天	9：00—18：00	报到		
	19：00—20：00	【团队建设】破冰活动、文化建设		
第 2 天	8：30—9：00	【开班典礼】领导讲话、方案解读 【合影】		
	9：00—11：30	【专题讲座】湖南省教师数字素养行动计划解读		
	14：30—17：30	【专题讲座】 数智技术赋能育人模式变革		
第 3 天	8：30—11：30	【专题讲座】核心素养下的课堂教学设计		
	14：30—17：30	【交流研讨】 了解学校如何探索教学数字化转型，如何规划校本资源，并了解教师如何规划成果、组织教研组研磨示范课例；了解教师在教育数字化转型背景下，如何借助数字技术促进教育公平，助力新课标落地，思考融合创新成果方向并开展课例研磨，并进行交流研讨 【观摩示范课】 【案例研讨】围绕数字技术支持的微场景应用及数字化教学创新实践来展开评课交流研讨		

续表

时间		培训内容	主持人/主讲人	场地
第 4 天	8：30—11：30	【工具应用】生成式人工智能：教育的新质生产力		
	14：30—17：30	【小组研讨】 1. 梳理学科教学场景； 2. 基于微场景应用，研讨教学难点； 3. 基于问题解决梳理相应技术解决策略 【导图生成】根据梳理的微场景匹配相应的工具应用，生成思维导图 【展示交流】各小组展示导图，共同探讨技术解决策略		
第 5 天	8：30—11：30	【案例分析】 基于数字化转型的云端一体课堂教学创新实践		
	14：30—17：30	【任务驱动】微场景应用设计与案例研磨		
第 6 天	8：30—11：30	【交流研讨】 了解学校如何探索教学数字化转型，如何规划校本资源，并了解教师如何规划成果、组织教研组研磨示范课例；了解教师在教育数字化转型背景下，如何借助数字技术促进教育公平，助力新课标落地，思考融合创新成果方向并开展课例研磨，并进行交流研讨 【观摩示范课】 【案例研讨】 围绕数字技术支持的微场景应用及数字化教学创新实践来展开评课交流研讨		
	14：30—17：30	【备课大赛秀：小组 PK 赛】 信息技术工具解读+说播课作品展——以备课大赛参赛作品为例(每组派出 1 名学员，每人 10 分钟) 【专家评审】 专家基于案例进行指导，提出优化意见		

续表

时间		培训内容	主持人/主讲人	场地
第 7 天	8：30—11：30	【方法引领】 数字化资源开发路径与要点		
	14：30—17：30	【方法引领】 教研创新：技术赋能下结果导向的深度学习		
第 8 天	8：30—11：30	【案例学习】 教师数字素养提升整校推进的吉林实践		
	14：30—17：30	【校本研修】 1. 信息技术支持下的校本研修——以希沃平台为例(90 分钟)； 2. 基于课例研修的校本研修：信息化教学创新案例解读		
第 9 天	8：30—11：30	【展示交流】 1. 以小组为单位，共派出 6 名管理者、3 名学员，每人 5 分钟分享本年度备课大赛工作计划和学习收获； 2. 2023 年郴州市备课大赛工作汇报及 2024 年备课大赛工作布置。 3. 结业典礼		
	14：30—17：30	返程		

六、考核标准

从三个维度考核参训学员。三个维度分别是出勤纪律、研修行为、研修成果，分别占比 36%、34%、30%，对于优质生成性成果，予以加分。本次培训考核成绩为 100 分，每个模块都合格且总分达 60 分及以上整体培训才合格，具体考核细则如下：

评价维度	评价指标	指标描述	分值
出勤纪律	出勤情况	集中培训出勤情况，每出勤半天为一次，可得 2 分，最高 36 分。每旷课一次扣 2 分，旷课 4 次及以上，成绩为零分	36
研修行为	活动参与	1. 参与完成小组任务(美篇、简报、主持、反刍、活动)，(一次满分 5 分)； 2. 专家互动(一次 1 分，满分 9 分)； 3. 撰写新闻稿件并发布到相关报道平台(一次满分 5 分)； 4. 研修心得展示墙上留言(一次 1 分，满分 10 分)	29
研修成果	计划制订	以县、学校为单位，管理者提交一份关于组织参加省备课大赛的工作计划，经专家评审，最高核计 20 分	20
	案例打磨	1. 学员遴选打磨区域教育教学创新应用案例(微场景工具应用案例、数字化教学案例、创新应用模式案例)； 2. 自由组合 3~5 人提交一套省备课大赛说播课的信息化教学创新案例、说播课逐字稿，组员每人得 15 分	15
奖励分	备课大赛作品秀	参加“备课大赛秀”奖励 15 分；参加公益在线直播课分享奖励 20 分；参加学员学习收获分享奖励 5 分	40

第三章

区域教师培训模式的初步探索

你不能教会一个人任何事情，你只能帮助他自己去发现。

——伽利略

十余年来，郴州市以“国培计划”政策为导向，结合湖南省“国培计划”的具体要求，通过精细化项目设置与科学化管理机制，展现了区域教师培训模式创新与实践的典范。

在教师培训工作开展中，郴州市教育局通过征集计划、公开遴选等程序，精心设计了涵盖学前教育至职业教育全领域的数百个国家级、省级和市级培训项目，体现了培训规模的广泛性与内容的针对性。尤为值得关注的是，郴州市在培训过程中特别强调了精准培训的理念，通过采取倾斜乡村教师、聚焦紧缺薄弱学科及教师自主选学培训项目等措施，有效提升了培训的实效性，提升了教师培训的个性化水平。在积极探索跨区域自主联合培训项目中，不仅发挥了“国培计划”与“市培计划”的示范引领作用，还促进了不同区域教育资源共享。同时，引入资深专家团队，确保了培训项目设计与实施的专业性与科学性，为培训质量的提升，提供了坚实保障。

第一节　区域教师培训的规范实施

本节旨在深入探讨和总结郴州市在教师培训领域的实践经验，分析其成功做法和面临的挑战。通过对郴州市具体实践案例进行深入分析，本节将揭示规范实施培训项目对于提升教师专业素养、促进教育均衡发展的重要性，也将对郴州市在教师培训方面的创新做法进行评述，探讨其对于推动区域教育发展的积极作用。

一、暖心“送培到校”助力基层教师发展

自 2015、2016 年国家相继出台《乡村教师支持计划》《乡村教师培训指南》以来，为贯彻落实好文件精神，准确了解乡村教师的培训需求，让教育精准扶贫教师培训工作不走形式、不走过场，郴州市制定了《教育扶贫教师培训五年行动计划(2016—2020)》，以探索解决乡村教育中存在的教育理念落后，专业化程度相对较低、教育教学技能缺乏，教育科研缺专家引领的问题。2016 年郴州市举办了教育精准扶贫“送培到校”培训活动，参培对象为乡村小学教师，培训目标确定为不断更新教育理念，学习掌握基本的教育科研方法，培养“全科型”教师，不断促进乡村教师专业化发展。

(一)实施过程

2016 年郴州市制定了《教育扶贫教师培训五年行动计划(2016—2020)》文件，其中设置的教育精准扶贫教师培训项目有送培到县、送培到校、跟岗实践、班主任培训、关爱教师培训、乡村教师专题讲座、各类专项比赛、成果展示等，明确了以走进学校、走近教师、走近学生、走进课堂为主题，倡导真心实意、真抓实干，做有针对性和实效性的培训。“送培到校”培训工作，因培训对象不同，培训时间、培训方式、专家团队都有所不同。2016 年教育精准扶贫“送培到校”教师培训项目的具体做法为：

第一，抓训前调研。专家团队在培训举办前 1 个月进驻学校。通过进校听课、师生访谈、调查问卷等方式对乡村学校学生的成长需求和教师课堂教学存在的问题，以及学校管理等方面进行全面摸底，分析诊断农村学校教育现状，找准切入点，量身设计培训课程，以确保培训实施聚焦农村学校教育教学中的典型问题解答。

第二，抓课程建设。根据培训目标要求，本次培训课程以师德宣讲、教师专业发展、学校管理、高效课堂的打造、教学方法与策略、优秀课例示范等为主要授课内容。结合送培学校提出的培训需求，“送培到校”培训内容以语文、数学学科知识为主，兼顾其他各学科教学案例，以拓展参培教师的视野，助推教师综合素质提升。

第三，抓模式创新。调研显示，因郴州市山区面积占全市总面积的 75%，目前郴州市乡村教师队伍中普遍存在以下现象：结构不合理、村小教学点留不住教师；乡村教师常身兼数职，大多以包班形式开展教育教学工作，中年教师

职业倦怠严重等现象。开展“送培到校”教师培训工作，将有助于缓解“工学矛盾”，及时了解、解答教师的困惑；唤醒教师的工作热情，提高培训实效。

我们针对乡村教育教学实情，确定送培时间为6天。首先，由市教育局统一制定可供参考的培训课程，各承办院校和送培学校根据实际情况进行调整。要求送培组长必须全程驻守学校，专家团队6天驻扎在学校。其次，要求组长周日到校，专家进校后根据送培需要，先观摩该校教师上示范课，再具体指导该校教师上课。经过4天打磨研课后，该校教师要在星期五展示一节反馈课。专家团队要全程参与乡村学校的学科教研组活动，参与集体备课，以学科教学中的问题为切入点，采取“课前说课、课堂观察、课后反思，同伴交流，专家点评”等方式开展研训活动。

第四，抓质量监管。一是加强培训全程监管。在实施过程中，市教育局参与培训的全过程管理，承担了策划、组织、管理工作任务，做到及时发现问题、及时处理问题，同时对承办院校加强监管，确保培训的针对性和实效性。二是建立分级负责分级管理模式。各承办院校按照分级管理模式各司其职。如项目承办院校牵头落实培训方案、修订培训课程、聘请培训专家，制定问卷调查表，并与送培学校一起深入实际开展调研活动以了解送培学校的基本情况等。送培学校注意调整好本校课表，让教师安心参训，积极参与研训活动。当地教师进修学校做好后勤保障工作，落实参训教师、送培专家食宿以及接送等工作。三是做好训后跟踪，确保培训实效。鉴于送培到校培训项目培训时间为6天，我们提出培训要有“立竿见影”的效果，4天内送培学校指定的2名乡村教师须在专家的指导下上反馈课，专家观课后再进行研讨交流。培训工作结束后还须做训后问卷测评，撰写工作总结等。

(二)实施效果及反思

为确保教育精准扶贫“送培到校”培训工作顺利实施，还需注意以下事项：

第一，加强领导，确保经费投入。郴州市教育局成立了精准送培专项工作领导小组，局长任组长亲自抓教育精准扶贫工作，分管局领导任副组长负责各培训项目的实施，局教师培训中心具体抓落实，并建立市、县、承办校、送培校四级管理模式，分级负责，齐抓共管。同时设立专项培训经费，确保送培到校顺利实施。

第二，着力健全学分管理制度。《国家中长期改革发展规划纲要(2010—2020)》明确规定教师五年一周期必须修满360学分，我们抓住这个契机，严格落实学分审核登记制度，绝不随意送学分。自湖南省从2011年开始施行学分审核登记工作以来，郴州市先后于2012年、2013年、2014年陆续下发了三个有关教师学分审核登记的文件，每年度工作会上都将教师学分审核登记作为重要工作来部署，规范了教师获得学分的途径。送培到校培训有效解决了乡村教师的外出参培机会少、获得学分难的问题，教师参培积极性空前高涨。

第三，将各类教师培训工作列入各地教育行政部门年度考核工作范围，与评优评先职称评审、教师定期注册挂钩，确保了工作的推动力。

第四，充分发挥两支培训团队的示范引领作用。一是充分发挥了教师培训管理团队的统筹协调作用，二是充分发挥了送培团队的专业引领作用。郴州市送培团队由培训管理团队和送培专家团队组成(送培管理团队由市县教育局、项目承办单位、送培校三家组成)。市教师培训中心具体抓落实，建立教育扶贫 QQ 群，随时在线答疑解惑，对各校的方案随时跟进检查，确保思想统一、步调一致，科学实施。送培专家团队由省、市、县三级名师骨干组成。为保障培训质量，送培专家组成员要求本地和本校名师不超过 60%，外地专家不少于 40%，以避免“萝卜煮萝卜”现象。同时，充分发挥好省市教师培训基地学校的榜样示范作用。“送培到校”培训工作由省市级教师培训基地校、各县市区教育局和教师进修学校共同承办。省市级教师培训基地校的校长或分管教学的副校长担任组长，将本校优秀名师、市级以上优秀名师引入乡村学校，一方面发挥了省市级教师培训基地校的榜样辐射示范作用，另一方面开阔了乡村教师的视野，搭建了促进教师专业化发展的平台，为下一步加强校际合作、开展跟岗实践搭建了桥梁，打下了基础。

2016 年 11 月至 12 月郴州市全面实施了教育精准扶贫“送培到校”工作。全体送培专家以饱满的工作热情、无私奉献的工作精神、精益求精的工作态度，分成 4 组下驻各校。他们白天进校上课，晚上备课研课、帮扶指导教师上课。调研中，我们了解到，每个县都被当成贵宾，受到热情接待。宜章县梅田学校的孩子们在听课后说，从未见过这么精彩的课堂。桂东沙田一完小校长说他很想把学校办成品牌学校，但工作时又很盲目，缺乏专家的专业指导。

在培训活动期间，该校长每天都跟专家粘在一起，泡在课堂上。他主动将自己编进学习小组，与普通老师一起学习。他说：“‘送培到校’再次点燃了教师对教育的热爱之情，这 6 天我们很幸福！”

在汝城县，教师参训的积极性前所未有地高涨，送培学校周边的所有学校教师都赶来听课学习。安仁县县电视台闻讯赶来报道，听课老师激动地说：“培训收获很大，原来‘名师们’是这样组织教学活动的，自己很受启发。”校长说：“这样的‘送培到校’培训接地气，应该多来些。”在全市教师培训工作总结会上，局长充分肯定了教育精准扶贫“送培到校”培训取得的成绩——“行动早，调研实；方案详，效果好”。

回顾郴州市的“送培到校”教师培训工作，我们认为，只有了解一线教师的需求，做真心实意、真抓实干的送培工作，才可使“送培到校”培训真正走进教师的内心，让教师从“要我来”培训，变成“我要来”培训，成就暖心的教师培训。

二、“二段四级”多元互动 培育区域教师培训“明白人”

“国培计划”自实施以来，极大地助推了我国教师培训事业的发展。教育部相继出台了一系列文件，明确规定“建立教师学分培训制度，实行五年一周期不少于360学时的教师全员培训制度”，并指出“加强培训者队伍建设，增强为教师提供优质培训的能力。各地要为专兼职培训者的发展创造良好条件，“国培计划”和“省培计划”加大专兼职培训者培训力度，专职培训者每年研修不少于100学时”。特别是党的十八大以来，以习近平同志为核心的党中央将教师队伍建设摆在突出位置，要求“各级党委和政府要从战略和全局高度充分认识教师工作的极端重要性，把全面加强教师队伍建设作为一项重大政治任务和根本性民生工程切实抓紧抓好”。由此可见，抓好教师培训工作是加强我国教师队伍建设的战略举措，不但深刻影响每一位教师的专业成长，而且对整个教育教学质量的提高和教育事业的发展有深远意义，并最终落实到培养什么样的人这一核心目标上来。

（一）区域教师培训管理呼唤专业化团队

对于区域内庞大的培训任务，该培什么？为什么培？谁来培？怎样培？这是教师培训管理工作者不得不深入思考的问题。在工作中我们发现，部分教育行政部门领导不够重视教师培训工作，教师培训部门缺人、缺编，每县市区仅安排1~2名工作人员。工作人员常常身兼数职，工作存在应付、无计划性的现象，缺乏专业思想，缺乏科学谋划能力，培训质量不高等问题。还有一些地方的教师“进修”学校成为“进休”学校，学校应有的工作职能没有得到发挥。为改变这一现象，打造一支师德高尚、业务精湛、结构合理的专业、综合素质高的教师队伍，自2010年以来郴州市教育局决定与省内外（本市）高校联合举办郴州市教师培训管理者培训班，从源头上抓好教师培训工作，建设好这支队伍。

郴州市教师培训管理者培训班（以下简称该班），参培对象为教师培训工作的具体责任人。他们承担着全面贯彻落实党的教育方针、落实教育教学改革任务、促进教师专业化成长的重任，肩负着策划、组织、管理、实施职能，对全市各级各类教师培训工作进行指导。该班自2010年开始举办，最初为市级培训项目，2016 年以来在湖南省教育厅国培办的大力支持下纳入"国培计划"。截至 2017 年该班已举办了 8 年，参培学员先后到过华东师范大学、上海奉贤区教师进修学校、四川师范大学、厦门大学、东北师范大学、清华大学、杭州师范大学等校学习。纳入"国培计划"以来该班参培对象为 70 人，由四类人员组成：一是市、县教师培训管理者；二是教师进修学校校长及学校教师培训部门负责人；三是一线学校（幼儿园）的校（园）长和市县级教学名师；四是本地高校负责教师培训工作的管理者及授课教师。参培对象来自郴州市 11 个县市区，他们的学科不同、专业不同，教育管理能力、水平不一，部分学员虽长期从事教育工作，但对教师培训事业的认知不高，专业素养有待提高。

（二）"二段四级"多元互动式教师培训模式的设计与实施

1."二段四级"多元互动教师培训模式基本概念

"二段四级"多元互动式教师培训模式是基于成人教育理论和行动学习理论建构的模式，在实施中形成了"观（教学中发现的问题）—思（根据需求确定主题）—返（岗位体验反思）—学（再次学习提炼）"的螺旋式上升行动学习过程。它满足了参培学员开拓视野的愿望，并将教育理论与教育实践对接，帮助学员打通学习的通道，丰富而多层次的课程资源和教师资源，加上多元交流互动的平台，让参培学员在做中学、做中思、做中成长。

"二段"是指把培训分为两个阶段：第一阶段是省外研修阶段，共 7 天，在异地高校举办。该阶段培训课程设置为培训理念、培训者能力建设、校本研修、建构育人文化和交流观摩等五个维度的课程。其中，集中研修课程重点突破专业引领和问题诊断的内容。培训中综合应用案例式、探究式、情景式、讨论式、参与互动、专题讲座、案例分析与点评、现场教学观摩等培训形式，对学员开展理论培训与技能提升的培训。其目的为加强学员对教育教学工作的领悟与认识，提升师德修养，唤醒、激发学员的工作激情，提升培训能力，更新教育理念，改进教学方式，充实学科知识，在积累、比较和鉴别中明确前进方向，为方法变革和能力发展奠定基础，为培训团队建设打下坚实的基础。第二阶段是省内研修阶段，共 5 天，在本地湘南学院进行。该阶段主要是对省外培训阶段中学到的新知识、新方法、新理念进行再实践的过程。通过学习成人学习理论及其对教师培训管理的启示，加深对教育教学规律和方法的认识，切实提高培训团队自身的教育教学技能与专业化水平。

"四级"是指省市教育行政主管部门、高等学校、县级教师发展中心和优质中小学基地学校协同培养。其中省市教育行政主管部门宏观把握培训政策与理念，高等学校负责项目开发与设计（含方案设计、课程建构、培训组织与管理)，并实施培训工作。县级教师发展中心侧重课程研修、问题研究、教材研究、课例研究和反思与提炼的任务；优质中小学基地学校提供示范引领、校本研修和课堂观察的现场。

2.“二段四级”多元互动教师培训模式的实施策略

(1)制定工作流程，把好“三关”，落实“二个一”工程。

“二段四级”多元互动式教师培训模式的实施，以问题为导向，注重成果生成。以学员为中心，注重理论与实践相结合，加大了省市教育行政部门、高校、县级教师发展中心、基地校(园)的四级多元互动，不断助力教师自我发展，进而助推教育事业发展。在培训实施中须把好“三关”，落实“二个一”工程。

把好“三关”，即把好“关键人物”，充分“关注当地实情”“关心团队建设”。基于对成人学习六条假设的认识，探索“二段四级”多元互动式教师培训模式，我们制定的工作流程为：①开展训前调研。以问题为导向，以学定培。采取问卷调研、召开会议、实地调查等方式精准制订培训实施方案。根据学员的实际情况及学员个体的发展实情，确定培训主题，明确培训目标，设计培训课程，注重将教育理论与实践有效结合。②开展“二段”集中培训。培训中注意加强省市、高校、县区、校园的紧密沟通，选择多元互动的培训课程。异地培训结束后，及时回到本地复盘提炼，针对教师掌握的情况进行及时的疏导、消化，为教师个性化发展搭建平台，帮助教师间、教师与专家间搭建多元互动桥梁。③返岗实践。将培训所获用于本地教育实际，有效促进郴州市教师培训管理者的专业成长。

要做好上述工作，在实施中须做到以下三点：一是把好关键人物关。关键人员指郴州市教育行政部门教师培训工作具体负责人和项目决策则以及高校的培训负责人。他们是本项目的关键领航人物，他们的身份、学识决定了培训方向。所幸的是作为关键人物，多年来，他们一直与教师培训管理者共同成长。如郴州市教育局教师培训部门分管领导曹青云督学，8 年来积极倡导并全程参加该班学习。特别在 2016 年实施的“国培计划”清华大学郴州市教师培训管理者培训班中，他与参培学员“同学习、同生活”。他每日提前 10 分钟到达培训班，积极参与晨读活动。培训中学习主动，与专家、学员积极互动，用人格魅力影响了全体学员。受他的影响，培训中全体参培人员参培按时守纪，无人迟到早退，学习热情高涨，交流互动热烈。“好学上进的领导，带出积极奋进的团队”，郴州市教师培训管理者团队，获得清华大学继续教育学院的高度赞扬，培训卓有成效。二是关注当地实情。即充分关注本地教育发展的实际情况。郴州市受经济及地理位置等多种因素影响，存在招不到教师、教师缺编严重等问题。因而教师参培工学矛盾突出，部分管理者、校领导把教师参培当作负担。

“二段四级”多元互动式教师培训模式能立足本地实际，以解决问题为导向，能给一线教师“走出去”参培的机会，深受教师喜爱，并能帮助管理者更新理念，开拓视野，让培训更有针对性、实效性。三是关心团队建设。指努力建设“两支”拥有共同愿景的教师培训团队。本项目自实施以来打造了两支团队，即一支培训管理者队伍，一支培训管理者兼专家教师队伍。根据参培对象的现实身份，我们将参培对象进行归类，分别设定相应的培训目标。对培训管理者团队的要求是全方位的，他们既要了解当前教育的发展形势，又要掌握专业的培训技能，同时对部门管理者还提出了授课要求。掌握专业的培训技能，能策划针对本地、本校的培训课程，并能承担项目首席专家任务的工作目标。

(2)落实“两个一工程”，暖心打造每一个培训班，唤醒每一个参培学员。

教育培训是爱的事业，是专业的人用专注的心做专业的事。该班举办多年来，始终以助力教师成长为中心，建设好“两支团队”，做好“四级”多元互动，办好每一个培训班，影响每一个参培学员(简称两个一工程)。

2017 年该班在杭州师范大学举办，培训为期 7 天。班主任汤剑文老师和他的团队，为我们打造了一个个暖心课堂。汤老师身兼班主任、主持人、服务员、项目策划员、导游、专家助手等职务。培训中从早到晚都可见到汤老师的身影。上课时我们坐着，汤老师和他的服务团队站着；就餐时，汤老师和他的服务团队还在为大家服务；就寝时我们睡了，汤老师和他的服务团队还在忙着。汤老师说上课时站着是为了随时看看老师和学员有什么要求，要尽可能去满足大家。全体学员在汤老师的感染下，不用项目管理者催促，自觉完成培训学业，培训中按时守纪，学习劲头高涨，训后测评满意度为 100%。可见，教师培训管理者的言行可以影响一个培训班，唤醒一批人，凝聚一批人。

(3)打造“暖心”培训课程，为办出高质量培训班树立标杆。

①培训是一种学习方式的改变，是唤醒，是一种精神传递。专业的教师培训应提供专业的课程(满足培训需求，培训内容既贴近实际又有理论高度)、专业的引领(能调动参训者的主动参与)，能有效促进参培学员自身观念、态度和行为的改变；还要有专业的教室(能根据培训需要随机变换的桌椅)、专业的服务(以温暖、细致、周到为标准)，注重过程管理，彰显育人价值。

2016 年该班由清华大学承办，报到时学员才知道 3 个人住一个房间。起初大家都有很大的意见，有趣的是，当大家看见项目组为学员精心准备的“厚厚的”培训手册(手册中放入了清华大学的校训、历史沿革、学院介绍、培训中心简介、班级文化建设、专家讲义、清华风物、学员分组名单、学习任务清单等内容)时，参培学员感受到项目组专业、用心、细心的服务态度。在相互沟通后，学员的焦躁情绪渐渐平复下来。开班仪式上奏国歌、佩戴清华大学校徽，全国名师为学员授课，精彩又充满智慧的课堂，让学员忽略了生活上的不便。学员每日提前 10 分钟来到教室，积极投入每天的晨读学习。培训班主任张阳老师每节课都坐在教室后面，随时为专家、学员提供服务，当培训活动结束时，又立即向大家呈现了精美专业的结业视频短片。这种敬业精神、专业素养震撼了全体学员。

②打造暖心培训要满足学员需求，让学习真正发生。好的培训课程是办出高质量培训的前提。为做好培训项目，两地项目团队精心设计了专业的培训课程，提供围绕主题、明确目标、丰富内容、形式多样的多元化课程资源。课程包括以下内容：当前教育形势分析、教师发展、学校管理、教师培训理论、培训专项技能(班级管理、项目策划)、培训课程设计、教师培训组织与管理、校本研训、信息技术与教育教学变革等。

该班为参培学员提供的培训课程有理论讲座，也有参与式培训课程，有钱志亮教授的“从人性的善与恶说起”，汪志广教授的“新环境下的教师专业成长”，刘艳萍老师的“行动学习——主题研讨”，李更生博士的“教师需要什么样的培训”。在实践课程中有一线教师的典型案例分享，如王建宗校长的“教育的现代性与管理者的职责”，有参观北京一零一中学、北京海淀教师进修学校，有参观杭州实验中学、杭州上城区教师进修学院等，还在本地培训中开设了本地培训案例分析、经验交流、培训论坛等。这些课程的开设，让“四级”多元互动发生，为学员、专家、学校教师提供交流互动的平台，让培训课程专业、暖心、鲜活，确保了培训角度多元，培训形式新颖，培训内涵丰富，既高大上又接地气，促使学习真正发生。

(3)强化训后返岗实践，提高培训实效。

为了避免教师培训中常见的“听着激动、看着心动，回来不动”的现象，郴州市教育局狠抓教师培训工作改革，丰富培训内涵，提高培训质量。两年来，郴州市教师培训管理者们学以致用，在实际工作中助推我市教师培训迈上新台阶，郴州市的教师培训受省市领导的高度赞誉。

2016 年郴州市教育局开创的教育精准扶贫“‘暖心’送培到校培训”被推荐到全国教师培训机构培训班上做经验介绍；2017 年“教育精准扶贫‘5+1’乡村教师跟岗实践培训”在湖南省首批教师培训师班上作为典型案例分享，“实施暖心培训，助力教师脱贫”工作经验在全省市州教师培训和高校教师培训机构培训班上作为经验介绍。资兴市开创的“蹲点式送培到校模式”、北湖区和郴州市一完小分别举办的“教育精准扶贫送培到校”广受好评。多年来，湘南学院承担的国培、市培计划“资深教师关爱培训项目”满意度测评每年排列前三名次；湘南学院承担的“教育精准扶贫‘送培到县’项目”广受全市教师喜爱。

“二段四级”多元互动式教师培训模式是基于教师培训工作者实际需求繁衍出的教师培训模式，见证了教师培训管理者自我成长的过程。教师培训管理者在参培行动中研究教师教育，并将学习收获转化为教师培训行动，是将培训体验与教师专业成长紧密结合的培训。这些年，该模式的实践拓宽了教师培训管理者视野，挖掘了培训价值，提高了参培教师的获得感、幸福感、荣誉感。但在工作实施中我们也发现，由于教育行政培训管理者队伍流动大，各地各校教师培训管理者的专业素养仍有待提升。加上教师培训经费投入不足、培训专业能力不够、教师外出参培受限等众多因素影响，在一定程度上也影响到教师培训事业的健康发展。

三、基于境脉学习视域 打造区域教师培训师团队

（一）问题的提出

“教师教育是教育事业的工作母机，是提升教育质量的动力源泉。”①

“十三五”期间，“国培计划在创新培训模式方法、研制培训标准指南、打造培训者队伍、开发优质培训资源、探索培训运行机制方面，充分发挥了示范引领的作用，带动全国各级各类教师培训持续开展、不断进步，推动中国教育事业蓬勃发展”。② “国培计划”实施十年，帮助我们认识到我国中小学教师队伍建设离不开教师培训，而在教师培训工作中担任“培训者”的教师，被称为“教师培训师——师者之师”，其作用举足轻重。随着智能时代的到来，社会经济科技文化日新月异，知识爆炸、重构、迭代时有发生，教师培训师身上的职责与使命越发重大，培养出高素质的教师培训师队伍成为教师培训者的首要工作。那么，该如何培养呢？

教育学就是关系学。从教师个体的成长角度来看，高素质教师培训师的养成，一方面由教师个体的内部驱使（自身素质、经验、动机）；另一方面由相关外部客观因素促成。比方说人、团队、环境、设备、机会、事件、活动等因素都会对教师个体成长有一定的影响。教师个体的内、外世界在成长过程中需与各方建立有关链接，比如链接各地教师培养体系、教育实情，链接环境（情境）、文化及智能时代的背景（脉络）。从学习论角度来看，教师个体成长依赖于一定

---

① 教育部等五部门关于印发《教师教育振兴行动计划（2018—2022 年）》的通知［EB/OL］. http：//www. moe. gov. cn/srcsite/A10/s7034/201803/t20180323_331063. html.

② “十四五”国培计划的坚守与创新：《教育部 财政部关于实施中小学幼儿园教师国家级培训计划（2021—2025 年）的通知》解读［EB/OL］. http：//www. moe. gov. cn/jyb_xwfb/moe_2082/2021/2021_zl39/202105/t20210519_532255. html

的“情境”，依赖于个体的相关“脉络”。最新教育教学理论将“情境”与“脉络”合并，造出“境脉”一词。这里，我们尝试将“境脉”理论用于研究教师培训师的成长过程，拟在“境脉学习视域下”研究教师培训师学习状态（简称“境脉学习”研究），以利于打造出高素质专业化的教师培训师队伍。

（二）“境脉”的定义及认知

“境脉”的英文原文是“context”，在英汉词典中的语义是指“上下文”“语境”“文脉”，或者指“人或事存在于其中的各种有关的情况”、来龙去脉、背景、环境等等。由“情境”与“脉络”合成为一个新的词语“境脉”，即整体把握事物全部情境的意思。在建构主义理论中，强调个体的学习依赖于情境的自我建构。境脉是学习时的时空，因此教育者如何为学生建构促进学习的境脉，成为学习科学研究的核心。① 上海师范大学黎加厚教授在《创感时代的境脉思维》一文中指出，创感时代（等同于智能时代）“以一种高屋建瓴的境脉思维能力，找出学校教育教学中复杂事物之间的关联，我们需要关注的不只是一件设备或一项工程”，而是人、事、物的整个境脉。”②有研究指出，“境脉”一词是一个动态的概念，在不同的应用领域中，境脉所表征的内容也不一样，它总是依附在一个主体上，比如环境境脉、社会境脉等。境脉学习理论把学习者本身看成个体境脉。该理论认为个体学习的过程就是个体境脉所构成的内部世界和外部信息发生有意义的交互作用的过程。③ 学习者自身原有的记忆、经验、动机和反应构成了一个完整的内部世界，学习者在处理新的信息或知识时，与其内部世界发生意义。境脉学习理论强调学习者内部世界对于学习的重要性，重视对学习者现有知识结构、学习动机、学习兴趣的分析。④ 我们以教师培训师“个体境脉学习”图示进行解读（见图3.1）。当“境脉”依附于“教师培训师”这个主体，则建构了教师培训师成长的整个“境脉学习”状态。教师培训师“境脉”的“境”由内部世界（含自身素质、记忆、经验、动机等）、外部世界（含人、环境、设备等）构成；“脉”是与“境”有关的关系世界（与个体自身有关的，影响内、外部世界发展的脉络，如信息、氛围、时间、空间、事件、活动、场景、分析报告等）构成。

多年来，笔者在培训工作中时有发现，许多一线教师希望变身为“教师培训师”。他们简单地认为只要参加教师培训师培训班学习，就能成为出色的教

① 黎加厚. 创感时代的境脉思维[J]. 中国现代教育装备，2009(10)：3-4.

② 黎加厚. 创感时代的境脉思维[J]. 中国现代教育装备，2009(10)：3-4.

③ 王香云. 基于境脉的混合式教学研究与探索[J]. 太原大学教育学院学报，2015(2)：93-95.

④ 王水莲. “境脉学习模式”的构建与实施[J]. 语文教学与研究·中旬刊，2017(8)：73.

师培训师，而往往没有思考自己有什么、能讲什么、参培者需要什么、该怎么讲的问题。部分教师初为培训师时，授课中常会出现照搬书本知识、照搬“面对一线学生的教学课堂”现象，他们不知道参培学员需要什么，授课没有方向，自己不知所云、无价值感等。究其原因是教师培训师个体的“境”（内部世界、外部世界）没有与“脉”（关系世界）建立相关链接，培训授课没有发生有意义的交互作用，建构出有意义、有价值的培训课堂。

建构主义强调教育需要“情境”。这里的“情境”不是“情景”。首先，“境脉”中的“境”是有“脉络”的、一脉相承的情境。对教师培训师个体来说就是建构完整的内、外部世界，培训师应知道自己有什么、能讲什么、怎么讲，知道学员需要什么、怎么学的；其次，“境脉”中的“境”在强调外部情境创设的同时，更强调学习主体自身的主动建构，通过知识脉络、情感脉络与学习产生意义联结，从而形成整体认知。[①] 教师个体的整体性“境脉学习”状态的差异，则呈现出教师培训师个体的授课水平差距。

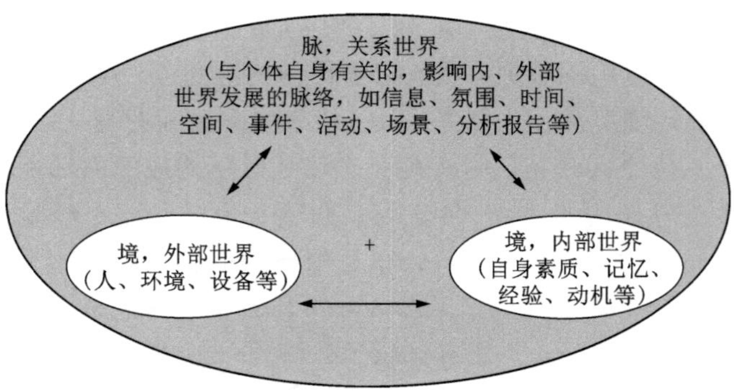

图 3.1　“个体境脉学习”图

(三) 初探“境脉学习”

习近平总书记指出，人类社会的每一次进步，人类思想的每一次飞跃，总伴随着理论和实践的相互激荡、共进同行。借鉴对“境脉”的认知及“境脉学习”的理论研究，反思郴州市 2016—2020 年开展的教师培训师培训项目，我们认识到，“境脉学习”研究基于“境脉学习”理论的指导，能根据本地教师培训实情，建构适应本地教师培训师成长的培训模式，是基于教师培训师个体成长的视角，是探究提升教师培训师的知识体系、能力与素养发展的一种培训活动。

---

① 丁向华.“境脉”视域下的政治活动型学科课程[J]. 中学教学参考·上旬刊，2020(8)：42-43.

下面我们以郴州市2016—2020年教师培训师培训项目开展情况为例进行分析，见表3.1。

表3.1　郴州市2016—2021年教师培训师培训项目开展情况分析表

时间	项目名称	培训人数/人	培训形式、时间	培训目标	培训地点	培训实效	培训反思
2016	郴州市名师骨干培训团队培训	362	集中本地培训，5天	了解专业的培训理念。学习培训基本知识；了解专业的培训机构；初识培训课程开发、控场技术、参与式培训等	郴州市	本次培训通过聘请专业的培训团队进驻本地开展培训工作。唤醒教师培训团队的参与热情，激发教师投身培训事业的意愿，鼓励县市区培训机构建立年度考评机制	“境脉”专业培训萌芽期。 谁来培、谁参培、如何培？随着国培计划的引领示范，教师认识到了自身的不足，并急于改变。 参培人员由一线教师、培训机构成员等362人组成。培训规模庞大，个别指导欠缺
2017至2018	郴州市教师培训师团队培训	100	集中异地培训，7天	了解专业的培训理念。学习专业培训的基本知识；了解专业的培训机构、培训课程开发、参与式培训、送教培训、信息技术、交流研讨等	重庆市 长春市	走出去，观摩学习外地优质的培训机构。遴选优秀培训者参加培训，初步建立了优胜劣汰的培训竞争机制。进一步了解了专业的培训机构，为本地教师培训发展指明了方向	“境脉”专业培训探索期。本次培训遴选优秀培训者参加培训，认识到了谁来培、谁参培、如何培的问题，开始重视培训实效，打造能“造血”的培训团队。但培训后仍未对教师培训师个体提出要求，未对培训团队提出进一步的专业要求

续表3.1

时间	项目名称	培训人数/人	培训形式、时间	培训目标	培训地点	培训实效	培训反思
2019	郴州市教师培训机构培训管理者培训	70	集中培训10天，分两段进行	了解专业的培训理念。学习专业培训的基本知识，聚焦一线教师的需要开设培训师生涯规划课程、培训讲师课程、参与式培训、送教培训、交流研讨等	郴州市6天、汨罗市4天	请进来、走出去结合。走进了专业的培训机构，聚焦培训师的培训需求，开设了培训课程开发、参与式培训、培训方案撰写、语言艺术、培训师个体考核评价等课程，培养出能解决真问题的教师培训师	“境脉”培训萌芽期。 遴选优秀培训者参加培训，建立了专业的培训团队，采取了优胜劣汰的竞争机制。 学员认识到谁来培、谁参培、如何培以及如何评价培训效果的问题。认识到教师培训师培训需关注教师个体的成长，而教师个体的成长离不开成长环境、知识结构及时代背景。针对个体教师培训师的角色转变，培训不仅要注重过程，还要注重结果

续表3.1

时间	项目名称	培训人数/人	培训形式、时间	培训目标	培训地点	培训实效	培训反思
2020	郴州市教师培训师岗位胜任力培训	70	采取线上、线下OMO三段式混合培训。第一阶段，线上20天；第二阶段，线下10天；第三阶段，线上60天	基于教师培训师自我成长需求，建立专业教师培训课程。学习专业培训的基本知识，聚焦一线教师培训师需求，开设培训师自我成长规划课程、培训讲师课程，参与式培训、语言艺术、考核评价等课程，重视学员的自我展示培训	郴州市线上、线下	“OMO”三段混合式培训。培训时严格按照遴选要求遴选出优秀培训者参加培训，建立了优胜劣汰的竞争机制。聚焦培训师的培训需求，开设了培训师生涯规划、培训师的专业素养、培训课程开发、参与式培训、培训方案撰写、语言艺术、培训师个体考核、线上跟踪指导培训、信息技术等课程，提升了培训的针对性和实效性	“境脉”培训探索期。 经过县市区推荐、个人申请、市级考核，组建了优质的教师培训师团队。针对教师个体的需要，训前配置了培训导师。在训前、训中、训后进行了跟踪指导。 进一步认识到对于教师培训师个体来说，基于个体原有知识经验，好的培训一定会建立“学习情景”，链接自己以往的知识体系，在与时俱进中进行重构、迭代。专业的教师培训师需要专业的培训课程及针对个体需要的专业指导

研究发现，该项目的举办随着时间推移发生了以下四个方面的变化：

一是培训项目名称、人数的变化。该项目在2016年有362人参加，培训名称为“郴州市名师骨干培训团队培训”，参加人员有一线名师、教育行政干部，培训机构人员；到2020年，减少为70人，培训名称变更为“郴州市教师培训师岗位胜任力培训”，参培人员多为一线教师培训名师。项目名称、人数的变化反映出举办者的培训视角已发生了转变，不再仅停留在粗放的培训工作开展上，转变为满足一线教师培训师个体成长的培训需求上。

二是培训形式的变化。人的成长是需要时间的。该培训项目从单一的集中培训 7~10 天，逐步演变为“OMO”三段混合式培训，培训时长跨度近 6 个月，能为教师个体成长提供更多学习成长机会。

三是培训目标、课程及效果的变化。5 年来，随着时间的推移，项目举办者从最初不清楚教师培训师角色承担怎样的职责，逐步演变为培训目标清晰、培训课程设置有针对性、培训效果明显且广受教师赞誉的培训专家。专业的培训设计促使教师个体“境脉”发生变化，也让教师培训师自身素养不断提升。

四是培训反思的变化。以“境脉学习视域”来分析教师培训师的学习状态，发现该培训项目能有效提升教师培训师的专业素养，解决教师培训当中遇到的真问题，随时掌握教师培训师个体的学习状态。

成人教育之父诺尔斯(Knowles)在成人学习的五大特质中提出，成人的学习具有独立的自我概念、关注个体经验、现实需求、问题解决和内部驱动的特质。其中，关注个体经验，说明教师在以往的教学实践活动过程中积累了大量、丰富和鲜活的教学实践知识和教学实践经验，这些经验帮助教师个体获取新的知识。[①] 今天我们举办各类培训，提倡参培者抱着“空杯的心态”来学习，但终究其大脑内存一定不会是“一片空白”的。从学习论角度来看，学习在“对话”中进行。这种“对话”来自授课者的知识、经验输出，学习者在学习中自身原有知识经验的不断叠加、重构。当学习者能与授课者联通互动时，学习就在发生。培训学习是在个体“境脉学习”认知上开展的，让参培者在培训中体验建构知识、感知学习过程的情境性，学习主体在“境脉学习”中，建构一个立体的学习时空，“在知识内化中碰撞出思维的火花，化被动学习为主动学习。在学习的情境中，生本、师生、生生之间进行深度对话，促进了学习的对话性与交互性”，提高了培训质量。[②]

(四)再探“境脉学习”

2021 年郴州市再次举办了“教师培训师培训项目”活动，培训人数为 68 人。我们将该项培训设为“OMO”三段式混合培训，拟进一步研究“境脉学习”状态。培训分三个阶段进行。

第一阶段，个体“境脉”诊断。该培训在日常工作和线上研讨中实施，为期 60 天。通过同读一本书，撰写提交学习心得，参加线上考试、线上提交直播授

① 徐英俊，王艳. 成人学习理论视域下教师研修的逻辑起点[J]. 继续教育研究，2021(3)：26-29.

② 王水莲. “境脉学习模式”的构建与实施[J]. 语文教学与研究·中旬刊，2017(8)：73.

课资料等方式遴选出参培对象，较好地掌握了参培者的“境”(内部世界、外部世界)与“脉”(关系世界)。让培训更有梯度，也更具针对性。

第二阶段，群体“境脉”梳理。该培训采取线下集中培训的方式进行，为期10天。通过开设有针对性的培训课程，聚焦参培者的真问题，把握参培学员的“个体境脉”变化，对参培学员予以及时指导，能较好地引领学员发展。

第三阶段，常态“境脉”提质。该培训在返岗实践及线上开展，计划实施90天。随着智能时代泛在化学习环境的到来，学习者随时随地都能学习，这促使学习者的“境脉”快速发生变化。为确保“境脉学习”的实效性，针对教师培训师个体境脉学习状态变化，我们提出常态“境脉”提质的观点，培训中配置“一对一”的导师，开展定期与不定期的检查指导，为参训者提供必要的学习资源、指导服务以及相应的考核评价，以提升参培人员的“境脉学习”质量。

总之，分析教师培训师的“境脉学习”状态，能帮助我们获知参培者的“先前知识水平、学习进度、学习风格、认知能力、学习动机、所处环境和自身兴趣，并根据学习者的需求及表现情况”①设置适宜的培训课程，为参培者提供适应性与个性化的学习指导，从而引导学习者进行更有意义的学习，探究出适合教师培训师成长的教育资源，探索出最优化的学习路径。

四、项目式驱动 推动信息技术融合培训

《教育部关于实施全国中小学教师信息技术应用能力提升工程2.0的意见》(教师〔2019〕1号)明确提出，到2022年基本实现“三提升一全面”的总体发展目标：校长信息化领导力、教师信息化教学能力、培训团队信息化指导能力显著提升，全面促进信息技术与教育教学融合创新发展。文件同时指出，“信息技术对教育的革命性影响已初步显现，但与新时代的要求仍存在较大的差距”。回顾以往实施的融合培训项目，优秀师资缺乏，“融合”教育内涵模糊不清，培训停留在表面。培训课程设置上普遍存在“重技术学习，轻理论研究，忽视知识转化”的现象。许多教师抱怨教育信息化的推动不是减轻了负担，而是加重了负担。显然这种培训课程，缺乏正确的理论指导，缺乏有效的培训模式。为此，郴州市以“中小学教师信息技术与学科教学融合培训项目”(以下简称“融合培训”)为研究对象，开展了基于信息技术与学科课程融合的“136”项目式教师培训模式实践研究。

---

① 张洁. 基于境脉感知的泛在学习环境模型构建[J]. 中国电化教育，2010(2)：16-20.

（一）更新理念，深刻领悟“课程”“融合”及“教师信息化教学能力”的核心概念

从“黑板+粉笔”到“电脑+课件”，技术正在改变着传统教育的生态环境。在互联网的影响下，传统教育的变革也迎来新机遇，教育行业也将进入互联网时代。① 单一的集中培训形式已无法满足演绎互联网时代的“融合培训”的需求，有必要重新厘清与之有关的核心内涵。英国教育家斯宾塞提出的“课程”（curriculum）概念，将之概念化为“教育内容的系统组织”，意为“跑道”，与教育中“学习内容进程”之意较为接近。专家们将课程定义的基本类型分析为：课程即教学科目；课程即学习结果或目标；课程即计划；课程即“经验”。课程的定义为按照一定的教育目标，在教育者有计划、有组织地指导下，受教育者与教育情境相互作用而获得有益身心发展的全部内容。② 应该说，任何教育活动的开展都应有目标、有计划、有组织，融合培训同样如此。

北京师范大学何克抗教授指出：所谓信息技术与课程整合（或信息技术与学科教学整合），就是通过将信息技术有效地融合于各学科的教学过程来营造一种信息化教学环境，实现一种既能发挥教师主导作用又能充分体现学生主体地位的以“自主、探究、合作”为特征的教与学方式，从而把学生的主动性、积极性、创造性充分发挥出来，使传统的以教师为中心的课堂教学结构发生根本性变革，由以教师为中心的教学结构转变为“主导—主体相结合”的教学结构。③（此文中的“整合”同“融合”）他强调：整合的过程就是革命的过程（而不仅是新的教学手段、教学方法的应用推广过程）。既然是革命，就必须有先进的理论作指导。要运用建构主义理论作指导，因为它对于我国教育界的现状特别有针对性。它所强调的“以学为中心”，让学生自主建构知识意义的教育思想和教学观念，对于多年来统治我国各级各类学校课堂的传统教学结构与教学模式是极大冲击④。

对于教师信息化教学能力的概念界定，专家们各抒己见。笔者认为：教师信息化教学能力其实质就是教师在真实的教学情景中，运用信息通信技术将学科知识“转化”成学生有效获得的一种知能结构体，其目的在于实现技术促进型学习。⑤ 虽然教育信息化已开展了一轮又一轮的培训，但在近几年由省、市组

---

① 杨剑飞.“互联网+教育”：新学习革命[M].上海：知识产权出版社，2016.

② 钟启泉，汪霞，王文静.课程与教学论[M].上海：华东师范大学出版社，2012：105.

③ 何克抗.e-learning的本质——信息技术与学科课程的整合[J].中国电化研究，2002(1)：3-6.

④ 何克抗.对美国信息技术与课程整合理论的分析思考和新整合理论的建构[J].中国电化教育，2008(7)：1-10.

⑤ 刘喆，尹睿.教师信息化教学能力的内涵与提升[J].信息化与现代教育技术，2014(10)：31-36.

织的信息技术与学科教学融合视频课比赛及日常的融合培训调研工作中，我们发现了同一问题：教师在学科教学中运用 PPT、视频等教学媒介，仅仅是替代了黑板板书，课堂实质并没有发生结构性变化。由此可见，教育信息技术与学科教学“融合”的现实课堂，与专家的理论研究存在认知上的巨大差距。因此，做好融合培训首先要重构“融合”认知。提升教师信息化教学能力则要从提升教师信息技术素养抓起，也就是要提高教师对信息的检索、获取、存储、分析、处理、应用及传输能力，同时还要提升教师的教学设计、实施能力与评价能力（简称“三大核心能力”）。融合培训课程不仅是开设学习信息技术小软件的专题，也不是单一地听专家们的理论讲座，而应将上述核心内涵融会贯通，让教育理论与实践紧密结合，创造性地开展培训工作。

（二）聚焦问题，明确目标，精准设计培训课程

互联网+教育正在拆去传统教育的时空围墙，改变传统的知识传授方式，使我们不得不对传统的教育模式进行反思和重构。[①] 2019 年郴州市开展的面向中小学教师的融合培训，针对以往培训中出现的种种问题，改变传统的培训模式，以上述核心内涵为指南，树立“以学为中心”的建构主义思想，采取项目式（PBL，project-basedlearning）教师培训模式，[②]紧紧围绕总目标，采取多种培训形式，在历经 8 个月（当年 4 月至 11 月）的项目实施中，探索了“136”项目式教师培训模式，按照“一中心、三阶段、六步骤”落实各项工作。

“一中心”，即以学员为中心，以学习者为中心，以解决学习者的问题为中心。树立育人为本，聚焦问题，提升教师信息化育人能力为中心的培训目标。“三阶段”，即“走出去、请进来、长出来”三个阶段；“六步骤”，即按照“异地培训、在线学习、返岗实践、送培到校、总结提升、资源共享”六个步骤来落实培训工作。

第一，明确目标，制订方案。

1. 确定总目标：育人为本，聚焦问题，提升教师信息化育人能力。基于教师专业发展的差异化程度，以项目式培训模式，递进状混合式（线上+线下，O2O 模式）培训模式开展活动。

2. 制订详实的各阶段工作方案，开发融合培训课程。培训工作方案包含项目总方案、各阶段培训方案、线上教学培训方案，教学案例、微课及教师视频课评比方案，现场教学展示评比方案等。培训课程的开发依据建构主义、行动

---

① 杨剑飞.“互联网+教育”等.新学习革命[M].上海：知识产权出版社，2016.

② 孟凯，孙波，罗肖，等.PBL 教学体验：导师的职责与教学技巧[J].Basic Medical Education，2017，19(10).

研究理论（在真实的问题、情景中，在行动中学习）、体验学习圈理论，参照EAT模型[①]（理论—体验—认知的循环体验教学模式），建构"以学为中心"的学习支架。培训中采用集中培训、在线培训、返岗实践、送培到校、案例解读等多种培训形式，通过"课堂观摩""案例辩论""小组交流""个人展示""专家点评""实地观摩"等真实情景教学，将知识转化为能力，提高融合认知水平。发挥了互联网+教育的资源共享、交互性、自主性、个性化的优势。从"更新理念，找准差距；聚焦问题，应用驱动；多措并举，创新模式；融合创新，提高实效"这四个方面出发，在总目标的指引下，设定阶段性目标，有计划、分步骤稳步实施。

第二，细化各阶段目标，落实工作步骤。

1. 第一阶段，明确"走出去"培训目标。更新理念，找准差距，应用驱动开展培训。

第一步：异地集中培训。训前做好培训调研，针对培训需求，制订培训方案。通过异地集中培训与本地教育实情的联动互通，拓宽教育视野，开设专家讲座、团队反思、观摩案例，小组辩论、互动研讨等培训课程。第二步：在线培训。根据参培对象的学科、学段、年龄结构建立小组学习群，通过在线学习、答疑，以及自主学习等多种形式，找准差距，确立成长目标，以提高培训实效。

2. 第二阶段，落实"请进来"培训目标。聚焦问题，应用驱动，提升自我，解决问题。

第一步：返岗实践。以校为本，聚焦问题，解决问题，在课堂实践中检验培训成果。研究表明，一线教师都是通过在不同的教育研究或"行动研究"中从自己的实践中学习的。[②] 通过返岗实践找差距，进一步明确学习目标，解决工作中遇到的问题，并通过实践应用检测培训成果。第二步：送培到校。通过专家巡回指导，解剖教学案例并及时点评，为教师答疑解惑，促使教师专业不断获得成长。

3. 第三阶段，培植"长出来"培训目标。以赛促评，形成案例，多轮验证，推出成果。

第一步：总结提升。通过线上征集作品，开展全市微课、教学视频课评比活动，检测培训效果，挖掘本土教育资源，并积极推广优秀案例。第二步：资源共享。将本地评比产生的优秀案例，交专家审定解读后，形成优质培训资源，通过在线的直播课、全市"融合"公众号、各级各类培训活动推介，实现基

---

① 金才兵，陈敬. 好课程是设计出来的[M]. 北京：机械工业出版社，2015.

② 布兰思福特等. 人是如何学习的：大脑、心理、经验及学校[M]. 程可拉，孙亚玲，王旭卿，译. 上海：华东师范大学出版社，2013，01.

于问题解决的“以案促学”，快速提升教师的信息化教学能力。

(三)实施成效

第一，创新培训模式，满足教师个性化成长需求。

教师的学习是自主需要和主动建构的过程，是基于具体情境的学习，是理论与实践相结合的学习，是在研修学习共同体中进行的学习，是不断反思、累积、渐进地学习。[①] 鉴于教师的教学本身具有个体劳动的特性，由于学习背景、教学阅历与经验、教学环境、继续学习和培训等的差异，他们在教学理念、教学能力、教学认知、教学策略、教学反思、教学研究等方面也有很多不同。[②] 实践证明，只有创新培训模式，建构个性化定制培训，才能满足教师个体的成长需求。

从创新培训模式来说，“136”项目式教师培训模式，紧扣主题，培训形式灵活多变，参培人员能自主参与到项目设计、问题解决、决策制定、建模、测试、优化、沟通、反思等活动中，发挥了教育信息化的优势，打破了单一的短时线下集中培训的时空限制，关注教师自主探究的能力培养，建构了全覆盖、泛在化学习环境，让教育无处不在。

从创建个性化学习平台来看，本项目围绕教育目标，丰富了培训资源，帮助教师找到适合自己的学习节奏，建立个性化的知识结构。同时在线学习平台发挥学习小组互教互学的作用，让参培教师成为学习的主动建构者。专家依据教师群体及个体在学习中形成的数字化学情分析，因材施教，满足了教师个性化的成长需求。

第二，建构“二有”培训课程，助推教师信息化素养提升。

基于互联网+教育的时代背景，融合培训课程建构与创新培训模式有机结合，丰富了培训内涵，提升了理论指导水平，产出了“有料、有趣”的培训课程。“有料”，是指“136”项目式教师培训课程从理论研究、技能学习、教学策略三方面着手，按照课程目标、课程内容、课程设计与组织、课程评价等流程开展工作。在培训主题设置上，强化“融合”三要素(条件、方法、目标)和教育信息化教学“三大核心能力”，加强了TPACK(整合技术的学科教学知识)的学习与运用，明确“每一个学科内容领域的技术整合都非常关键”，而且还会改变“教师的培养方式”和“技术在教育情景中的应用方式”[③]，提升了培训实效。“有

① 李更生，吴卫东.教师培训师培训——理念与方法[M].杭州：浙江大学出版社，2014.

② 朱福荣，贺晓霞，黄吉元，等.浇根式改善型教师培训[M].重庆：西南师范大学出版社，2016.

③ 何克抗.TPACK——美国“信息技术与课程整合”途径与方法研究的新发展(下)[J].电化教育研究，2012(6)：47-56.

趣”，是指智能时代的“无界”学习，“人人可学，时时可学，处处可学”“人人为师，人人为学”“能者为师”“愿者为生”的泛在化学习性社会，让学校课堂的边界被无限扩大。培训中，让以往“以教师为中心”的教学结构，转变为“主导—学生主体”相结合的教学结构，改变了“教与学”的生态位，学员学习的自主性被激发。项目实施中“技术”本身的“酷炫”特性以及智能虚拟化、游戏化资源的运用，更增添了培训的趣味性。值得注意的是，任何教育活动的开展都应有意义、有价值。技术是为教育教学服务的，“只要适当地使用技术，技术在提高学生学业成就和促进教师学习上具有巨大的潜力”。①

第二节　区域教师培训的创新实施

在教育的多元发展中，教师培训作为提升教育质量的关键途径，其创新实施已成为教育改革的重要议题。本小节旨在深入探讨如何通过创新的培训模式，满足成人学习者的需求，促进教师专业成长。基于成人学习理论以及大卫·库柏(David Kolb)的经验学习圈理论，系统分析区域教师培训的实践策略。成人学习理论强调学习者的自主性、经验丰富性、准备学习的动机和内在导向性。大卫·库柏的经验学习圈理论则提出了一个循环过程，包括具体体验、反思观察、抽象概念化和主动实验这四个阶段，为教师培训提供了一个系统化的学习框架。在这一理论指导下，区域教师培训应注重教师的主动参与和反思实践，通过多样化的学习活动，促进教师将理论与实践相结合，实现知识的内化和应用。

本节将探讨如何设计和实施以成人学习者为中心的培训项目，以及如何通过经验学习圈理论优化培训过程，提升教师培训的有效性和针对性。

一、“五位双主”教师自主选学模式

教师培训是促进教师专业发展的专业学习活动，也是高素质、专业化、创新型教师队伍建设内源性、基础性要素。② “国培计划”自实施以来，极大地促进了我国教师培训事业的发展。“国培计划”的实施，强调让“教育促进人发展的价值，主张教育要从人的需要出发，开发人的潜能，发展人丰富的个性，为

① 布兰思福特等.人是如何学习的：大脑、心理、经验及学校[M].程可拉，孙亚玲，王旭卿，译.上海：华东师范大学出版社，2013，01.

② 李瑾瑜.以专业化教师培训助力高质量教育发展“十四五”教师培训的着力点与增长点[J].未来教育家，2021(2)：18-22.

个人发展服务”。然而，这一本体价值在教师培训实施中并未得到很好的落实。在实施中仍然存在诸多问题：一是教师培训项目管理与实施的专业能力有待提升。特别是在探究乡村教师培训方式、方法以及乡村教师的成长问题方面，缺乏持之以恒的探究意识及能力。二是教师培训资源匮乏，教师培训组织形式单一。许多培训项目缺少创新精神，授课教师的传授内容与学员的教育实践有一定距离，缺少新资源，课程设置不够“接地气”，培训学习流于形式。三是学员学习不主动。许多学员参培多为“要我培训，我才培训”，或者是为了“教师培训学分”才参加培训的状态，加上“工学矛盾”突出，致使有相当一部分教师还处于“被动推进”状态，学员参训动力有待激活。

2021 年教育部、财政部下发的《关于实施中小学幼儿园教师国家级培训计划(2021—2025 年)的通知》文件指出：推进以教师自主学习、系统提升、持续发展为导向的“国培计划”改革，实行分层分类精准培训，建立教师自主发展机制，探索教师自主选学等模式，推进人工智能与教师培训融合发展。① 文件强调，构建“教师申报、能力诊断、菜单选课、教师选学、校本研修、应用实践、考核评价”于一体的选学流程，教师按需选项目、选机构、选课程、选方式。综合运用案例式、探究式、情景式、演练式等灵活的学习方式，增强自主选学的吸引力和实效性。2022 年教育部等八部门印发的《新时代基础教育强师计划》中再次强调要优化培训内容、打造高水平课程资源，建立完善自主选学机制。② 故此，郴州市自 2021 年起，对教师培训的“自主选学”培训模式进行了积极探索，以“‘三名工作坊’视域下教师自主选学模式的实践研究”为主题，凝练了“五位双主”选学模式，力求提升参培教师的学习体验感、获得感，提升教师培训的针对性和实效性。

(一)“五位双主”教师自主选学模式的基本内容

自主选学模式是指参训教师根据顶层设计安排，出于个人专业发展需求和学校发展要求，在教师培训机构的统筹协调下，自主选择培训机构、培训内容、培训形式、培训主题、培训时间等，以调动参训教师的主动性和积极性，提高培训的针对性和实效性。③ 相关研究表明，自主选学模式可以摒弃传统培训模

---

① 教育部关于全面深化新时代教师队伍建设改革的意见[EB/OL].(2018-01-20).http://www.moe.gov.cn/.

② 教育部等八部门关于印发《新时代基础教育强师计划》的通知[EB/OL].(2022-04-02).http://www.moe.gov.cn/.

③ 骆亮，任春亮.自主选学模式促进教师培训机构变革：机遇与挑战教师培训自主选学的实施模式探讨[J].黑河学刊，2021(11)：56-60.

式中培训观念落后、培训内容缺乏针对性、教学方式单一陈旧等弊端，将学习的主体性地位让位给培训教师，保障教师在培训中的自主选择权，让教师以主人翁的心态参与培训，有效激发教师培训的内驱力，有利于缓解“工学矛盾”等问题。

(二)“五位双主”教师自主选学模式的具体实施

1.“五位一体”是培训构架和基础

就常态化的教师培训工作而言，培训项目的设计与实施，既有“自上而下”的政策法规落实，又有“自下而上”激活内需、解决一线教育教学的实际问题。通常教师培训计划的组织实施由培训机构、名师、参培教师共同参与。“五位双主”教师自主选学，即由教育行政部门(以下简称“行政部门”)、培训机构资源(以下简称“培训机构”)、培训专家(以下简称“名师”)、参培教师(以下简称“教师”)、一线教育教学的问题和培训目标(以下简称“问题与目标”)构成“五要素”。在项目的实施中，“五要素”发挥各自的作用，坚持“以学为中心”，以“建设高质量教师”为目标，整合各方力量，科学设立培训项目，建构优质的课程资源，提供适宜的培训模式，方能“调动参训教师的主动性和积极性，提高培训的针对性和实效性”。我们称这种优质的培训态势为“五位一体”协同施培(见图 3.2)。

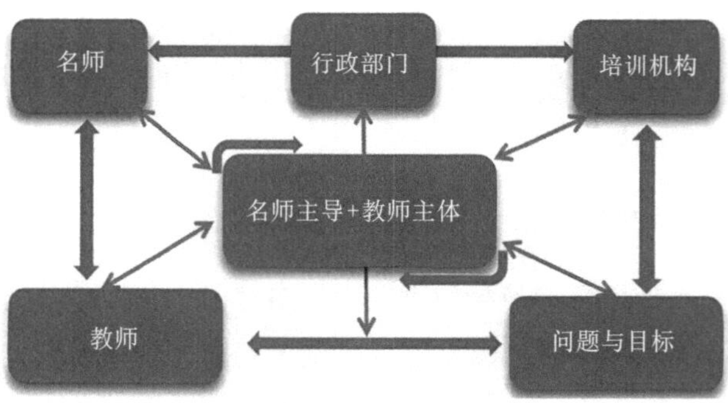

图 3.2 “五位双主”教师自主选学模式图

“行政部门”为培训项目的牵头组织者，承担着培训项目的经费投入、项目立项、价值引领、考核评价的职能。“培训机构”为培训项目的实施者，承担着培训组织实施、课程资源建设、培训文化建构、培训结果检测等职能。“问题与目标”是教师培训项目设计与实施的起点和终点。参培教师需求是多元、多层次的。培训问题来源于教师的一线教育教学实践、学术发展、教育变革、自身发展等方面。培训目标拟可确定为探寻教师自身发展与教育目标间的“差距”（差距=培训目标=教育目标-教师现实水平）。培训课程设计需重视让教师找寻自身“差距”，并能较好地解答问题。正如奥苏贝尔认为，学习内容对学生有潜在意义，只有当学生把课程内容与他们自己的认知结构联系起来时，意义学习便发生了。“名师”为培训项目实施的主导者，在项目实施中发挥着引领、“指南针”、“中流砥柱”的作用。“名师”肩负着确立培训目标，建构多元课程体系，引领、指导参培教师成长，检测培训成果，对培训进行综合评价等多项职能。“教师”是学习的主体，满足教师需求、引领教师发展在一定程度上决定了培训目标的方向。培训中不同区域、不同发展阶段的教师对能力素质要求各有不同，其期望与目标决定了教师的“自我发展”程度，涉及培训是否有针对性、实效性的问题。

2. 双主并行是培训路径和策略

“五位双主”教师自主选学模式，主张在“五位一体”的五要素中，强化、突显“名师主导”作用和“教师主体”地位。

研究发现，教师自主选学培训并不意味着“一选就灵”或“一选就成”，需要投入更多的资源与力量。现代信息技术媒体成为教师自主选学培训项目设立与实施、资源建设与项目管理的主要载体。尤其要在管理平台上实现“菜单式、自主式、开放式”自主选学的基础上，对信息化平台的数据进行存储、分析并加以反馈，使培训“菜单”上的课程项目逐步调整并趋向完善。而在新理念、新方法、“课程菜单”的建构推介中，“名师”发挥着举足轻重的作用。由此，我们认为，“五位双主”教师自主选学模式是在教育行政部门、培训机构的统筹协调下，基于对培训项目主题的深度探究，充分发挥“名师主导+教师主体”的地位，针对培训项目的问题与目标，由名师主导做好顶层设计，参培教师自主选择培训内容（课程）、培训形式、培训主题、培训时间等，并能基于“自我发展”的实情产出多元、个性化的培训成果，从而调动参训教师的主动性和积极性，提高培训的针对性和实效性。

强化“名师”的主导作用，是“名师”为专职或兼职的培训者，能在教育行政部门的统筹下，做好培训项目的顶层设计，并做到坚持以学为中心（即以参培教师的问题、目标、发展为中心。参培教师的发展摆在核心的位置），激活唤醒教师的内驱力。尊重成人学习特征（有经验、自主性、多样化），采取分阶段、递进性、终身化的方式，从不同教师个人专业发展需求和一线教育教学实践需求出发，建构多元的课程体系（含必修课程、教师选修课程），引导教师在限定性的自主选学项目内对培训目标、培训内容、培训形式、培训主题、培训时间等进行自主选学，并对培训成果的产出与呈现进行评价。

突显教师的主体地位，体现了培训项目的实施需尊重教师的“个体差异”，鼓励教师基于自我发展需要建构阶段性成长培训目标，在多元的课程体系中进行自主选学，开展“自我指导性学习”①(见图 3.3)，同时依托“互联网+”背景，自建培训课程，达成培训目标。

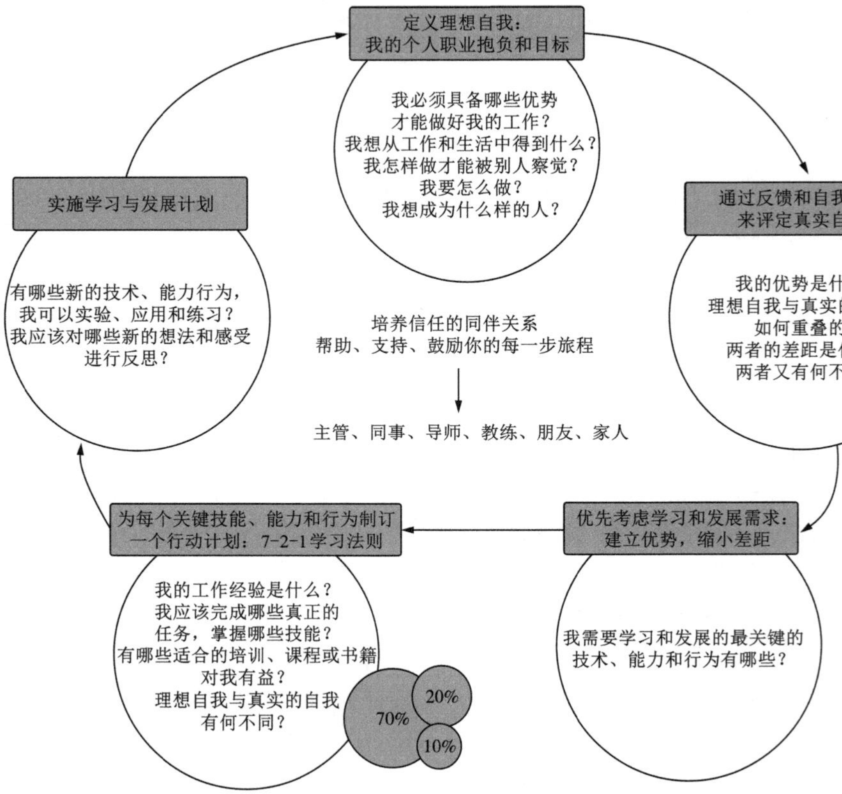

图 3.3　自我指导性学习过程

在名师统筹指导下，参培教师可学习“专题自选课”“名师推送课”“媒体自选课”“同伴共建课”“自主研展课”这五类课程。其中“专题自选课”为异步网络学习资源，由机构平台提供；“名师推送课”为名师开展同步直播授课或异步网络资源课程；“媒体自选课”为教师根据自身发展需要，在各类自媒体，如公众号、视频号、国家中小学智慧云平台、中国 MOOC 等平台上自选一定学时的

① 闫寒冰，苗冬玲，单俊豪，等.“互联网+”时代教师信息技术能力培训的方向与路径[J].中国远程教育.2019(1)：1-8.

网络课程；“同伴共建课”为班(组)内教师在名师引领下，通过小组案例解读、经验介绍等形式自建课程；“自主研展课”为教师基于自我发展需求，在名师推荐下，通过阅读书目、研制案例、展示成果等形式丰富课程内容，以不断提升教师综合素养，提高培训质量。这五类课程均可根据教师自身需求设立必修、选修课程。教师参加培训可设优秀、合格等第的不同学分值，参培学分的获取由教师自定。“五位双主”教师自主选学课程安排见表 3.2。

表 3.2　“五位双主”教师自主选学课程安排表(供参考)

课程名称	课程占比	课程形式
专题自选课	必修课 15%	异步网络课程资源
	选修课 10%	异步网络课程资源
名师推送课	必修课 10%	同步直播课程
	选修课 10%	异步网络课程资源
媒体自选课	必修课 10%	异步网络课程资源
	选修课 10%	异步网络课程资源
同伴共建课	必修课 15%	同步班组内研修课
自主研展课	必修课 12%	阅读书籍、完成作业、提交录播课、撰写心得反思等
	选修课 8%	阅读书籍、写小论文、自我展示等

由此可见，在区域教师培训工作中推行教师自主选学培训，“自主”不是“自由”“放任”“随性”，是基于目标导向、问题导向、实践导向、自我导向、成果导向的限定性自主选学培训。教师自主选学的“选学”内容，既有“名师”的教学(教授)内容，也有教师个体或同伴的自建、研究、展示内容。课程内容的选学涉及培训主题、培训目标、培训课程(内容)、培训方式、培训时间等范畴。在这类培训中“名师”发挥着积极的主导、引领、评判作用，“教师”的主体地位也充分得到尊重。二者不是孤立的存在，在一定时间内可以进行角色互换。“名师”可以是导师、参与者、支持者，“教师”也可以是参与者、支持者、导师，以实现“教学相长”“教学并重”，共同为提高教师自身素质，成为“高质量教师”而努力。

“五位双主”教师自主选学模式实施流程见图 3.4。

第一阶段：训前分析诊断，明确培训任务。通过成立团队—开展调研—研制方案—优化课程等环节，进行训前分析诊断，设置培训任务。各方课程方案的制订遵循“主题—目标—内容”一致性原则，为学员提供“菜单式”的“五类在线”自主选学课程。

第二阶段：训中名师导学，提高培训质量。通过名师导学—教师选学——优化课程——展示成果等步骤，在班级内，各组自荐或优选参培教师在班级直播中分享自己的研修成果，名师与教师共同评议成果。

第三阶段：训末考核评价，凝练培训成果。通过教师考核—成果凝练，落实培训目标，从而在培训中发现问题，研究问题，解决问题，追求成果；倡导将所学所获用于工作实践，促使教师的学习发生、行为改变。

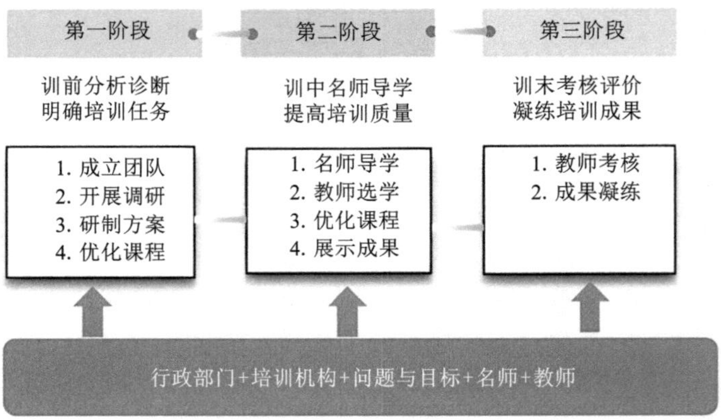

图 3.4 “五位双主”教师自主选学模式实施流程

(三)“五位双主”教师自主选学模式的培训成效

本模式的实践研究，基于教师发展实情和教育教学实践，针对乡村教师的发展，设置了阶梯式、递进式课程。项目的实施，一方面较好地促进了区域乡村教师发展，激活了教师参培的积极性。另一方面打造了高素质专业化的教师队伍。“五位一体”的项目实施团队由省内外“名师”组成，确保了科学设置“自主选学”培训项目，优化培训课程、创新培训模式，激发了教师自主、自愿参与培训的动机与愿望，从而确保培训顺利实施，打造高质量培训。

在教育数字化转型的大背景下，教育数字化赋能教师培训已成为常态。“人人皆学、处处能学、时时可学”的泛在化学习型社会的建立，为创建教师自主选学模式提供了便利。诚然，教师自主选学培训需要我们投入更多的资源与力量，去弥补教师自主选学模式中存在的缺乏资源、缺乏诊断标准与手段、缺乏可行路径、缺乏专业的支持、缺乏科学有效评价等问题。在传统培训走向“个性化”教师培训的过程中，“五位双主”教师自主选学模式的构建，能有效利用各类平台资源、自媒体资源、名师和参培教师推送的自建资源，构建科学合理的线下、线上混合式教师培训课程体系，让参培教师顺应时代的变化，基于现实存在的城乡差距、教师个体差异、教育发展的差距，让“名师与学员”“乡村与城市”“个体与群体”真正建立链接，从而将培训落在实处，既满足了教师培训需求，又引领了教师的发展。（作者：罗海娟、唐添翼）

二、基于“学用”结合原理的区域教师培训师培训实施模式

教师培训师被誉为“师德示范的旗手、学科育人的高手、教师培训的能手”，是教师教育事业发展的中坚力量。根据教育部文件精神及新时期教育发展需要，实施精准培训，加大对培训者、管理者培训力度，提高培训队伍专业化水平，培育一批高素质、专业化的教师培训师。2023 年郴州市教育局协同承办机构举办了“国培计划（2023）”C1001—郴州市教师培训师团队研修项目。针对区域教师培训师研修项目中存在的诸多“学用之困”问题，探究了基于“学用”结合原理的区域教师培训师培训设计与实施策略，并培训了 90 名区域中小学教师培训师。

（一）基于“学用”结合原理的区域教师培训师培训实施模式特点

1. 聚焦问题导向，精准定位培训目标

教师培训最需要关注的基本价值问题是学以致用、学用结合、即学即用，这是判断教师培训高效能、高质量的“黄金标准”。以往许多培训存在“培训的‘学’与‘用’被认为是两个场域的两件事，没有将培训需求与培训设计整体考虑。培训负责‘学’，学校负责‘用’，‘用’未能被作为‘学’的依据和标准，只是作为对教师‘学’后的倡导和要求，没有相应的转化激励与支持”。为此，本项目启动前，项目组进行深入调研，针对调研中发现的县级培训者培训策划随意、培训方式单一、目标不明、课程拼凑，培训者授课能力偏低、培训“学用”脱节等问题，制订了提升培训管理、项目策划、项目设计与实施、课程研发、培训师讲授能力等方面的培训目标，从项目的精准定位、精心设计、精细实施着手，提升教师培训师岗位胜任力。

2. 聚焦“学用”结合，精心做好培训设计

“学用”结合原理强调基于“学与用”的两个方面设计培训项目。一是基于“学”的视角，针对学员在实践场域中遇到的“真问题”（即真实培训任务，下同），做好精心设计，确保培训的主题、目标、课程、实施和评价的一致性，以

达成培训目标，产出培训成果。培训设计了“三阶段、四模块”内容（见图3.5）。培训三阶段含在岗自主学习“线上+线下”30天、训中集中培训10天、训后返岗实践“线上+线下”30天等内容；四模块指第二阶段的集中培训课程，含师德修养、培训管理、专业理论与实践、培训授课能力等。二是基于“用”的逻辑，重视理实结合，采用多种培训方式，让学员在培训中“学、悟”，在“真问题”中“研、磨”，以考评促能力提升。如在前置自主学习中，学员基于自身需求，主动去“学”，不断挖掘“教师培训师”内涵，明晰自身角色定位，设置了个性化“必修+选修”的自主学习套餐：必修课程旨在帮助学员成为“合格”教师培训师，选修课程则设立了让学员成为“优秀”教师培训师的学习套餐。

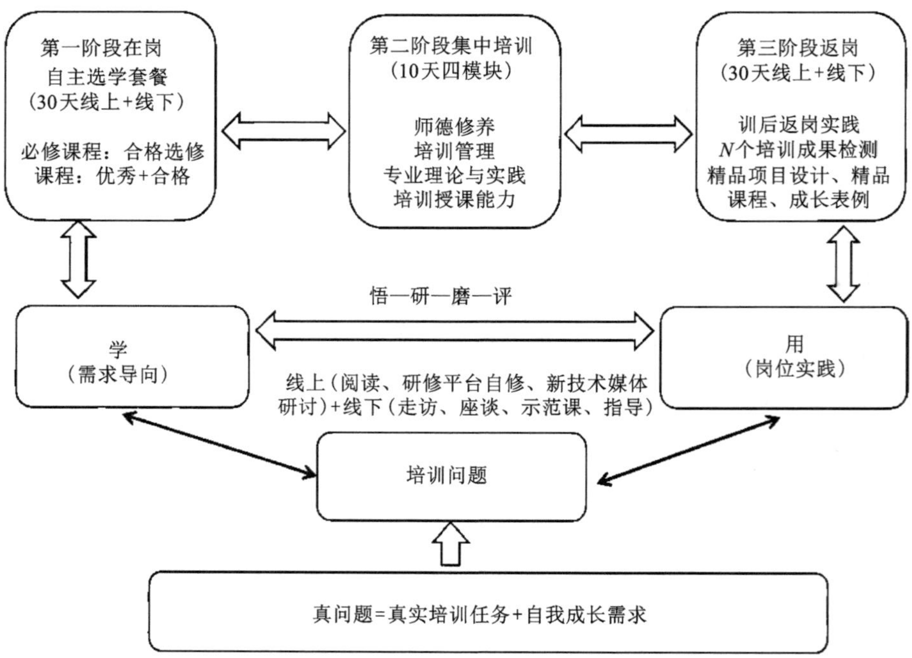

图3.5 基于“学用”结合原理的培训项目设计与实施流程图

3.聚焦项目实施，精细规划培训路径

培训对教师学习的意义，就是激发教师学习意愿，促进教师学习效能，为教师提供有效学习和解决实际问题的帮助，其根本目的是让教师教育教学行为的改变真实地发生。为确保培训实效，项目实施须精细规划、精准施培。

一是组建学习共同体。培训伊始，经“市、县、校”三级严格筛选，确定由现任的省、市级教师培训师担任区域参培学员的组长，组长带领学员（经遴选出的县级教师培训师和优秀教师）组建研修学习共同体。二是明晰培训目标（即找准“真问题”）。学员带着“真问题”学习、研磨，同时利用多种培训方式及新技术媒体开展培训，不断拓宽学员的知识面，提升素养、锤炼能力。三是组建专家团队。配置了不少于50%的教育部专家担任授课教师，安排了不低于50%的实践性课程（由本地专家和学员担任授课教师）。四是开展“学用”检测。基于“学用”转化，开展了每日训练、小组研磨、导师引领、考核评议等活动，这些活动相互衔接、层层递进。如，每日的“晨读暮省”训练学员的口语表达能力；每日的小组“ORID”反刍，检测学习收获；“名师示范课”由学员与组长进行同课异构、专家与学员共同点评等，以检测知识的转化效率。五是强化导师引领。在训中和训后的考核中，首席专家和组长成为学员的双导师，引领、陪伴学员“同学、同培、同研、同磨、同考”，互教互学、互学互助，凝练培训成果。

（二）基于“学用”结合原理的区域教师培训师培训实施模式的创新之处

1. 个性化的学习路径设计

该模式突破传统培训模式，采用个性化学习路径设计，以学员的背景、经验和学习需求为基础，在挖掘学员已有知识经验的同时，定制个性化的学习计划。通过智能学习管理系统，为每位学员推荐适合的学习资源和活动，确保学习内容与个人发展目标高度契合，提升了学习的针对性和有效性，极大地激发了学员的学习动力。

2. 互动式的“学用”社区构建

该模式构建了一个互动式的“学用”社区。在社区中，学员可分享自己的教学经验、学习心得和创新想法。“学用”社区通过定期组织线上研讨会及研修活动，促进知识共享和思维碰撞，增强了学员间、学员与专家间的互动和交流，提升了团队协作能力，并能即时反馈“学用”实效，以便于对学员进行及时指导。

3. 成果型的学习评估优化

该模式建立了一个以成果为导向的评估与认证体系，经“精准调研—明晰主题—精心设计—精细实施—导师引领—学用检测—成果凝练—岗位实践—持续指导”的评估路径，确保学习成果转化为学员实际的教学能力。在清晰的学习成果标准和评估指标指导下，让“学用衔接、学在用中、用在学中、学用一体、学用转化”真正发生。

（三）基于“学用”结合原理的区域教师培训师培训实施模式的实施效果

1. 本土教师培训团队建设显著增强

本项目基于“学用”结合原理的培训设计与实施，让学员不仅掌握了先进的教学理念，还能将此策略灵活运用到自己的教学实践中，这就显著提升了学员的专业能力。此外，培训过程中的团队合作和共同学习目标设立，增强了培训师团队的凝聚力和影响力。

2. 区域教师培训生态系统持续完善

本项目构建了一个持续发展的区域教师培训生态系统。个性化学习路径的设计、互动学习社区的构建以及创新技术的融合，为学员提供了不断学习和成长的平台。这个生态系统鼓励交流合作，促进了知识和经验的共享，实现了教育创新的推广和应用，提升了培训质量。

3. 内生教师培训成果资源愈发丰富

本项目的设计与实施打破了传统经验型培训的桎梏，走向研究、反思型培训。培训中研发了精品培训课程 20 节，精品培训成长故事 45 个，精品培训项目设计 15 份，累计学员每日心得、记录近千条。学员参培率、满意率为 100%，为同类培训的举办积累了优质资源。

(四)基于“学用”结合原理的区域教师培训师培训实施模式的价值

1. 设计理实结合，确保培训品质

“学用”结合原理倡导“事怎么做，就怎么学”。本项目基于需求导向精准定位，找准了学员的“真问题”，并从“精心”设计、“精细”实施建模，构建了“三阶段、四模块”课程，采取了持续递进的混合式培训形式，确保理实结合，提升了培训品质。

2. 施培“双导”助力，“学用”结合发生

本项目组建了高规格的培训专家团队，提升了整体授课水平，增强了项目的吸引力。在培训中，“双导师”(首席专家+组长)发挥了名师的主导、引领作用，关注每位教师的成长，在参与、陪伴、引导中，确保“学用”结合发生。

3. 构建培训机制，保障培训实施

多年来，郴州市形成了省级统筹、市级管理、县级推动、校级抓实的教师培训管理机制，构建了教育行政部门、教师培训机构、培训专家团队和参培学员之间的“四位一体”协同机制，相互支持，相互协作，为培训顺利实施提供了有力保障。

本项目聚焦“学用”结合原理的培训，重视培训设计、项目实施，重视团队建设、机制保障，打造了一支高素质、专业化的教师培训师团队，提升了培训质量。这种培训态势被教育部专家誉为“有人有事、有理有实、有模有样、有滋有味”的“郴州培训现象”。2023 年郴州市“国培计划”工作业绩在湖南省“国培计划”年度工作考评中被评为“优秀”等第。本案例的推广可为相同或类似培训

项目的设计与实施提供借鉴。

三、教师培训“自主选学”项目设计与实施模式

教师培训是促进教师专业发展的有效手段。近年来，教师培训事业在各级政府、机构和学校的共同努力下，取得长足发展。当下，诸多培训多以预设“项目”的方式开展培训工作。培训项目按照预设的参培条件，以“选教师学”的方式举办培训。由此，“培训项目”与参培教师间的“教非所学”“培非所需”“学用脱节”等问题，势必在一定程度上影响教师培训质量。教师培训作为促进教师成长的有效手段有其独特价值。关注教师作为学习主体的根本特性，推行“教师选学”，激发教师自主选学，为教师发展提供更多的支持，亦成为教师培训的新趋势。

（一）教师培训新趋势：从“选教师学”到“教师选学”

教师培训倡导教师自主选学，是破解教师培训问题，实现学以致用的重要途径。传统的教师培训项目普遍由教育行政部门下发指令性培训指标，各地“选择教师”参加培训。在被“选中”后，部分教师愿意来参加培训，也有部分教师是“被上级、被领导、被学校”安排来参培的。培训中的“盲目”“应付”“混学分”等被动学习现象时有发生。具体而言，教师培训中存在的问题主要有以下五点：

1. 培训课程与实际需求脱节。现有的教师培训课程往往过于理论化，与教师的实际工作需求存在一定的脱节。培训课程往往偏重理论知识的传授，而忽视了教师在实际教学中的应用能力培养。这导致教师在参加培训后，仍然无法解决实际教学中的问题，培训效果不佳。

2. 培训方式单一，缺乏创新。现有的教师培训方式主要采用传统的面授形式，缺乏创新和多样性。这种培训方式往往以讲授为主，缺乏互动和参与性，难以激发教师的学习兴趣和积极性。同时，单一的培训方式也无法满足不同教师的个性化需求，限制了培训的效果。

3. 培训团队质量参差不齐。现有的教师培训师资力量不足，且质量参差不齐。一些培训机构为了降低成本，聘请的培训师缺乏实际的教学经验和专业知识，导致培训质量无法保证。此外，一些优秀的培训师由于时间有限，授课时无法关注所有参培教师，也影响了培训的普及和效果。

4. 培训资源分配不均。现有的教师培训资源分配不均，城市和农村、发达地区和欠发达地区之间的差距较大。城市和发达地区的教师相对而言可以获得更多的培训机会和资源，而农村和欠发达地区的教师相对而言则面临无参培机

会、培训资源匮乏等问题。这种不平衡的培训资源分配导致了教师培训的不公平现象，影响了教育质量的提升。

5. 培训评估机制不完善。现有的教师培训评估机制不完善，缺乏对培训效果的有效评估和反馈。一些培训机构只关注培训的数量和规模，而忽视了培训的质量和效果。这导致教师参加培训后，无法得到有效的反馈和指导，难以提高教学水平。

针对这些问题，需要提高教师培训的针对性和实用性，创新培训方式和方法，合理分配培训资源，建立完善的培训评估机制，提高教师培训的效果和质量。从“选教师学”到“教师选学”，意味着教师培训理念与模式的转变，意味着关注教师的“自主选学”“自主权”和“选择权”。

首先，这种转变体现了教育部门对教师个体差异和个性化需求的认识和尊重。在传统的培训模式下，教育部门或学校往往会为所有教师提供相同的培训内容和方式，而忽视了教师之间的差异和个性化需求。“教师选学”则强调了教师的“自主权”和“选择权”，让教师能够根据自己的兴趣、需求和发展方向来选择适合自己的学习内容和方式，从而更好地满足其个性化发展的需求。其次，这种转变也体现了教育部门对教师专业发展的关注和支持。在传统的模式下，教育部门或学校往往会将重点放在教师的教学能力和教学效果上，忽视了教师的专业发展。而“教师选学”则强调了教师的专业发展，通过提供多元化的学习资源和学习方式来支持教师的学术研究、学科建设和专业发展，从而更好地推动教育事业的发展。最后，这种转变还体现了教育部门对教师终身学习的重视和推动。在传统的模式下，教育部门或学校往往会将教师培训看作一次性的任务，忽视了教师的终身学习。而“教师选学”则强调了教师的终身学习，通过建立健全的评价机制和激励体系来推动教师持续地学习和进步，从而更好地适应教育改革和发展的需求。

(二) 教师“自主选学”的内涵与特性

教师自主选学是指教师根据自己的兴趣、需求和发展方向，自主选择学习内容和方式的一种继续教育形式。通过自主选学，教师可以更加灵活地安排自己的学习时间和内容，选择自己感兴趣的领域进行深入学习，从而提高学习的针对性和实效性。同时，这种方式也有利于激发教师的学习积极性和主动性，促进教师的个性化发展。

2013 年《教育部关于深化中小学教师培训模式改革全面提升培训质量的指导意见》中明确提出：建设“菜单式、自主性、开放式”的选学服务平台，为教师创造自主选择培训内容、时间、途径和机构的机会，满足教师个性化需求①。这些年，教育部先后出台了系列相关文件，鼓励推进教师自主选学，强调推进以教师自主学习、系统提升、持续发展为导向的国培计划改革，实行分层分类精准培训，建立教师自主发展机制，探索教师自主选学等模式。这也说明了我国教师培训政策、培训理念正在发生变革。

教师自主选学包括自主学习和自主选择。自主学习是相对于②他授学习而言的。③ 他授式的培训学习，教师是被动的，被培训的。自主式的培训学习，教师可以根据自己的现实需要和发展需求，对学习的课程内容进行独立自主的选择。

有专家指出，教师自主选学模式是指参训教师根据顶层设计安排，出于个人专业发展需求和学校发展要求，在教师培训机构的统筹协调下，自主选择培训机构、培训内容、培训形式、培训主题、培训时间等，以调动参训教师的主动性和积极性，提高培训的针对性和实效性。自主选学模式可以摒弃传统培训模式中培训观念落后、培训内容缺乏针对性、教学方式单一陈旧等弊端，将学习的主体性地位让位给培训教师，保障教师在培训中的自主选择权，让教师以主人翁的心态参与培训，有效激发教师培训的内驱力，有利于缓解“工学矛盾”等问题④。也有专家认为，中小学教师培训自主选学是指教师根据自我发展和学校发展的需求，在教育行政部门统筹协调下，自主选择培训机构、培训内容、培训形式、培训时间等，从而激发自身的主动性和积极性，提高培训质量和效益，实现培训机构、教师与教师所在组织共同发展的一种继续教育联结关系和运行方式⑤。

综上所述，笔者认为，教师培训有别于一些常见的教育活动，它不是简单的“宣讲”“听报告”“一言堂”式培训，有着专业的内涵，是具有成人学习特性的课程与教学活动，有着可遵循的原理、知识和方法以及实践运行的逻辑。教师自主选学项目设计需要根据不同的课程标准、目标，设定培训主题、培训目标、培训课程、培训内容，通过选择适宜的培训方式开展培训活动，以帮助教师“个体”与培训项目间建立链接，让教师从“被动的、被选择的，盲目应付的”

---

① 教育部关于深化中小学教师培训模式改革全面提升培训质量的指导意见[EB/OL].(2013-05-08). http://www.moe.gov.cn/.

② 教育部，财政部.关于实施中小学幼儿园教师国家级培训计划(2021—2025年)的通知[EB/OL].(2021-05-13). http://www.Moe.gov.cn/

③ 杨波，张建华.混合式自主选学：教师培训的新选择[J].重庆广播电视大学学报，2021，33(6)：3.

④ 骆亮，任春亮.自主选学模式促进教师培训机构变革：机遇与挑战[J].黑河学刊，2021(11)：56-59.

⑤ 肖远军.中小学校长培训“自主选学”机制探讨[J].浙江外国语学院学报，2011(4)：70.

参培，变为“自主选择”（选项目、选专题、选机构、选课程、选方式、选时间）主动参培，从而激发教师参培的主动性和积极性，提升培训针对性和实效性。在新的教育形势下，教师自主选学有助于扭转传统教师培训的不利局面，推动中小学教师从被动接受到主动选学、从消极应付到积极参与，从根本上实现教师培训方式的转型变革①。

教师自主选学有别于传统的教师培训项目，强调聚焦教师自身需求，注重发挥名师主导、教师主体的“双主”作用，其最大的特质是参培教师能基于自我诊断、自主设立发展目标，从而促使教师培训由“被动的”参加培训，走向“自主性选学”的培训。教师自主选学能推动各有关部门协同发力，让教育行政部门、培训承办机构、授课教师、教师个体、培训环境、培训设计、培训课程、培训周期等要素在培训中发挥各自的作用。在设计与实施教师自主选学项目时，需基于教师的个性化发展需求，在相应的自主选学服务平台上设置一系列可供选择的“必修、选修”课程模块，在专家主导、教师自主学习下，让参培教师获得真正的成长。

（三）教师“自主选学”项目实施的现实问题

虽然教师自主选学具有很多优点和积极意义，但在实施过程中也存在一些问题和挑战。一是缺乏规范的、专业的管理和指导。目前，各地对于教师自主选学的管理还不够规范，导致一些教师在选择学习内容和方式时缺乏明确的方向和依据。因此，需要加强对教师自主选学的管理和指导，制定相应的政策和标准，确保学习的质量和效果。二是学习资源不足或不均衡。在一些地区或学校中，教师自主选学的平台和资源还不够丰富和均衡，导致一些教师难以获取适合自己的学习资源。因此，培训项目组织实施的各部门要加大教师培训投入，完善教师自主选学的平台和资源建设。三是评价机制不完善。目前，对于教师自主选学的评价机制还不够完善和科学，难以对教师的学习效果进行有效的评估和反馈。因此，需要建立健全评价机制，对教师自主选学的学习效果进行客观、公正的评价。诚然，从更为专业的角度来看，教师自主选学项目设计与实施还面临若干现实问题。

1.“如何选、选什么、怎么选”的问题

2021年教育部印发的《“国培计划”中西部骨干项目指导方案》提出了构建“教师申报、能力诊断、菜单选课、教师选学、校本研修、应用实践、考核评价”一体化的自主选学流程，教师按需选项目、选机构、选课程、选方式。自主选

① 宋时春. 从被动培训到自主选学：教师培训方式的转型与变革[J]. 福建教育，2018(46)：32.

学模式的产生，意味着参训者可以按照自身需求选择合适的培训项目[①]；意味着组织开展好教师自主选学，需建构多元的培训项目，提供适宜的培训平台，有丰富的培训课程资源供教师选学。

近年来，我国已有部分省份开展了教师自主选学探究，并获得了比较好的经验和实践模式。如，浙江省在 2011 年提出了教师根据自身专业发展特点，依据“四个自主”的教师培训要求(自主规划自身专业发展、自主制订 5 年一周期的教师培训规划和年度培训计划、自主选择符合自身专业发展要求的培训项目和课程、自主选择合适的培训机构和培训时间)，开展教师自主选学。在自主选学项目设计时，不仅给予参培教师选择培训项目、培训时间、地点、机构或者培训课程的指导，还提示参培教师依据“四个自主”的培训要求，选择恰当的培训。可见，实施教师自主选学，不能仅让教师选择短期的、某一个周期的培训项目或培训课程，还需让教师树立终身学习理念，立足自我发展规划，善用“自主选择权”。如果只停留在选择项目或者课程的层面，无法选择时间、地点、培训形式及培训机构等，甚至可选择的项目或课程也偏少，就难以真正满足自主选学[②]。据悉，重庆市南岸区和石柱县探究的“一建、二选、三培、四评”的自主选学流程以及“1431”自主选学培训模式，能让“学员实现自主参培、获得个性成长的新体验，得到试点区县参训教师的高度认可，培训学员满意度达 96%以上”[③]。故此，在教师培训自主选学探究中，“如何选、选什么、怎么选”以及为教师提供“丰富的课程资源”成为探究自主选学项目设计的首要问题。

2.“培训者、学习者、培训课程”三者关系的问题

教师培训具有成人学习特性，其构成的最基本的要素有“培训者、学习者、培训课程”，其他与之相关的培训要素都是在这三个基本要素基础上衍生的。也可以说，离开“培训者、学习者、培训课程”这三个要素，无法构成培训活动。在教师自主选学项目实施中，“培训者”要思考“学习者”该“如何选、选什么、学什么”的问题；培训者的授课水平在一定程度上影响着学习者的学习兴趣(而培训者的专业素养能否为学习者提供引领、示范，值得培训项目管理者审视)。“学习者”要思考需要培训什么、选学什么“培训课程”的问题；“培训课程”的设置是实现培训主题、目标，满足学习者成长需求的重要抓手。

当前，一些教师自主选学项目的设计与实施，与传统的教师培训方式相差无几，教师自主选学流于形式。参培教师(学习者)培训前无诊断，自身培训需

① 骆亮，任春亮. 自主选学模式促进教师培训机构变革：机遇与挑战[J]. 黑河学刊，2021(6)：56-59.

② 徐建华. 中小学教师培训自主选学的浙江实践及推进路径[J]. 中国教育学刊，2023(7)：93.

③ 宋时春. 中小学教师自主选学培训模型的建构与应用[J]. 教师发展研究，2021，5(2)：97.

求被忽视；授课者（培训者）仅仅是完成了授课任务；而缺少“丰富的课程资源”更使教师自主选学处于“无项目、无课程”可选的尴尬境地。为此，明晰“培训者、学习者、培训课程”三者关系，精准把握各个培训要素，有助于打造高质量培训。

3.“自主”和“选学”如何有效落实的问题

推行教师自主选学，满足教师的个性化培训需求、关注教师的个体成长，为实现教师职业发展规划提供了支持。而在一些区域开展的教师自主选学项目，却出现了“戴帽式”“拼盘式”“拍脑袋式”的自主选学，仅将传统的教师培训模式冠以自主选学的“名牌”。此类培训通常由教育行政部门（举办）立项，通过制订计划、分配指标来落实培训任务。培训承办机构负责项目的组织实施，学校教师被动参培。组织者缺少对教师自主选学的“教、学、研、培、评”一体化培训的研究（教，专指培训者在培训中的授课实效；学，专指学习者在培训中的学习实情；研，专指对各层级各类别培训进行探索；培，专指对培训模式、方式、主题、目标以及培训课程之间的关联性进行实践研究；评，专指培训的过程性评价和终结性评价），自主选学难以精准实施。开展教师自主选学必然涉及“怎么教、怎么学”的应然逻辑。在这个过程中教师自己的学习动机与动力固然重要，但培训者（专家）、培训课程与资源，培训活动设计与实施等外部的学习组织要素，是唤醒与焕发教师学习意愿和行为，推动教师有效学习的关键要素①。

4.“专家主导”和“教师主体”如何厘清的问题

教师自主选学是一种以教师自主学习、系统提升、持续发展为导向的培训模式。它不仅有助于提升教师的专业素养和教学能力，也有利于推动整个教育系统的持续进步和发展。一些区域开展的教师自主选学项目，普遍采用“八步流程”来实施，即“举办单位立项—承办机构实施—参培教师（学习者）根据指标参培—参培教师选择规定的课程学习（线上或线下）—专家线上指导（批改作业）—参培教师提交学习体会—培训机构对参培教师进行满意度测评后结束培训”。这种自主选学的“自主性”，仅体现在教育行政部门给予的“参培指标”上。自主选学中“专家主导”，“教师主体”的“自主性”“自主选择”难以体现。故此，要实现真正意义上的教师自主选学，需遵循成人学习原理，发挥好“专家主导”“教师主体”的作用。

美国成人教育学家诺尔斯（M. S. Knowles）认为，成人学习过程由一系列因素构成，最主要的因素是自愿自主的学习需要、追求成长的自我概念、日常积

① 李瑾瑜. 教师培训的“学用之困”及其破解之策[J]. 中国教育学刊，2023（11）：9.

累的丰富经验、解决问题的学习准备、任务驱动的学习倾向和改善现状的学习动机①。落实教师自主选学中的“专家主导”作用，需要借助外力唤醒与焕发教师学习意愿和行为，推动教师发挥主体作用有效开展自主选学。要充分发挥“教师主体”作用，需要项目举办单位从立项的源头抓起，借力现代信息技术，及时掌握本区域教师能力现状、培训需求的大数据，精准制定导学单，为参培教师提供丰富的自主选学项目及课程资源。让参培教师能基于自我需求，自主选择项目，主动参加学习。实践证明，通过“专家主导”，能激活“教师主体”，让参培教师学会借鉴他人视角审视自己，让教师的自主选学更有针对性。重视发挥“专家主导”“教师主体”的作用，也意味着教师自主选学可在教育行政部门的干预、支持下，为教师提供丰富的且具有个性化的导学选课平台，并通过建立多元的学习评价体系，检查学习实效，让教师自主选学有效推进。

（四）教师“自主选学”项目设计与实施的实践策略

教师自主选学是中小学教师培训改革的应然选择，其符合教师专业发展特点，是教师培训变革的重要方向。开展教师自主选学，增强教师自主选学的吸引力和实效性，需采用多种培训形式，综合运用案例式、探究式、情景式、演练式等学习方式来实施。2021 年以来，郴州市以项目式推进方式开展了教师自主选学的实践研究。从项目的设计、实施、有效性以及项目保障的视角，探究了“四精准五步骤四协同”教师自主选学项目设计与实施的有效策略。

1. 落实“四精准”，是做好教师自主选学的前提

精准做好训前分析。教师培训部门根据参培教师个体的实际需求和当前教育教学改革要求，通过问卷调查、实地调研、教师反馈和观察等方式了解教师的培训需求，精准确定教师自主选学的目标和方向，预设培训项目。

精准确立项目定位。为确保区域教师的自主选择权，教师自主选学项目的开展，需基于区域环境、设备条件、教师发展以及教育目标达成等要求进行精准定位，为教师提供丰富多彩的、专业化的混合式培训活动。注重创新培训模式，设计多样化的培训方案，提供个性化的导学单，为参培教师提供更多的选择空间。

精心组建专家团队。教师是学习的主体，满足教师需求、引领教师发展在一定程度上决定了培训目标的方向。受教育背景、教学经验、个体性格、职业追求、教育环境等因素影响，不同参培教师在成长过程中所表现出的个体特点、发展轨迹和成就会存在一定的差异。在组建教师培训团队时，需考虑上述

① 张博. 诺尔斯成人学习理论对我国教师教育培训的启示[J]. 中国成人教育，2017(13)：135-137.

因素，组建适宜的专家团队，并为教师提供相应的自主选学菜单和贴心的专业指导。

精准设立评价方式。进行教师培训自主选学评价时，可通过多种方式开展评价，并为教师的专业发展提供及时反馈。比如可检测是否满足教师个性化需求，是否赋予教师更多的自主权和选择权，是否激发教师的学习兴趣和动力，是否实行了动态的评估管理等。为此，需要建立系统思维，对培训项目进行全过程管理。基于项目的过程性评价和终结性评价结果，不断完善培训项目。

2. 把握“五步骤”，是建构教师自主选学的关键

把握“五步骤”，即强调明确培训目标、建构培训课程、发挥名师作用、检测参培学员、做好效果评估等工作。

明确培训目标。在项目设立前期，项目承办机构需根据教师实情，进行问题诊断，明确自主选学的目标和方向。借鉴“四自主”①培训要求，教育行政部门要制订远、中、近期的培训规划，立足区域教育发展的热点、难点问题，从解决身边的事着手，让参培教师在培训中自主选择、自我规划成长路径。

建构培训课程。培训课程是培训最核心的要素，直接关乎培训的效果。教师根据自主选学的目标和方向，制订具体的学习计划，选择培训课程。各地可以根据区域教育、教师发展情况，制订阶梯状教师成长规划，建构阶梯式、递进式培训课程。如设立教师成长“四级四类”培训项目，可建构校本青年教师成长培训、区域骨干教师提高培训、特级正高级教师增值培训、卓越领军教师培训等项目。以一个季度、一学期、一学年或二至三学年的时间为培训周期，设置线下、线上混合式自主选学课程，提供不同级别、不同维度的课程菜单供教师自主选学。

发挥名师作用。培训授课专家的水平在很大程度上直接影响着培训的效果。即使是同样专题和内容的培训，培训效果也会因聘请的专家不同而相去甚远②。为此，在组建“名师”专家团队时，一要基于培训项目的主题、目标、内容，精准选择授课“名师”；二要基于教师个性化发展需要，精准设立“名师”课程；三要确保“名师”的培训内容与参培教师的实际工作有关联性；四要考虑到区域教育教学实情，选择恰当的培训方式，以确保“名师”指导“有时间、有实效”；五要加强培训过程管理。“名师”需及时掌握参培教师需求，与参培教师建立良好的合作关系，能激发参培教师的学习主动性、积极性，以确保培训质量。

---

① 徐建华. 中小学教师培训自主选学的浙江实践及推进路径[J]. 中国教育学刊，2023(7)：93.

② 任春亮. 对教师培训自主选学维度及其实现的思考[J]. 南昌师范学院学报，2022，43(2)：125.

检测参培学员。建议运用柯氏评估体系，建构完整的教师培训质量观，并树立“考、培”结合，有培训就应有考核的理念。培训学习要在一定的“负荷”压力下方有成效。对参培教师的培训检测，可借助现代信息技术进行。有条件的区域可建立教师电子培训档案，对教师参培情况进行及时的学习跟踪、监管。

做好效果评估。做好教师自主选学评估工作，一要建立培训跟踪机制。要定期收集、反馈培训信息，并做好跟踪随访，以便于及时了解参培教师实情；二要随时把控培训进度，了解培训方向。对于教师反映的问题和不足之处，需要重点关注、解决。三要定期总结反思。可在每个培训周期（阶段）内，对培训的各项工作进行总结和反思。四要激励教师参培。鼓励参培教师参与交流、研论，提出自主见解；可在培训中设置阶段性晋级奖励条款，这样既提高了培训实效，又能不断激励教师产生新的学习愿望。

3. 建构“四协同”机制，是实施教师自主选学的保障

实施教师自主选学，需构建“四位一体”的“四协同”机制，即强调教育行政部门与教师培训机构、培训专家团队以及中小学校的协同合作，部门间各司其职、互通互助，形成强大合力。一方面要充分尊重教师的“自主”意识、“自主权”意识，将“自主选学权”交还给参培教师；另一方面也要高度关注各部门间的协同合作，以确保教师自主选学顺利实施。实施中，各级教育行政部门负责落实国家政策法规，统筹、协调各部门工作；培训承办机构负责项目的设计与实施，确立培训主题，建立选学平台，提供丰富的课程资源、多元的培训形式，落实各项培训管理工作；培训专家团队负责精准设立培训目标，发挥好“专家主导”“教师主体”作用，为参培教师提供专业化、个性化的培训指导；中小学校要积极支持教师参加各类培训，协助参培教师选项目、选机构、选课程、选方式，助推教师自主选学落地。

第四章 区域教师培训模式的系统建构

教育是唯一可以改变世界的力量。

——尼尔·德格拉斯·泰森

《中共中央 国务院关于全面深化新时代教师队伍建设改革的意见》明确指出，未来五年需基本健全教师培养培训体系，确保中小学教师队伍全员培训，并促进教师终身学习和专业发展。这一决策不仅关乎教育事业的稳健发展，更对国家的未来具有深远影响。在审视当前教师培训体系时，区域教师培训的设计与实施也面临着一系列挑战。从客观角度来看，区域教师培训中存在制度机制不完善、教育理念更新滞后、教师专业化能力参差不齐以及地域差异明显等问题。这些问题在一定程度上制约了教师培训工作的深入开展，也影响了教师队伍整体素质的提升。为了有效解决这些问题，区域需要从顶层设计的角度出发，对教师培训工作进行科学规划和合理布局。这包括确立以教师需求和发展为导向的培训理念，确保培训工作能够真正满足教师的实际需求；聚焦当前教师培训中的薄弱环节和突出问题，制订切实可行的解决方案，确保培训工作的针对性和实效性。同时，我们还应不断完善区域教师培训模式。通过加强区域间的合作与交流，共享优质培训资源，提高培训质量；建立多元化的培训体系，以满足不同教师的个性化需求，提高培训的灵活性和多样性。此外，还需加强培训后的跟踪与评估工作，确保培训效果的持续性和稳定性。

近年来，郴州市在全面深化教师队伍建设改革的过程中，以客观的态度和科学的方法，不断完善教师培训体系，创新了“三联五环”区域教师培训模式，力图解决当前存在的问题，推动教师培训工作向纵深发展。

第一节　“三联五环”区域教师培训模式创新的背景与动因

随着信息化、国际化步伐的加快，教育领域面临着前所未有的挑战与机遇，传统的教师培训模式已难以满足新时代教育发展的需求。在此背景下，“三联五环”区域教师培训模式应运而生，旨在通过创新培训机制，激活教师队伍的活力与潜力。“三联”即联合高等学校、教育行政部门和一线学校，形成优势互补、资源共享的培训网络，打破单一主体培训的局限，实现理论与实践的深度融合。而“五环”则是指培训过程中的五个关键环节：需求分析、方案设计、实施执行、效果评估与反馈改进。这五个环节环环相扣，构成一个闭环系统，确保培训活动的高效性与针对性。本节将深入探讨“三联五环”区域教师培训模式创新的背景与动因，分析其在应对教育变革、促进教师专业成长、提升区域教育质量等方面的重要性与紧迫性。

一、创新教师培训的政策要求和时代呼唤

为加强中小学教师队伍建设，提高基础教育质量，近年来我国对教师培训的投入力度明显加大，教师培训的规模效应开始凸显，特别是 2010 年“国培计划”实施以来，逐步形成了覆盖各个层级的国培体系，期待通过“国培计划”的引领示范作用，推动全国教师培训的整体发展。在“国培计划”的引领推动下，各级教师培训也如火如荼地开展，对教师培训的“质与量”的要求也明显提升。在这种背景下，我国也相继出台了加强教师培训模式创新的系列政策。

2015 年教育部、财政部颁布《关于改革实施中小学幼儿园教师国家级培训计划的通知》，要求各级教育行政部门主动积极开展教师培训研究，提升培训质量。因此，探索有效的“教师培训模式”，为教师培训储备培育高质量的培训者力量，形成有效的教师培训“模子”，积极探寻教师培训新的“路子”，意义重大。在这样的背景下，要为教师提供“解渴、能用、好用、管用的培训”，就需要从事教师培训的理论研究者和实践者承担使命，不断优化教师培训内容、丰富教师培训形式和提升教师培训品质，努力创新教师培训模式，提升教师培训的整体质量。

二、提升培训实效性和针对性的现实诉求

高质量的教师是提高教育质量和效益的关键所在，教师培训是教师职后专业发展的主要路径。长期以来，在支持教师个人成长、推动学校绩效改进和服

务区域教育发展中，教师培训发挥着重要作用。在实施教师培训的过程中，各地教师培训机构在教师培训内容的科学化、培训形式的丰富性和培训管理的规范化等方面均进行了一定的探索，但由于我国培训机构的专业化发展水平、培训者专业素质能力、培训者培训内容标准体系和培训者培训方式等方面仍然存在不够完善的地方，严重制约着教师培训的整体质量提升和长远发展，成为全面提升教师专业素质的桎梏与瓶颈。在具体实施中，教师培训不仅需要尊重一般培训的成人学习特点，还要关注教师群体和教育与培训生活的特殊性和复杂性。然而，与国家的高度重视和教师培训的重要地位不相匹配的是，我国教师培训的整体质量和效果却不容乐观。据薛海平等人的调研结果，只有 57. 5%的被调查教师对培训效果表示满意，51. 1%的被调查教师认为很难把培训中学到的东西应用到教学中去，这说明教师培训工作的绩效评价结果难以令人满意。因此，从现实需求来看，对当前教师培训进行深入研究，探索发现和创新教师培训，成为当前改善我国教师队伍整体素质的重要路径。

三、深化新时代教师培训研究的学理呼唤

教师培训的价值取向、课程实施、内容设计、培训机构建设、培训者能力提升、培训文化、方法方式等均成为当前教育研究中值得关注的理论和实践问题。事实上，从理论学习到行为改变一直是培训界长期关注的基础性议题。美国威斯康辛大学唐纳德 · L · 柯克帕特里克培训评价内容分为四个层级，即反应评价、学习评价、行为评价和成果评价。现有研究发现，在柯氏一级评价和二级评价之间有明显的正相关关系，三级评价和四级评价之间有明显的正相关关系，而二级评价和三级评价之间没有明显的正相关关系。也就是说，参训者学到的知识并不一定能带来明显的行为改变，对作为教师培训的参训者来说，其理论水平的提升并不一定能够推动教师能力的提升和实践的改进。因此，教师培训既要回应教育部门对教师培训者培训模式创新、教师培训实效提升的要求，也要满足和引领教师把培训学习成果转化为教师有效行动的内在需求。我们需要遵循“以终为始”的结果导向原则，在培训实施之前就充分考虑期望能达成的可能结果，将教师的理论学习与行为改进密切联系起来，从根本上改变过去教师培训与教师实践割裂的窘况。

第二节　“三联五环”区域教师培训模式的模型与框架

2016 年以来，由笔者担任主持人，牵头组建了一支长期从事教师培训实

践、教育理论与实践研究的专兼职研究团队，他们由来自市县级教师培训负责人，高校教师培训专家培训机构、一线兼职教师培训名师和一线教师组成。针对郴州市一线教师培训需求，提出了“以学为中心”的“三联五环”区域教师培训模式(见图4.1)。

该模式坚持“以学为中心”的核心理念，尊重教师作为学习者的主体地位，充分信任和解放教师的潜力；同时通过调动和激活教育行政部门、专家团队(省内外)与培训机构、一线兼职教师培训者和一线教师等三方活力，探索发展了“聚焦问题—明晰目标—优化课程—创新方法—落实评价”的五环实施流程。

该模式自2016—2018年开始基本成型，在2019—2021年逐步发展完善，不仅通过与高校、专业教师培训机构合作应用到郴州市的“国培计划”“省培计划”和市培计划等各类高端培训项目的设计和实施中，同时还辐射到了郴州市范围内的区县市和各级各类学校的校本培训中。

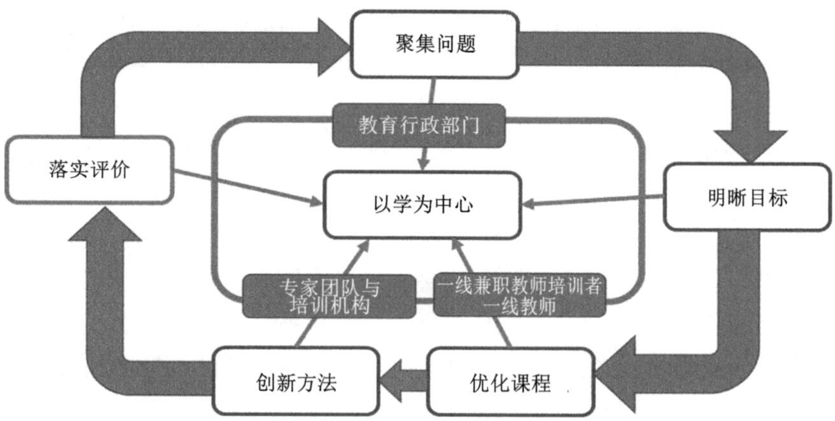

图4.1　“以学为中心”的“三联五环”区域教师培训模式

一、核心理念：以学为中心

教师培训项目的设计和实施是提升教育质量的关键环节。培训项目设立的核心目标是满足并引领教师的专业发展。建构主义作为当代学习理论的新发展，有着与客观主义迥然相异的知识观、学习观和教学观。[①] 建构主义学习理论认为，知识是通过个体与环境的互动构建的，强调学习是一个主动的、建构的过程。在这一理论指导下，教师培训项目不仅要满足教师当前的知识与技能

① 钟志贤.建构主义学习理论与教学设计[J].电化教育研究，2006(5)：10-16.

需求，更重要的是要引导教师不断探索新的教育理念和教学方法，实现持续的专业成长。人本主义学习理论则进一步强调个体的自我实现和自我发展的重要性。根据这一理论，每个人都有实现自己潜能的内在动力，教育的目标是帮助个体实现自我价值。在教师培训中，这意味着培训项目应该尊重教师的个体差异，关注教师的个人成长需求，通过提供个性化的学习路径和资源，激发教师的内在学习动力，促进教师的自我发展。

在培训过程中，坚持教师培训的“以学为中心”，意味着坚持以学员为中心，以学员的学习为中心。这不仅是一种教育理念，更是一种教育实践策略。“以学生为中心”，即以学生的学习和发展为中心，实现从以“教”为中心向以“学”为中心转变，从“传授模式”向“学习模式”转变，从而提高学生的学习质量，使学生在知识、能力和素质上获得全面提升。实现“以学生为中心”，是一种范式的转变，必须全面、整体、协调推进。[①] 具体来说，教师培训项目应该从教师的实际需求出发，通过深入分析教师的工作背景、教学经验、学习兴趣等，设计符合教师个性化需求的培训课程。同时，培训项目还应该引导教师进行反思性学习，鼓励教师将所学知识与教学实践相结合，不断优化教学策略，提高教学质量。

在满足教师培训需求的同时，引领教师发展，需要培训项目具备前瞻性和创新性。这就要求培训项目不仅要关注教师当前的教学实践，还要关注教育改革的趋势，引导教师思考未来教育的发展方向。例如，随着信息技术的快速发展，教师需要掌握新的教学工具和方法，如在线教学、混合式学习等。培训项目应该提供相关的培训内容，帮助教师适应教育技术变革，提高教师的信息素养。此外，引领教师发展还意味着培训项目要关注教师的情感和态度。教师的职业满意度、职业认同感等都会影响教师的工作表现和教学质量。因此，培训项目应该关注教师的情感需求，通过建立支持性的学习环境，增强教师的职业认同感，提高教师的工作满意度。例如，在培训项目实施中，可以通过建立教师学习共同体，促进教师之间的交流和合作，增强教师的归属感。在培训项目实施过程中，要坚持相信和解放学员，依托学员的自主管理，激发学员的内在动力。这就要求培训项目的设计与实施要尊重教师的主体性，鼓励教师主动参与培训活动，发挥教师的创造性。培训项目的设计与实施应该为教师提供多样化的学习资源和学习方式，让教师根据自己的兴趣和需求，选择适合自己的学习路径。同时，在培训项目的组织与实施中，还应该鼓励教师进行自我反思，通过反思自己的教学实践，不断改进教学方法，提高教学效果。

---

① 刘献君. 论“以学生为中心”[J]. 高等教育研究，2012，33(8)：1-6.

教师培训项目的设计和实施是一个复杂的过程，需要综合考虑教师的需求、教师的发展、教育改革的趋势等多方面因素。通过建构主义学习理论和人本主义学习理论的指导，教师培训项目可以更好地满足教师的需求，同时引领教师的专业发展，提高教学质量，促进教育事业的发展。

二、动力机制：U-G-S 三联机制

马克思主义合力理论强调，事物的发展是多种力量相互作用的结果。在教师培训中，这种合力体现在高等学校、教育行政部门和一线学校这三方的协同合作上。这三方力量，即 U-G-S(university-government-school)，各自发挥着不可替代的作用，共同推动教师专业成长和教育质量的提升。恩格斯晚年根据新的历史经验，在肯定经济因素对历史发展决定作用的同时，强调了上层建筑诸要素及作为历史主体的人在社会历史进程中的作用，提出了历史合力论思想，丰富和发展了马克思主义的唯物史观。① 从马克思主义合力理论的视角来看，教师培训的成效并非单一力量所能达成，而是多方力量相互作用的结果。在这一过程中，高等学校提供理论指导和学术支持，教育行政部门负责政策制定和资源配置，一线学校则提供实践平台和反馈。这三方力量相互独立又相互依存，形成了一个有机整体。教育行政部门作为牵头者，通过设立培训项目、明确培训目标、监督培训实施和把握教育评价，发挥着引领和协调的作用。高等学校和培训机构则利用其专业优势，在项目的设立、设计、课程设置以及实施等环节中发挥关键作用。一线学校则聚焦问题、优化课程，满足教师的实际需求，形成新的教师培训模式。这种“三联”动力机制，正是合力理论在教师培训中的生动体现。

“三联”指的是高等学校、教育行政部门和一线学校三方动力机制(U-G-S，university-government-school)，这三方站在各自的视域，既相互独立，又互通有无，建立相互关联、相互影响，助力共生的教师培训生态。东北师范大学曾在为农村基础教育服务的办学思想基础上，创造性地提出并实施了师范大学—地方政府—中小学校(U-G-S)合作教师教育新模式。该模式在师范生培养、农村中小学教师培训、基础教育研究、教师教育者专业发展和基础教育信息平台建设等方面探索多维协同创新机制。② 郴州市区域教师培训的“三联”动力机制，以教育行政部门为主牵头，联合三方力量，整合各自优势，从问题出发，解决问题，追求实效。如教育行政部门设立培训项目，找准培训问题，明

① 姜金林. 恩格斯合力论思想及其当代价值[J]. 理论月刊，2009(8)：23-26.

② 刘益春，李广，高夯. “U-G-S”教师教育模式实践探索：以“教师教育创新东北实验区”建设为例[J]. 教育研究，2014(8)：107-112.

确目标，监督培训实施，把握教育评价；高校及培训机构，在项目的设立、设计、课程设置以及实施中的各环节，发挥专业优势；一线学校聚焦一线问题，满足教师需求，不断优化培训课程。“三联”的三方各自发力，联动互通，相互影响、相互支持，促使教师培训提质增效。

在2016—2021年郴州市的市、县、校大量的教师培训数据中，随处可见基于“以学为中心”的“三联”互通身影。其中，在2016—2021年的市级教师培训计划实施中，“教育精准扶贫培训项目”严格按照省、市“教育扶贫规划(2016—2020年)”开展，在项目设置、经费安排上均投入了大量的人力物力，成为全市教师培训的精品项目，这项工作连续三年名列全省前茅。本项目能成功举办，与教育行政部门、专家(省内外)团队和培训机构、一线学校和一线兼职教师培训者(师)的高度参与、齐心协力密不可分。

从专业的教师培训视域分析这类项目，我们会发现教师培训项目的设立，有自上而下的，也有自下而上的。自上而下的培训有教育精准扶贫、课程改革、中小学信息技术应用能力提升工程2.0考核培训、师德师风建设培训、校(园)长岗位培训等。培训项目的开展，离不开教育行政部门的大力支持，专家(省内外)团队和培训机构的专业引领，一线学校和一线兼职教师培训者(师)的深度助力，以及一线教师的积极参与，可以说，“三联”互联互动，也体现了“培训机构—专家—参训教师”的互通互助。自下而上的方式设立项目，主要是基于教师岗位需求、校本研修需要(基于一线的问题，自主开展研修工作。培训组织者主要起鼓励、支持、参与、促进的作用，组织形式是从“他组织”转向“自组织”，实行“自组织”与“他组织”结合，形成教师学习共同体)。既有一线学校提出的“新教师培训”“驻点培训”“走出来，请进去——乡村教师跟岗实践”培训，也有以县级教师进修学校、教研部门为主实施的“研课磨课”“教研视导、教学比武”等，以及信息技术支持下开展的OMO混合式教师培训。实践证明，这些培训满足了教师教育教学实际的需要，基于学校教育实际，基于教师自身专业发展，基于课程发展与改革，从教育教学问题出发，分层、分类针对性地安排培训内容，为教师发展提供强有力的支持。郴州市的教师培训工作经验连续5年在全省做教师培训工作经验分享，被称为“郴州培训现象”。

教师培训是一个复杂的系统工程，需要多方力量的共同参与和协作。通过构建U-G-S“三联”动力机制，发挥各方优势，教师培训能够更加精准地满足教师的专业发展需求，提高教师培训质量。

三、实施流程：五环螺旋式学习

“五环实施流程”作为一种创新的培训模式，其理论基础和实践应用都具有深刻的内涵。这一流程借鉴了戴明环 PDCA(计划—执行—检查—行动)学习模型，强调了培训的系统性和连贯性。基于培训项目管理实践，在戴明环管理思想的指导下，我们针对培训管理现状与问题，对教师培训管理建构一套基于 PDCA 的培训管理体系，包括培训流程体系、培训课程体系、培训评估体系，并在 PDCA 的四阶段进行了有效的实践和探索。[①] 在这一流程中，培训的每个环节都紧密相连，相互影响，共同构成了一个完整的培训体系。

从理论视角来看，“五环实施流程”体现了教育的系统性和动态性。首先，“聚焦问题”环节要求培训者深入分析教师的实际需求和面临的挑战，以此为出发点设计培训内容。这一环节体现了成人学习理论中的“需求导向”原则，强调培训应以教师的实际需求为基础。其次，“明晰目标”环节则要求明确培训的具体目标，确保培训内容和目标的一致性。这一环节体现了教育目标理论，强调目标的明确性和可测量性。接着，“优化课程”环节要求根据培训目标和教师需求，设计和优化培训课程。这一环节体现了课程理论，强调课程内容的科学性和系统性。“创新方法”环节则要求采用多样化的教学方法，激发教师的学习兴趣和参与度。这一环节体现了教学方法论，强调教学方法的多样性和创新性。最后，“落实评价”环节要求对培训效果进行科学评价，确保培训目标的实现。这一环节体现了教育评价理论，强调评价的客观性和公正性。

在郴州市教师培训师培训项目实施中，“五环实施流程”得到了成功的应用。项目团队首先通过深入调研，明确了教师培训的需求和目标。在此基础上，设计了针对性强、内容丰富的培训课程。在培训过程中，采用了案例分析、小组讨论、角色扮演等多种教学方法，提高了教师的参与度和学习效果。同时，项目团队还建立了科学的培训评价体系，对培训效果进行了全面评价。这一实践表明，“五环实施流程”能够有效提升教师培训的质量和效果。“五环实施流程”不仅在理论上具有创新性，而且在实践中也具有重要的应用价值。这一流程强调了培训的系统性和连贯性，使得培训更加符合教师的实际需求，更加注重培训效果的实现。通过“聚焦问题—明晰目标—优化课程—创新方法—落实评价”的循环往复，培训内容和方法不断优化，培训效果不断提升。这一流程的应用，不仅提高了教师的专业素养和教学能力，也为教育质量的提升提供了有力支持。

(一)聚焦问题

提出与确定行动问题[②]是教师培训的核心议题，有助于明确培训指导思想

---

① 李艳荣. 基于戴明环理论的培训管理体系建构[J]. 广西教育学院学报，2014(3)：210-214，225.

② 凌云志. 行动导向的教师培训者培训研究[D]. 长春：东北师范大学，2019.

以及确定教师培训的培养方向。余新教授在《教师培训师专业修炼》一书中谈到的教师培训师有四大角色空间，即培训讲师、培训管理师、教育教学专家、学校管理专家。我们发现在地州市的教师培训班中，大多数教师是一线教师，少部分是教师培训机构的人员。只有从教师自身的发展需要施培，才能让教师在培训中有获得感。故此，我们的教师培训师培训的指导思想和课程设计，偏向打造教育教学能手和教学研究专家。

（二）明晰目标

培训的目标围绕培训对象设立。本项目为教师培训师的培训项目，需要明确教师培训师的遴选，不同于一般培训项目的遴选，要培训、培养出师者之师。应突出选拔出热爱教师培训事业、有奉献精神、有较强的教学胜任能力以及较强的教育管理能力的教师参加。在遴选资格上，不论年龄，不比较社会荣誉，不论资排辈，强调师德、能力，为有专业能力的教师搭建成长平台。

（三）优化课程

近年来郴州市在省教育厅国培办教育部国培专家黄佑生老师的亲自指导，以及众多湖南省教师培训师班学员的参与扶持下，开展了“二分一重一多”（分层次、分阶段、重个性、多实践）的教师培训师培养课程研究。设立以教师专业成长、能力发展为导向的培训目标，坚持五个理念（师德为先、能力为重、学生为本、实践导向、分层培训），确保“按需施培、引领发展”。开设了四个领域的课程（专业师德与理念、专业发展规划、专业知识学习、专业实践研修）。每个领域划分为若干个核心能力项，并根据学情进行适当的修正。

（四）创新方法

在这几年的培训课程建设中，我们挖掘出“教师培训师体验式课程”，让学员在实战训练中获得成长。主要从五个方面进行了方法创新：

第一，自我觉察，找生长点。通过制定并展示“成长的约定”，让学员觉察自己的优势，了解他人的长处，在情境学习中激励自我，寻找新的生长点。

第二，“兵教兵”，找参与感。通过个体展示、同伴互助，建立学习共同体。我们分别探索了“1+2+30（10+20）”展评、5 分钟展示和辩论课等多种学员深度参与的培训模式，快速提高了参培学员的培训能力，帮助学员找准教师培训师的角色定位。

第三，多考核，找获得感。培训中采取导师制，通过小组研磨、个人展示等多种培训形式，让学员在导师的带领下，让“教—学—做”三合一落地，将知识融会贯通，转化为自己的能力。①班级设立考核小组，负责记录学员的日常表现。通过问题抢答、小组展示等多种形式观察学员的变化。②学习考核。通过8分钟线上直播、线下集中考核的方式，学员展示学习成果，由专家进行打分评判。

第四，成立学习小组，找幸福感。基于培训对象需求，开设个性化的培训课程。比如培训中的破冰以往都是在室内进行，我们将学员带到户外进行登山（苏仙岭）比赛，在登山的过程中感受到互帮互助，“冰雪消融”，增强团队凝聚力，让学员找到“家人”的感觉。设立小组任务，由团队合作完成简报、美篇、研磨课等内容，提高参与感，提升专业能力。

第五，借力现代信息技术，找时代感。借力信息技术开发OMO混合式培训课程，探索了三段式（线上+线下+返岗）培训模式，能最大化利用时间，帮助学员成长。

（五）落实评价

研究团队共同研制了“六力”评价，对所有教师培训项目进行检测。其实质是对教师培训项目考核评价的整体分析，内容包含顶层设计力、项目策划力、培训管理力、协同共建力、教师内生力、培训影响力。

第一是顶层设计力。强调把握政治方向、专业引领。全面贯彻国家、省、市有关文件，把好关键人物、关键时间、关键事件，落实各项规划，以确保培训的方向性、针对性，确保提质增效。

第二是项目策划力。强调好培训要基于问题，无问题不培训。要“因材施教”“对症下药”，有效施培。为此我们推演出“二法”策略，以评议项目实施情况。

第三是培训管理力。建立常态化管理机制。对培训项目的管理要关注细节，关注发展，务求质量。①建队伍。检测市、县二级教师培训团队，是否做到认识统一，步调一致，各自发力，协同并进。②强引领。培训重视问题解决，追求成果导向。对于每个教师培训师的培养方向，我们会基于教师自我的专业能力，提出合理化建议，并不断挖掘学员自身潜力，做好引领示范。

第四是协同共建力。在教师培训项目的开发和实施中，我们建立了“三联五环”区域教师培训模式，充分发挥各自的主体作用。如湖南省各批次的省级培训师都担任过我市教师培训师班的班主任，他们的加盟，增强了导师对学员的指导示范作用。他们既是班主任也是导师，在学习小组中，能及时了解学员情况，对学员进行一对一指导，答疑解惑，帮助学员凝练学习成果，并推广复制。

第五是教师内生力。培训的魅力就在于激活、点燃、唤醒教师的内驱力。为此我们提出了“三子”培训标准：有点子，明确考核目标，激活校本源头，抓实校本培训；有路子，遵循教育规律，从自我发展着手，把握学习方法，建立活力课程；有台子，统一思想，提高认识，确保培训经费，搭建OMO线上线下培训平台，确保培训“教与学”的输出、输入有理有据。

第六是培训影响力。通过实战训练，返岗实践，我们挖掘了一批又一批教育名师，为有效服务郴州市教育事业的发展做出了贡献。例如，我们先后组建了4支以突出各自专业研究方向为主题的多元教师培训师团队（郴州市教师培训管理者团队、郴州市教师培训师团队、中小学信息技术与学科教学融合研究团队、郴州市安吉游戏推广团队），他们肩负着不同使命，相互助力，协同发展，在全市发挥示范、辐射引领作用。

第三节 “三联五环”区域教师培训模式的辐射与引领

反思郴州市近六年开展的教师培训项目，基于以学为中心的视角，“三联五环”区域教师培训模式，改变了教师培养模式，建立了培训新生态。截至2020年底有各级各类学校专任教师62723人，每年市本级投入650万元专项经费开展教师培训工作。以2021年为例，市本级设置教师培训项目40个，培训教师10676人次。11个县市区累计设置县级培训项目266个，投入专项经费2000余万元，培训教师87868人次。

一、系统的理论成果凝练

“基于以学为中心的‘三联五环’区域教师培训模式构建与实践研究”有14个国家、市、区（县）级课题围绕“区域教师培训模式”体系构建与实践进行了研究。各级各类课题申报、立项、研究和成果推广应用，有力推动了区域教师培训的实践，提升了培训的科学性、系统性和有效性。自成果探索开始至今，区域中小学、幼儿园陆续立项国家、市、区级规划课题11项，至2022年2月，结题课题共计6项，在研5项。

课题研究有涉及教师培训模式建构的理论探讨的，如行动导向的乡村教师培训模式建构研究；有涉及具体教师培训实践的现状和对策的，如基于教育信息化2.0下中小学教师信息素养培养策略研究；有基于教师培训管理的有效性研究，如教师培训者培训的理论模型与实践机制研究；有对信息化培训相关具体的模式的研究，如信息技术环境下校本研训的有效策略；有对当前课程体系及其反思即运用研究，如新课程改革服务新农村建设的实践与探索。所有研究都是基于成果形成过程中的问题、难点和热点的研究，及时而有效地支撑了成果的形成，取得了显著的效果。

二、对区域培训的引领辐射

基于以学为中心的“三联五环”区域教师培训模式构建与实践研究是从区域教师培训的整体制度设计、培训体系建设、培训实效监测、优质资源供给、可持续发展等维度设计的，是经过长达近 10 年的研究创新和 6 年的实践应用形成的成果。

提出基于以学为中心的“三联五环”区域教师培训模式构建与实践研究整体建构理念，在郴州全市 6 年多的区域教师培训、培养项目中均得以使用，取得了很好的效果，在国培计划的满意度测评中多次排名第一。其实践经验多次在国家层面和市外多个地方宣传和运用。

本研究贯彻教育部等的 14 项课题，对于一个成果的研究可以说深入有效。2016—2020 年郴州市市本级累计培训教师 131370 人次，市县两级培训教师 715691 人次。惠及了本市乡村教师的专业成长，也对公平而有质量的教育做出了贡献。在全国、省级交流会上发言多场。这些数据有效地证明了成果的有效性、实效性和可操作性。

第四节　“三联五环”区域教师培训模式的创新与反思

教师培训模式研究作为教师教育与教育管理领域的交叉话题，在当前的教育研究中既是热点又是薄弱点。如何构建具有实效性又具有学理说服力的模式，是本研究的重点和难点。本研究的主要创新点可能在如下三个方面：

一、“三联五环”区域教师培训模式的学理创新

“三联五环”模式的建构不仅是对理论渊源的系统追溯，更是基于丰富的实践样本进行的演进与循环验证。该模式遵循了一条科学务实的研究路径，即理论紧密联系实践，从实践中提炼并反馈于实践。这一路径深刻体现了马克思主义认识论的核心思想：认识源于实践，且实践是检验真理的唯一标准。它不仅超越了传统培训中将“行动”视为简单实践行为的庸俗理解，还摒弃了“理论”与“实践”之间的线性思维，而是将“行动体验”视为连接个体认知与智慧汇聚的关键桥梁，强调了行动在理论与实践互动中的核心作用。这一转变与马克思

主义实践观不谋而合，即实践是推动认识发展的动力，是认识和改造世界的基石。

“三联五环”模式在理论创新上，实现了对教师培训的系统性构建。它借鉴了戴明环 PDCA 学习模型，将教师培训视为一个持续改进的循环过程。这一模式的五环——聚焦问题、明晰目标、优化课程、创新方法、落实评价——相互关联、相互影响，共同构成了一个完整的培训体系。这种系统性构建不仅体现了教师培训的系统性和动态性，也深刻反映了马克思主义的辩证法思想，即事物的发展是多种因素相互作用的结果。在理论渊源方面，该模式深入探讨了教育学、心理学、社会学等多个学科的理论，为教师培训提供了坚实的学术资源和理论支撑；在实践样本方面，基于大量教师培训实践的实证研究，验证了理论的适用性和有效性，从而丰富了教师培训的理论内涵，并为实践提供了科学指导。

“三联五环”模式从学术讨论到实践建构，再到基于行动研究的检验，构成了一个严谨的学术研究过程。行动研究作为一种将研究与实践紧密结合的方法，强调了研究者的参与和反思。在“三联五环”模式的研究中，行动研究不仅验证了理论的适用性，还促进了理论与实践的互动。研究者通过深入教师培训实践，观察和分析培训过程中的问题，及时调整和优化培训方案，提高了培训的实效性。这种基于实践的检验，不仅增强了研究的科学性和严谨性，也体现了马克思主义实践观的精神，即认识和改造世界是一个不断实践、反思和改进的过程。总之，“三联五环”模式作为一种创新的教师培训模式，其理论与实践的紧密结合展现了教育研究的科学性和严谨性，期待在未来教育实践中得到更广泛的应用和推广，为提升教师培训和教育质量做出更大贡献。

二、“三联五环”区域教师培训模式的实践价值

“三联五环”模式通过其螺旋式框架，为区域教师培训提供了一种新的视角和方法。这一模式主张从培训的实践问题入手，通过团队研讨和集体智慧，推动教师培训的深入发展。结合郴州市教师培训十余年来的实践及成果，从“实践价值”的视角来看，“三联五环”模式的核心在于其问题导向的螺旋式推进，即从教师培训的实际问题出发，通过团队研讨与集体智慧的碰撞，形成具体可行的行动方案。这一设计不仅强化了教育实践中的互动性和参与性，还紧密贴合了教育学中关于“实践共同体”的理念，即在共同体中通过持续的交流、合作与反思，共同推动教育实践的进步。

在郴州区域教师培训实践中，“三联五环”模式通过共研共磨的方式，显著提升了培训效果。教师们通过团队研讨，形成行动方案，并在实践中不断检验

与优化。这一过程不仅体现了教育学中“行动研究”的精髓，即通过实践者的参与和反思，不断改进实践，还促进了教师之间知识与经验的共享，提升了教师的实践智慧。在培训实施过程中，众多教师通过这一模式，成功解决了教学中的实际问题，提升了教学质量，同时也在培训中获得了个人成长和专业发展。

“三联五环”模式的实践成果，对郴州区域教师培训的实践改进和理论研究都产生了深远影响。从实践改进的角度看，该模式通过团队研讨和行动研究，帮助教师在实践中发现问题、解决问题，从而实现了教师培训效果的提升。同时，该模式的实施还促进了教师培训体系的完善，提高了培训的针对性和实效性。从理论研究的角度看，“三联五环”模式为教育学提供了一种新的研究视角和方法，即通过实践中的不断探索和理论反思，深入理解教师培训的内在机制和规律。这一模式的推广和应用，不仅丰富了教师培训的理论体系，还促进了教育实践与理论研究之间的互动，形成了理论与实践相互促进、共同发展的良好局面。这一模式的成功实践，不仅提升了教师的实践能力和培训效果，还为教师培训体系的完善和教育实践的创新提供了有力支持。

三、“三联五环”区域教师培训模式的改进空间

从教育理论与实践融合的角度审视，郴州市教师培训中“三联五环”模式的实施，无疑为区域教师培训领域注入了新的活力与深度，其螺旋式框架与问题导向的推进策略，彰显了显著的实践价值与教育意义。然而，在肯定其成效之余，我们也需要开展常态化的复盘，深入探讨该模式在应对数字化转型挑战、强化教师培训者专业队伍建设以及优化教师培训评价机制等方面所存在的改进空间。

面对教育数字化转型的浪潮，“三联五环”模式需积极融入信息技术，创新培训范式。信息技术的飞速发展，特别是大数据、人工智能等技术在教育领域的应用，为教师培训提供了新的可能性。因此，该模式应充分利用这些技术，如通过数据分析，精准识别教师培训的需求与痛点，提供个性化的培训方案；同时，借助在线教育平台、虚拟现实技术等，实现培训的跨时空互动，提升培训的灵活性和有效性。

强化教师培训者专业队伍建设，是提升培训质量的核心要素。教师培训者的专业素养与教学能力，直接决定了培训的效果与质量。因此，我们需要从理论与实践两个层面，加强培训者的选拔与培养。一方面，通过系统的理论学习，提升培训者的教育理论与教学理念；另一方面，通过实践锻炼与反思，增强其教学技能与培训能力。同时，建立严格的考核机制，确保培训者具备高水平的专业素养与教学能力。

优化教师培训评价机制，是提升培训效果的关键所在。当前，教师培训评价机制往往侧重于对培训成果的量化评估，而忽视了教师在培训过程中的成长与反思。因此，我们需要从理论与实践两个维度，构建全面、科学的评价机制。这包括既关注培训成果的量化指标，如教学技能的提升、学生满意度的提高等；也重视教师在培训过程中的学习态度、团队协作、教学创新等方面的表现。通过设立多元化的评价标准，全面评价教师的培训效果，促进教师的持续成长与专业发展。

综上所述，“三联五环”模式在郴州市教师培训中取得了显著的成效，但也面临着数字化转型、专业队伍建设以及评价机制优化等挑战。未来，我们需要从理论与实践两个层面，不断探索和完善这一模式，积极应对挑战，通过科技赋能、专业队伍建设以及评价机制优化等措施，提升教师培训的专业性与针对性。

第五章
区域教师培训模式的应用成果

塑成一个雕像，把生命赋予这个雕像，这是美丽的；创造一个有智慧的人，把真理灌输给他，这就更美丽。

——雨果

近年来，随着教育改革的不断深入，区域教师培训模式作为促进教师能力跃升、教育理念更新的重要途径，正逐步展现出其独特的价值与深远影响。本章旨在系统梳理并深入分析这一模式在实践中的具体应用成果。它不仅是对过往努力与探索的总结，更是对未来教育发展方向的深刻洞察。这不仅是因为看到了教学成果的直接体现——学生学业成绩的提升、创新思维的培养、综合素质的增强，更是因为我们深刻认识到，这些成果背后，是教师们教育理念的根本转变，是他们对教育本质更加深刻的理解和把握。

本章内容，既是对区域教师培训模式应用成效的一次系统检阅，也是对未来区域教育发展模式的一次前瞻思考。

第一节　生命的力度：教师培训课程选编

本节课程以“生命的力度”为主旨，致力于通过精心设计的教师培训课程，为教师的专业成长构建一座坚实的桥梁。我们专注于两个核心案例，旨在深化教师对教育实践的理解，激发其内在的生命力和发展动力。通过“主题式校本研修问题分析及有效实施策略”的精品培训课程案例，深度挖掘教育实践的本源。本案例引导教师以问题为导向，开展具有针对性和实效性的校本研修活动，以此推动教学理念与方法的持续创新。在“贯彻实施《3–6 岁儿童学习与发展指南》的省与行”案例中，我们将焦点对准学前教育领域。此案例着重于如何科学理解和有效执行国家对幼儿发展的政策指导，助力教师在日常教学中更精准地把握幼儿的成长规律，促进其全面而健康地发展。这两个案例互为补充，共同构成了教师专业发展的双重奏。它们不仅提供了丰富的实践范例和策略指导，更重要的是，它们激发了教师内心深处对教育事业的热爱和对专业成长的渴望，展现出教育生涯中“生命的力度”。

一、主题式校本研修问题分析及有效实施策略

（一）课程简介

针对当前校本研修中普遍存在的重视不够、管理职能不清、工作方向与目标不明、专业水平偏低、专业指导团队缺失等问题，依据国家有关政策法规、教师培训理论，2023 年郴州市举办了市县教师培训专家指导团队研修培训。该培训班设置了培训者职业道德修养、校本研修管理、校本研修专业理论与实践、校本研修实践成果萃取这四大模块课程。本课程为第一年第一次集中培训的专业理论与实践模块课程，围绕该培训项目主题要求进行设计，设置了训前、训中、训后三个阶段的学习任务。

训前学习（于训前 10 天发布学习任务）。要求参培学员在规定的时间内自主学习，初步了解国家政策法规，查阅校本研修及主题式校本研修有关资料，为后续参加培训做准备。

训中培训。授课时间为 3 学时。本节课为训中培训课程，设置了三个部分的培训内容。第一部分，前置学习情况展示，了解国家政策法规，主题式校本研修的内涵。第二部分，了解主题式校本研修的基本架构及特征。第三部分，探究主题式校本研修的有效实施策略。

训后指导。对所学知识进行反刍。经导师指导后学员在班级内线上分享学习成果（作业）。

（二）课程基本信息

课程名称：主题式校本研修问题分析及有效实施策略。

课程所属模块：校本研修专业理论与实践课程。

培训对象：市县教师培训机构校本研修工作负责人、市县教师培训团队成员或中小学校（园）长、学校（幼儿园）教研与备课组长，共计 90 人。

培训学时：3 学时，计 180 分钟。

(三)学习目标

通过前置学习，学员初步了解国家关于校本研修的政策法规，找出工作中存在的问题，进一步明晰主题式校本研修的内涵，把握前行的方向。

通过培训，学员了解主题式校本研修的基本架构，包含研修原则、主题、研修内容、研修方式、研修流程、研修评价，帮助学员树立专业化、规范化开展校本研修的意识；知道随着时代的发展，主题式校本研修具有时代性、有效性、可操作性及数智化的特征。

通过培训，学员探究行政推动、专业引领、一个体系、研制方案、示范带动这五个策略对区域整体推进校本研修工作的作用。

学员培训后完成一份主题式校本研修实施方案或计划，发送到项目组邮箱，经导师指导后在班级内进行线上分享。

(四)课程教学内容设计与步骤

1. 主题式校本研修的问题及分析

(1)问题导入：教师运用调查问卷(本问卷于课程实施训前 3 天发出)，对学员提出三个问题，学员回复后教师进行归纳、点评。

①教师点评第一题：有关校本研修您查阅了哪些文件？请写出文件名、关键词。

教师小结：展示国家有关校本研修的文件，说明校本研修的开展是“国家意志”。随着时代的发展，校本研修工作体现出时代性、有效性、可操作性及数智化的特征。

②教师分析第二题：您所在的区域(县、校)是怎样开展校本研修工作的，存在哪些问题？

教师分析学员的问卷后，请学员观看几组调研数据。数据显示，开展好校本研修工作对提升教师专业素养有一定效果，同时，也反映了该项工作开展仍存在诸多问题(见图 5.1)。

教师将学员反映的校本研修问题归纳为五类。说明影响校本研修质量的因素是多样的。校本研修中依然存在着“重形式、轻实效、有数量、少质量、缺含金量”的现象；教师专业发展目标在某种程度上依然存在着“方向不明、定位不准、措施不力、动力不足、进展不快”的问题。

③教师运用 UMU，将第三题“请写出您理解的校本研修内涵”的调研结果分发给学员，学员分小组运用腾讯文档进行在线研讨交流。

图 5.1　当前校本研修工作中存在的问题

(2)教师讲授校本研修内涵。

①教师讲授主要观点。高质量校本研修是现代教育治理体系与能力的校本落实，是新时代高素质专业化创新型教师队伍建设的基层路径，是促进教师专业成长、落实教师培训“最后一公里”的关键问题。校本研修是促进教师专业发展的重要途径。校本研修是以实现提升教师自身素养、能力为导向，在“以校为本”的教育实践中，发现问题或遇到疑难困惑时，将其融合到学校教育工作中，并在同伴或专家指导下，通过对问题、困惑进行不断持续研究、探索和反思，以实现解决问题，提升课堂教学质量，推动学校和教师自身不断发展的教育实践活动。

“校本”意为“以校为本”；“研修”意为研究、探索和反思。校本研修本质上是行动学习或行动研究，由学习、研究、培训、实践、应用等要素构成，体现“研训一体”和“学做用合一”，实现从理论到实践、从知到行的循环和迭代。校本研修的概念更具综合性、融合性、专业性。

②教师举例进一步讲授校本研修的内涵。

教师解析某县、某校的校本研修实施案例。

小结：人们在教育实践场域中发现，参与校本研修的教师，存在主体角色比较模糊、目标性和系统性不强、路径和方法不够明晰等深层次问题，导致了研修浅表化、效果低下与教师认同度低、积极性不高的恶性循环。事实上，在同一研修周期里，不可能同时深度研究、解决多个问题，实现多项目标。研修活动的组织，势必用系统观统筹，在一定周期里聚焦相应的“主题”去解决逐个问题，达成逐项目标。主题式校本研修的出现，能帮助教师提高解决问题的能力，提高自身素质。

③教师讲授主题式校本研修内涵。

经中国知网查询，主题式校本研修没有统一的定义。授课教师（笔者）认为，主题式校本研修是在真实的教育实践场域中，由相互联系、相互作用的诸要素有机构成的复杂系统。校本研修活动的开展基于研修主题，关注研修主体（即关注教师、班组、学校多个层次的要素）的问题与需求，在整体和全局上统筹兼顾，是具有相对稳定的“研修一体化”研修模式。其基本实施的流程可为：基于研修问题，“驱动自主研修—进行自我反思—开展同伴互助—聚焦专家引领—网络协作跟进”五个步骤，研修学习的过程是不断持续、延续、螺旋上升的过程（见图 5.2）。开展主题式校本研修，可尝试建构“学—教—研—训—评”一体化评价体系。

教师对本节授课进行小结。提示学员可根据自己的教育实践经验，谈谈主题式校本研修的实施流程。

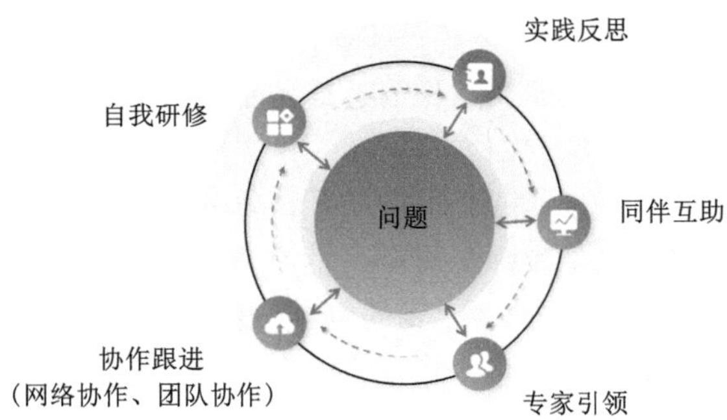

图 5.2　主题式校本研修实施流程图

2. 主题式校本研修的基本架构

（1）研讨交流。

教师让学员观看一篇关于某市组织的教学竞赛宣传报道。思考：这样的赛课背后教师们参与了哪些校本研修活动？这是教师期待的活动吗？如果您来设计本校的校本研修活动，将怎样设计？学员自由发言后由教师进行授课。

（2）主题式校本研修存在的问题及解决问题的逻辑。

①教师讲授，李瑾瑜教授在《教师培训的“学用之困”及其破解之策》文章中提出：教师之所以不期待某些校本研修，不想参加某些校本研修，是因为存在“学不为用、学不会用、学不能用、学不愿用、学不敢用”的“学用之困”问题。

一方面校本研修工作管理不到位，缺乏理论支持，缺乏专业能力；另一方面教师对培训学习的动机与动力不足，即使培训所“学”与自己工作有关联，但教师仍然不愿“学”和“用”。那么该如何开展工作呢？实施主题式校本研修的流程：研修有问题—问题驱动学习—学习促进思考—思考带来实践—实践成就教师、改善教学。

②教师提出观点：陶行知先生著名的“教学做合一”理论告诉我们，事怎么做，就怎么学；怎么学，就怎么教。“教学做是一件事，不是三件事。做是核心，要在做上教，在做上学。教法，学法，做法是应当合一的。教的法子根据学的法子，学的法子根据做的法子。”

教师培训就是要围绕教师工作事项和岗位胜任问题调研需求，确定内容，帮助教师愿意干事、干正确的事和能正确地干事。教师培训“学什么”，因为培训的项目、学科、目标、任务以及主题、问题和时间的不同而各有差异，但从底层逻辑来看，培训所“学”的内容，要与教师实际“用”的需求高度契合和匹配。也就是说，培训内容的设计是基于教师学习目的与需要“以终为始”反向设计的结果。

(3)教师与学员研讨交流。

李瑾瑜教授提出了校本研修工作需达成的基本共识。针对这一段话，您是如何理解的？请学员在现场自由发言。

校本研修的本质是基于实践场域和问题情景的教师学习。

校本研修的逻辑立场是教师具有自我学习力、发展力和变革力。

校本研修的逻辑起点：从学校“我的”问题开始。

校本研修的行动策略：寻求和解决学校发展的问题。

校本研修的核心观念：权利观、学生观、学习观、系统观。

校本研修的目标追求：学生学习、教师成长、学校办学生态改善。

教师小结：教师(笔者)认为，开展主题式校本研修需要政策法规、专业的教育理论来支撑。

教师提出观点。

“校本”的实质是学校组织观和功能观的演变。我们今天倡导“校本”的理念，其实是在诉求、追求和寻求以学校为主体形式的教育应该具有的科学与理性的发展路径。校本研修是一种教育活动、一个系统工程。校本研修由“研”和“修”组成，两者密不可分。“研”的过程也是“修”的过程，“研”中有“修”“修”中有“研”。校本研修须从参与者的教育经验出发，建构以自我为中心的学习，去发现问题、解决问题，是聚焦问题导向、实践导向、成果导向的教师培训。在研修中教师采取“研究、研发、研制、研讨、研磨、研读、研习”以及“修炼、修复、修正、修养、修行、修心、修建”等教育行为，全身心参与到活动中，这样才能获得真正意义上的提升、成长，才会有获得感。正如李瑾瑜教授强调的，“学习是一项艰苦的心智活动”。

开展高质量主题式校本研修活动涉及诸多要素。比如主题式教师培训模式。开展主题式校本研修需有理论基础支撑，需把握终身学习观、能力本位教育观、可持续发展观、情境教育观。再比如有专家提出以教师素质优先发展理论、教师成长理论来支撑。其中美国心理学家波斯纳(Posne)的教师成长理论倡导，越是扎根教师的内在需求越是有效，越是扎根教师的鲜活经验越是有效，越是扎根教师的实践反思越是有效。波斯纳认为“教师的成长=经验+反思”。教师拥有丰富的教育教学经验，但是往往只是停留在经验的陈述上，并没有去反思经验。

高质量的校本研修课程设计要把握三个中心：以知识为中心，以学习者为中心，以问题解决为中心。将这些原理用于检测常态化校本研修工作，能找到主题式校本研修组织与实施的方向。

千培万培，根在校培；千修万修，本在自修。“学校变革的最大力量掌握在教师的头脑、双手和心里。校本研修需要我们把发展的目光向下向内向自己，相信自己经验的价值，相信自己作为学校主人的学习力和发展力，相信自力更生的信念，在充分认识现代学校的特性与功能的基础上，整体设计和筹划，利用学校内部与外部的多种资源与力量，将体现和实现学校的自我持续发展能力作为目的，才能找到正确的路径，获得实际有效的方法。校本研修不仅要解决真实问题，更要总结、梳理和萃取学校教师的经验，生成有效的实践知识”。开展主题式校本研修工作要遵循教育规律、尊重成人学习特点。需要将理论与实践紧密结合，需要专业引领、指导示范，厘清主题式校本研修工作的基本架构。

(4)主题式校本研修的基本架构。

教师对上部分内容进行小结后，提出问题：如何开展主题式校本研修？有怎样的架构，其有何特点？

在调研中老师们吐槽颇多的词是：形式单一，流于形式。请老师们说说“形式单一，流于形式”的具体表现。

教师小结：组织与实施主题式校本研修需要把握“研修原则”。

①精准把握研修原则(标准、法则)。

教师简述四条原则。一是一致性原则；二是整合性原则；三是预设性与生成性原则；四是融合创新原则。说明主题式校本研修具有时代性、数智化特征。将新技术用于主题式校本研修中，一方面能让研修留痕，有助于过程性、终结评价性评价工作的开展；另一方面通过运用音视频等音像资料的检索、回看等功能，能真实再现研修场景，发现待解决的问题。

②精准确定研修主题。

教师首先让学员观看一则初中历史学科的教学片段。

教师提问：授课教师为什么要延迟下课5分钟？教师讲“嗨”了，就会有好效果吗？应该如何提升本节课的课堂质量？学员自由发言。

教师讲授主要观点：通过本案例的解析我们可以找到研修主题。主题式校本研修中的“主题式”，是指基于“问题解决”的研修的主题。研修的主题来自两个方面：一是自上而下地确定主题，二是自下而上地确定主题、内容。在此，特别强调“校长参与研修”，校长要成为研修的主体，而不仅是“过问式主导”。

主题式校本研修离不开教育实践场域，实施中需解答“四题”，即问题—主题—专题—课题。专题是教师基于问题设定的一个一个“微、小”课题，也称“小课题”。主题的解构是由一个个“小专题”“小课题”的落实而实现的。

③精准建构研修内容。

教师让学员阅读文章理解研修主题、内容。

研讨后教师继续讲授。培训课程是为了达到既定的目的，向执教者提供执教指引，同时向受训者提供一系列学习机会的教学计划。课程设计是基于对课程资源的选择、课程要素的优化组合，以及主题、目标、内容和学习经验的选择确定，旨在确定课程的组织形式和组织结构，其核心部分是学习内容。所以，可以这样理解，研修内容就是选择、建构模块学习内容。

④精准选择研修方式。

教师讲授：在确定了主题、内容后，我们需要选择适宜的研修方式。请学员观看两则报道。学员自由发言，谈谈有何体会。

教师小结：随着人工智能技术的广泛运用，这些主题、内容将会进入校本研修的范围，选择何种方式开展培训，应该与研修的主题、内容有关。不同的培训模式和培训内容决定了培训的方式也不尽相同。

主题式校本研修活动的组织方式有专业引领式、案例分析式、情境模拟式、问题导向式等。开展好主题式校本研修的注意事项：一是要激活教师，让教师人人参与；二是要确保主题研修中各要素之间建立关联性。三是要选择灵活的培训方式。思考：教师们最喜欢的研修方式是什么？

⑤精准建构研修流程。

教师讲授：找到了方式，接下来要探讨怎么实施的问题。培训是有计划、有组织地教育和学习，这离不开科学地实施流程设计。其基本的实施流程为基于研修问题，“驱动自主研修—进行自我反思—开展同伴互助—聚焦专家引领—网络协作跟进”这五个步骤(前面我们已经谈到)。同时该流程对应了相应的培训步骤：培训需求、培训目标、培训主题、培训内容、培训方式、选择培训者、培训条件准备等。提示教师注意，活动中所确定和选择的培训者，须与培训主题相一致，服务于活动开展。培训目标、培训主题与培训内容的相关性和紧密性是流程实施的关键。

⑥精准选择评价方式。

教师将学员分为两大组，分别学习两篇文章，学员用电脑、手机或用手绘制所学文章的思维导图，厘清评价要素、路径。

教师小结：研修的评价由对参训教师的评价和对培训本身的评价两部分组成。对参训教师的评价主要了解参训教师的培训效果，考查他们在受训中实际掌握知识与能力的程度，促进教师教育教学行为的改变和教育教学业绩的提高。对培训本身的评价要建立一个从培训开始就进行的全程的培训评价体系：一是培训前的评价；二是培训过程中的评价；三是培训后的终结性评价。

3. 区域整体推进主题式校本研修的有效实施策略

(1)教师讲授：前两个部分的学习，帮我们建构了有关主题式校本研修的基本内容，下面介绍五项策略，以便更好地开展工作。教师在讲授的过程中，注意重点讲解部分内容，注意解答学员的疑惑，注意与学员进行适时交流。

①强化行政推动。

各级教育行政部门须切实履职：一要设立专门管理部门，专门岗位，成立专业团队，以支持各地各校工作的开展。校长(书记)是校本研修的第一责任人。二要建立岗位责任制，关注教师全体参与。充分发挥管理者、研修机制、专业团队、研修资源这四个关键要素在整个系统中的不同作用。三要出台校本研修管理制度，明确教师培训专家团队的职责。四要强化监督管理机制，提高区域校本研修质量标准、学校校本研修质量标准。五要确保经费足额投入。六要确保设立支持各地建设示范校、示范县的奖励经费，以确保校本研修提质增效。

②做好专业引领。

一要建设一支高素质的培训专家指导团队，能指导、帮扶薄弱地区学校做好校本研修工作。二要提升专业指导团队的研究、指导水平。三要做好研修资源建设。四要通过培训者(引导者)、学习者(参与教师)、研修内容(资源)。三个主要因素的联动互通、问诊把脉，助推教师专业成长。

③建构“一个体系”。

围绕“一个中心”，建构“学—教—研—训—评”一体化校本研修体系，建立“以校为本、精准研修、专业指导、科学测评”的高质量校本研修发展机制，以提升主题式校本研修质量。

④精准研制方案(计划)。

要确保“一县一计，一校一案，一组一案，一人一案”。精准实施校本研修工作，需把握“七个要素”：一是精准确立研修对象；二是精心选择研修主题；三是精准确立研修目标；四是精准设计研修课程；五是精准选择研修方式；六是精准把握研修周期；七是精准做好研修评价。

⑤做好示范带动。

由市级主导，逐级推动，评选各级典型校本研修示范校。要常态化开展校本研修成果评审活动。获得县级(含)以上奖励的优秀校本研修成果，在教师职称评审中核计相应分值。获得“市级”以上优秀等级的校本研修成果，收录在“市级校本成果展示平台”中，供全市教师自主选学，并设立专项校本研修教师培训学分。同时，通过各类媒体加大宣传力度，推荐优质成果，让更多教师享受优质资源。

教师小结：区域校本研修质量标准、评价标准的形成并非一成不变的，必须与时俱进地融合新时代教育改革与发展的新要求，基于理论与政策，基于经验筛选与提炼，通过实证研究，不断更新迭代。

(2)拓展作业：学员于培训后10天内提交一份本区域的主题式校本研修计划或方案，发送到培训项目组邮箱，经导师指导后，线上分享。

(3)复盘学习内容。

(五)课程实施效果与反思

本课以案例式、探究式、讲授式相结合的方式进行授课，意在培训中激活、唤醒参培学员原有的知识经验，重构新的知识。授课中，借用多种学习方式及新技术，营造了真实的教育情境，让学习在真实的情境中发生。

训后项目组满意度调查显示，本课程现场学习氛围浓郁，参培学员兴趣高，满意度测评达98%以上。训后授课教师批改学员的作业，对照本课提出的学习目标，发现大多数学员已学会制订有特色、规范、专业的校本研修计划，并能在工作中积极推广运用，提高了区域主题式校本研修质量。训后授课教师在反思中提出了本课程的不足之处。比如，课程知识点较多，对参培教师的培训知识储备要求较高。课前的自主学习、课后的作业设计，对初次参加此类培训的教师来说有一定的挑战。课中UMU、腾讯文档、思维导图的应用，对信息技术水平较弱的教师有一定难度。未来，本课将根据参培对象实情做适当的调整、改进。(本课程由罗海娟独立开发)

【精品课程评述】

本课程案例的开发理念紧密贴合教师培训的实际需求，体现了教育学和成人学习理论的核心原则。课程设计从校本研修的实际问题出发，通过训前、训中、训后三个阶段的学习任务，有效地引导学员从理论到实践，再从实践到理论的循环学习过程。这种设计不仅符合成人学习者的学习习惯，也体现了教育学中关于“实践共同体”和“行动学习”的理念。课程内容涵盖了教师职业道德修养、校本研修管理、专业理论与实践等模块，全面覆盖了教师专业发展的关键领域。成人学习理论强调学习者的自主性、经验丰富性、准备学习的动机和内在导向性。本课程在设计时充分考虑了这些特点，采用了案例式、探究式和讲授式相结合的教学方法，有效地激发了学员的学习兴趣和动机。通过前置学习、课堂互动和训后反思，课程为学员提供了丰富的学习资源和实践机会，帮助他们将所学知识应用于实际工作中，从而实现知识的内化和应用。此外，课程还注重了学员之间的互动和交流，促进了知识的共享和思想的碰撞，增强了学习的深度和广度。

课程流程设计科学合理，每个阶段都有明确的目标和任务。训前阶段通过自主学习任务，让学员对国家政策法规和校本研修的相关知识有一个初步的了解，为后续的培训打下基础。训中阶段通过课堂讲授、案例分析和小组讨论，深入探讨校本研修的内涵和实施策略，增强了学员的理解和应用能力。训后阶段通过作业和线上分享，巩固和拓展了学员的学习成果。这种分阶段、循序渐进的课程设计，符合成人学习者的学习规律，有助于提升学习效果。课程在实施过程中运用了多种教学工具，如UMU互动平台、腾讯文档和思维导图等，这些工具的使用极大地丰富了教学手段，提升了教学效果。UMU平台的使用，使得学员能够在线参与讨论和交流，增强了互动性；腾讯文档则为学员提供了一个协作和共享的平台，促进了知识的共享和交流；思维导图则帮助学员更好地组织和梳理知识，提高了学习效率。这些工具的使用，不仅提高了课程的趣味性和参与度，也体现了现代教育技术在教师培训中的应用，符合成人学习者对多样化学习方式的需求。课程资源的丰富性和实用性是本课程案例的一大亮点。课程开发团队参考了大量文献资料，借鉴了全国各地的校本研修案例，确保了课程内容的科学性和前瞻性。同时，课程还注重了资源的本土化和实用性，结合了郴州市部分县市区和学校的校本研修资料，使得课程内容更加贴近学员的实际需求。此外，课程还提供了丰富的案例和资料，为学员提供了丰富的学习资源和参考。

从训后满意度调查和作业批改情况来看，本课程的实施效果显著。大多数学员能够制订有特色、规范、专业的校本研修计划，并能在工作中积极推广运用，提高了区域主题式校本研修的质量。这表明课程内容和教学方法的有效性得到了学员的肯定和认可。同时，课程也注重了反思和改进，授课教师在反思中提出了课程的不足，并计划根据参培对象的实际情况进行调整和改进，这种持续改进的精神也是课程成功的重要因素。

二、贯彻实施《3-6 岁儿童学习与发展指南》的省与行

(一) 课程简介

《3-6 岁儿童学习与发展指南》(以下简称《指南》) 自颁布以来，极大地促进了学前教育事业的发展。笔者所在的幼儿园以及幼教团队在贯彻落实《指南》中均获得了快速成长。随着《指南》精神的贯彻落实，学前教育质量逐年提高，但在保教实践中仍然存在一些误区，如对游戏化课程的开展、一日生活的价值、幼儿观察与评价以及“以游戏为基本活动”如何落地等问题，幼儿教师理解不透、领悟不深、方向不明、行为上不知怎样改变。为此，笔者于 2021 年在郴州市幼儿园园长任职资格班上，首次为 100 名初任园长解读了本课程内容。随后笔者与罗海娟老师一起对本课程进行了多次打磨。2022 年 7 月，笔者应黑龙江省农村幼儿园优秀骨干教师培训班的邀请，再次教授本课内容。基于培训对象的变化，笔者设计了 3 小时的培训课程，重点梳理了《指南》颁布十年来我园贯彻《指南》的具体做法及可喜变化。本课程共分为五个环节，分别为“问与答、思与行、研与说、感与悟、小结复盘”，见课程设计思维导图(图 5.3)。

(二) 课程基本信息

1. 课程名称：贯彻实施《3-6 岁儿童学习与发展指南》的省与行。
2. 培训对象：黑龙江省农村幼儿园优秀骨干教师 200 人。

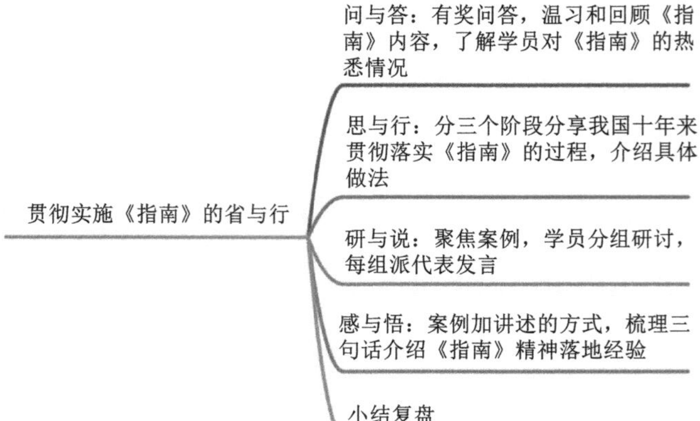

图 5.3 课程设计思维导图

3. 培训学时：3 学时。

（三）学习目标

1. 通过学习《指南》，教师转变观念，明晰游戏及一日生活对儿童发展的价值和意义。

2. 通过培训，掌握“熟悉—理解—运用”《指南》的路径，运用“两条标准”来检验和判断教师对《指南》的理解。

3. 通过案例分析及课堂练习，能将《指南》的五大领域进行融通，并能将五大领域目标与游戏材料对接。

（四）课程教学内容设计与步骤

本课程教学内容共分为五个环节，下面逐一进行介绍。

1. 第一环节：问与答

本环节一共设计了五个问题。学员每回答一个问题，教师进行小结归纳，引发学员进一步思考。

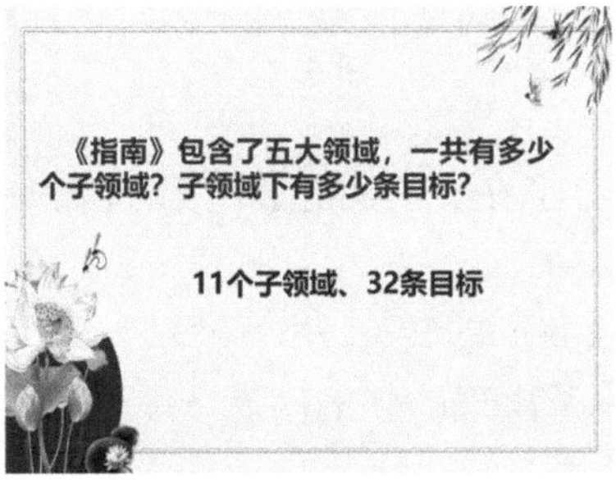

图 5.4

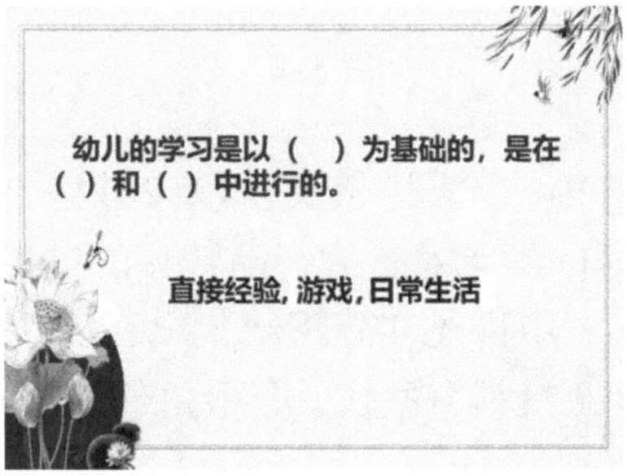

图 5.5

设计意图：通过此环节的学习，帮助学员进一步熟悉《指南》。第一个问题，与 2021 年学前教育宣传月链接，让教师回忆自己做了什么；第二个问题，回顾《指南》框架，教师与学员互动，让学员自我检测有何问题；第三个问题，具体了解《指南》说明部分的内容，提示教师落实《指南》要认真阅读政策、文献，既要关注五大领域的内容，也要重视统领全文的说明部分内容；第四个问题，重点解读社会领域的内容。通过提示，学员回顾每一个领域下的子领域及目标；第五个问题，再次让学员关注每一个领域前沿部分，把握《指南》精髓。

本段教学设计由远而近、由易到难，采取有奖问答的方式进行。教师为学员回答 5 个问题，准备了 5 种奖品，分别是鲜花、棒棒糖、书签、面膜、同升湖论坛钥匙扣。此环节的设计旨在激发学员的学习热情，加深对课堂所传授的知识的印象。

2. 第二环节：思与行

本环节，采取“案例+互动式”方式。重点讲述落实《指南》十年来，授课教师所在园所的实践探索过程。分三个小阶段进行介绍。

第一阶段：困惑阶段（2012—2013 年），讲述在《指南》实施过程中遇到的迷茫问题。分享大家都遇到的共性问题，引发学员共鸣。

图 5.6

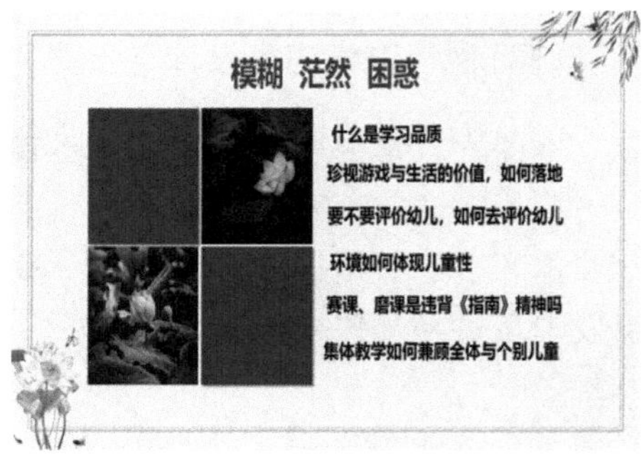

图 5.7

第二阶段：转变阶段（2014—2018 年），分享在贯彻实施《指南》过程中，幼儿园的理念及行为逐渐转变的过程。

（1）讲述并分析幼儿园一日生活的价值及我们的转变。

（2）结合案例，介绍角色游戏活动的开展及出现的新的困惑。

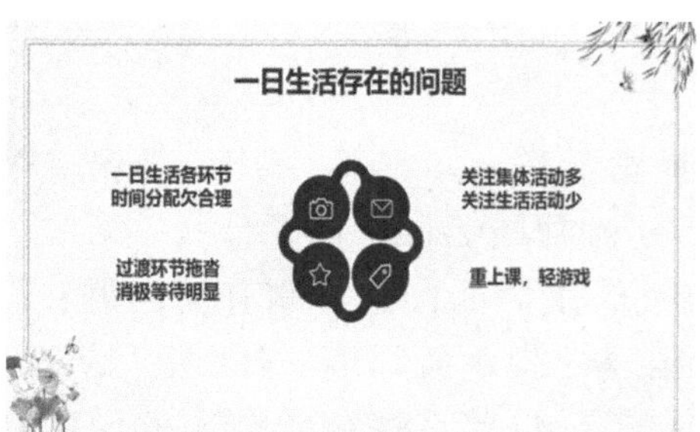

图 5.8

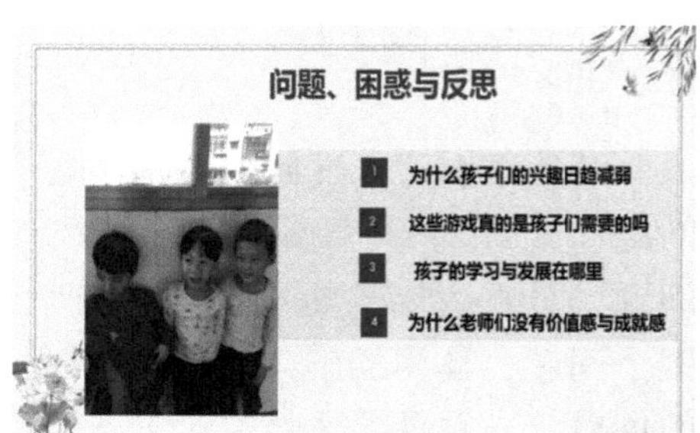

图 5.9

本环节通过与学员分享我们的做法，理解贯彻落实《指南》以来，以游戏为基本活动、以幼儿为本等理念落实后都发生了哪些变化。特别强调通过一日生活作息的调整，重视一日生活的价值，讲授具体的案例，让学员看见我们的可喜变化。

第三阶段：研修成长阶段(2019 年至今)。分享我园持续的研修、成长故事、案例。通过视频播放，再现研究情境，帮助学员学会观察儿童、研究儿童，理解落实《指南》精神。

(1)案例“废旧玩具的百变大转身”分享。让《指南》成为教师观察幼儿、分析幼儿、支持幼儿的有力抓手，让“以游戏为基本活动”的理念落地。

(2)分享自制绘本故事《暖暖的鞋》，运用互动参与的方式，让学员找出在此案例中融合了哪些领域的学习。

(3)讲解判断一个教师是否熟悉和理解《指南》的两条标准，并介绍熟悉—理解—运用《指南》的两个练习。

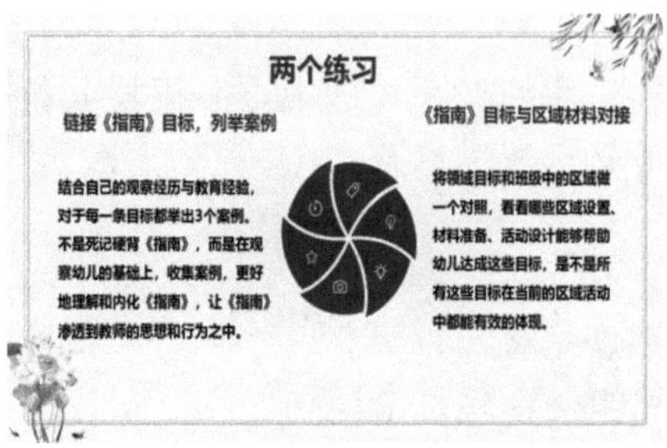

图 5.10

图 5.11

3. 第三环节：研与说

(1)学员分组研讨，每组一个案例，研讨时长 10 分钟。

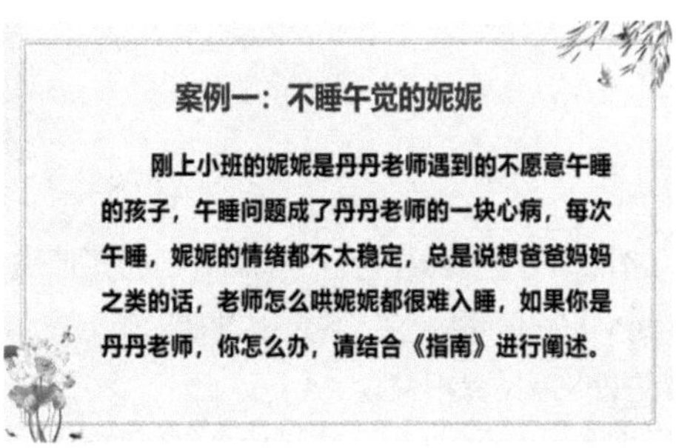

图 5.12

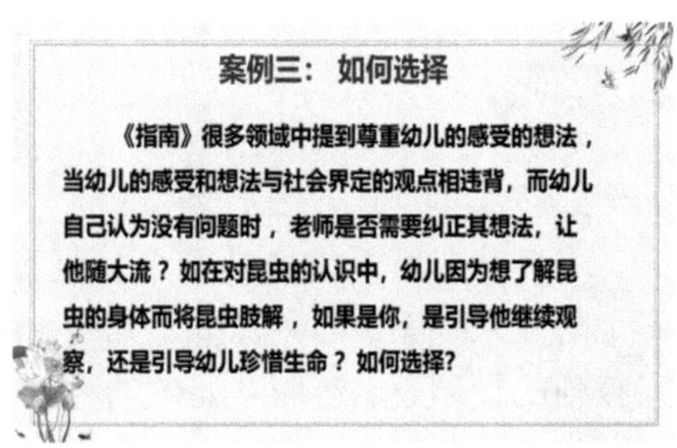

图 5.13

(2)每一组派学员代表作 3 分钟以内的发言。

(3)教师小结每一组情况。

本环节通过参与式研讨，让学员持续巩固对《指南》的理解。通过案例讲授解读困惑的问题。教师提出的问题有：幼儿园美术活动需要范画吗？幼儿园到底要不要教幼儿写字？等等。每一组发言完后，授课教师均进行点评。

4. 第四环节：感与悟

本环节继续用“案例+互动式”方式进行讲述。让学员了解三句话。

(1)第一句：贯彻《指南》不是一蹴而就的。贯彻《指南》是实践、反思，再实践、再反思的过程。从理念到行为的转变需要时间，才会逐渐把理念转变为行动，这是螺旋式的提升。

(2)第二句：落实《指南》，理念转变是关键。理念就是方向，方向错了，力气越大，离目标越远。分享共读一本书，是行之有效、理念转变最优的方式。

(3)第三句：运用《指南》，研究儿童是基础。贯彻《指南》的核心，是观察儿童、了解儿童、发现儿童、支持儿童。

授课教师梳理了上述三个观点，并介绍具体的做法佐证观点。讲授共读一本书及观察方法的运用策略，强调长期坚持必将效果显著。

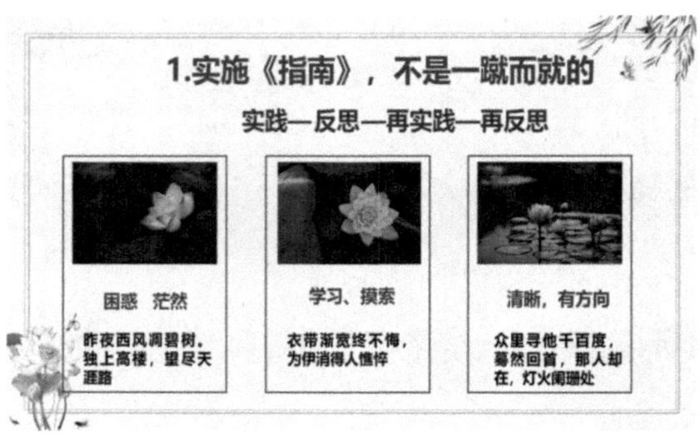

图 5.14

5. 第五环节：小结复盘

本环节对所教内容进行小结复盘，对本课的主要内容进行归纳，分别是：三个阶段来探索、两条标准来判断、两个练习来巩固、三个感悟来落地。学员在教师的带领下，运用念儿歌的方式，熟记课程内容(图 5.15)。

随后，本课安排了互动交流环节。学员基于授课内容提出问题，授课教师进行回复。

(五)课程实施效果与反思

在课程讲授过程中，学员反应强烈，兴致高涨。课后，学员纷纷与授课教师进行深入探讨，普遍反映受益颇多。本讲座活动形式多样，有参与、有互动、有趣味、有启发，能落地，学员反映方法策略拿回家就能用。项目主办方负责人说："湖南的专家真厉害！您的课堂没有学员玩手机，大家受益匪浅。"在项目方满意度测评中，满意率达 100%。

笔者反思授课的过程，尽管得到学员好评与美誉，但是也存在以下不足：在第三环节，时间分配欠合理，学员发言的热情很高，没有把握好时间。在第四环节关于"运用《指南》，研究儿童是基础"这个问题上，对幼儿观察的内容讲述不够透彻。（本课程由张玉萍、罗海娟开发）

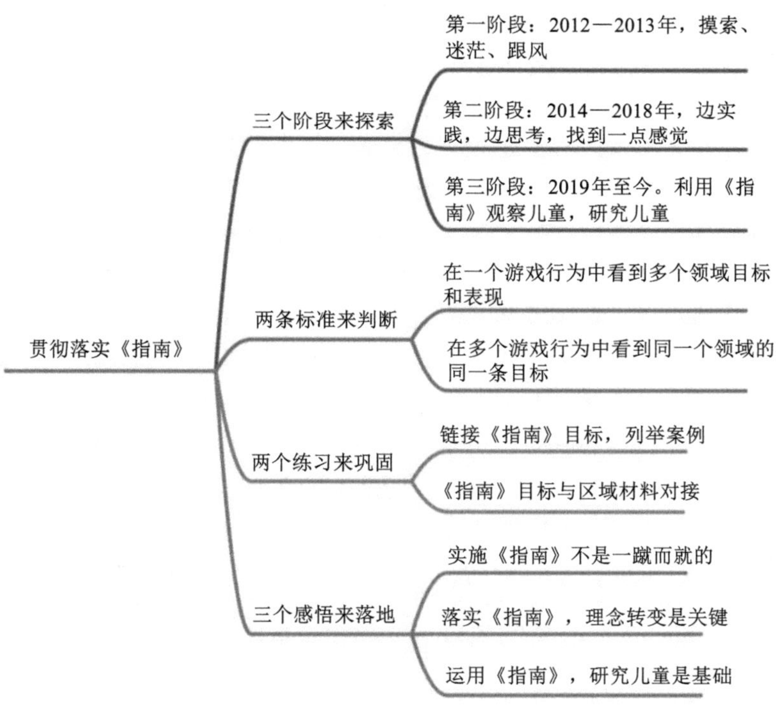

图 5.15

【精品课程述评】

本课程"贯彻实施《3-6 岁儿童学习与发展指南》的省与行"以深入实践《指南》为核心，体现了对幼儿教育质量提升的深刻认识和积极回应。课程设计的出发点是通过专业培训，帮助幼儿教师转变教育观念，提升对儿童发展价值的认识。课程内容紧密结合幼儿教育实践，强调理念的内化与行为的转变，符合幼儿教师专业发展的需求。课程设计者张玉苹和罗海娟凭借丰富的幼教经验，准确把握了《指南》的精神实质，并将理论与实践相结合，使课程内容既有理论深度，又有实践指导意义。幼儿教师的专业发展是本课程关注的重点。课程通过案例分析、互动研讨和实操练习，促进教师对《指南》的深入理解和应用能力的提升。课程内容设计充分考虑了幼儿教师的学习特点，采用了由浅入深、循序渐进的教学方法，有助于教师逐步构建起对《指南》全面、深入的认识。此外，课程还特别强调观察和研究儿童的重要性，这不仅是幼儿教师专业能力的核心，也是推动教师持续专业成长的关键。

课程实施流程设计巧妙，分为“问与答、思与行、研与说、感与悟、小结复盘”五个环节，形成了一个完整的学习闭环。这种流程设计既确保了课程内容的系统性，又通过多样化的教学活动激发了学员的学习兴趣。特别是有奖问答和案例研讨环节，有效地提高了学员的参与度和互动性，促进了知识的内化和应用。课程的小结复盘环节，帮助学员对所学内容进行整合和巩固，提升了学习效果。课程在实施过程中运用了多种教学工具，如视频播放、互动研讨和案例分析等，这些工具的使用丰富了教学手段，提升了教学效果。视频播放让学员直观感受实践案例，增强了学习的生动性和实效性；互动研讨则促进了学员之间的思想交流和经验分享；案例分析帮助学员将理论与实践相结合，提高了解决问题的能力。这些工具的综合运用，体现了课程设计者对现代教育技术的有效整合和应用。课程资源的丰富性是本课程的亮点之一。课程设计者充分利用了自己的专业经验和教学实践，提供了大量的实际案例和教学素材。这些资源不仅包括幼儿园一日生活的调整、角色游戏活动的开展，还包括自制绘本故事和废旧玩具的创新使用等，为学员提供了丰富的学习材料和实践参考。

从实施效果来看，本课程得到了学员的高度认可。学员普遍反映课程形式多样、内容实用、易于理解和应用。课程满意度达到100%，反映出课程内容和教学方法的有效性。同时，课程设计者对授课过程进行了深入反思，指出了时间分配和内容讲述上的不足，并提出了改进措施，体现了持续改进和追求卓越的教学态度。本课程在理念、流程、工具、资源和实施效果等方面均表现出较高的专业水平，为幼儿教师提供了一个系统、实用、高效的专业发展平台，对提升幼儿教育质量和教师专业素养具有重要意义。

第二节　生命的拔节：教师培训随笔选编

在教师培训实施过程中，笔者常常以随笔的方式记录自己的培训经历与感想，这不仅是对过往经验的回望，更是对未来教育生态构建的省思。笔者多年深耕于教师培训的管理与实施领域，见证了无数教育者的成长轨迹，他们从初登讲台的青涩到驾轻就熟的从容，每一次蜕变都凝聚着对教育事业无尽的热爱与不懈追求。回顾这段历程，笔者深刻体会到，教师培训不仅是知识的传授与技能的磨砺，更是一场心灵的洗礼与理念的革新。它如同一条纽带，连接着教育理论与实践的鸿沟，让教育者既在理论的滋养下实践，又在实践的反馈中深化理论。尤为重要的是，教师培训应当是一个持续动态、开放包容的过程。随着时代的快速发展，教育理念、教学方法乃至学生需求都在不断变化，这就要求我们的培训内容必须紧跟时代步伐，不断创新与迭代。

本节选择了笔者在不同时期撰写的几篇随笔，旨在将这些经历、感悟以及创新的实践案例记录下来，使之成为后来者可以借鉴的经验。

一、从“要我培”到“我要培”

某日，在对某区新教师培训班授课后，几位年轻的参培教师边往外走，嘴里边说着：我好喜欢罗主任的课，她的课讲进了我心里……

站在新教师的身后，听到参培教师的赞美，我不由得倍感欣慰。回想这十多年的培训授课生涯，大家对我的授课各有褒奖。有人说：您应该把怎样讲课、怎样做培训写出来，让大家都学学。也有人说：我本来不想听课的，听了你在餐桌上谈教师培训的故事，明天决定留下听你讲课。还有几个培训项目承办机构的朋友，在授课休息途中悄悄告诉我，“厉害了！您讲课他（她）们没有溜走”“今天讲得好，老师们都没人出去上厕所……”。也有遇上课中休息时，有青年教师一把抱住我哭了起来，说“在我迷茫之时，遇见了您……”；还有教师课间围上来问各种问题的，“老师，学生不做作业怎么办？”“老师，我姑姑也是当老师的，她说不要给学生好脸色……”。

某天，我蹭了导师黄佑生主任的“师德”授课课堂。培训结课时，一位来自北方的五十岁左右的男教师，激动地站起来，向黄主任鞠躬，用满含热泪的眼睛看着他说，我能抱抱您吗？（黄主任说：可以）接着这位男教师又说，我想给我妈妈打一个电话（全班爆笑！黄主任微笑着说：好的）。接下来男教师说，妈妈（全班学员齐声喊：妈妈！）。我听了一节好课，我很感动！妈妈，我想您了……

在教师培训岗位工作十多年，我从最初的“惊讶”“疑惑”“迷茫”到渐渐有了自己的“培训主张”“教育思想”，而这一切得益于领我走进教师培训、走进教师培训师课堂的导师黄佑生。从走进“湖南省首批教师培训师培养对象”培训班开始，他便一遍遍跟我们说：“做最好的自己，更好地培训！”

何谓“最好”？何谓“更好”？这似乎是一个没有边界的界定，也说明导师希望我们知道，作为教师培训师要树立“终身学习”的理念，有“书山有路，勤为径；学海无涯，苦作舟”的心境。也正如李瑾瑜教师反复强调的，“学习是一项艰苦的心智活动”。

谭(悌辉)老师在某日培训后写道：“在通往优秀教师的路上，黄佑生主任，吴忠豪教授……一位位专家学者给我留下了深刻的印象。我惊叹他们的儒雅风范，我敬佩他们的才华横溢，我感谢他们的指点迷津……高山仰止，景行行止，虽不能至，心向往之。”

王(星辉)老师说，我听了众多专家的讲座，有的专家虽然名气很大，但讲座学术性太强，内容晦涩，又全程采用PPT演示，容易催眠。令我印象最深刻的是年近八十的“宝藏奶奶”蔡皋老师的讲座——《自然阅读与性灵写作》，讲座前一天蔡皋老师还在住院，讲座当天她就早早地来到了会场，并且一开口智慧就如汩汩泉水，源源不断地喷涌而出。她就是我等了“一千年”的那个榜样。两个小时的讲座，就只有一张标题幻灯片，也没有讲稿，甚至连写下的提纲都没有派上用场，但蔡老师胸中有沟壑，腹内有乾坤，滔滔不绝，耄耋之年的她还一字不落地当场背诵小学一年级所学过的课文，所有的人都听得津津有味。

资深培训专家、学友唐添翼，在公众号“添翼心育漫谈”中有这样的描述：今天下午，有朋友微信留言说，坐在学校开学前的培训课堂里，感觉台上专家的“SD”分享自己完全提不起兴趣，又不能做别的，甚至怀疑是不是自己不适合当老师，就莫名其妙地心里有点难受……接着，他分析道：抛开专家水平和学员动力不谈，每个人眼里都有好培训课堂的标准，但共性肯定也是有的，在接受省教师培训师培养时，很多培训界的大咖也都谈过。最开始做培训时，总追求让学员轻松和愉快，有点像脱口秀；有了一定经验时，总想触动学员的情感，有点像旁白者；加入培训师之后，总向往逻辑之上的深入分析，有点像解说员；最近这几年，总渴望用知识和方法来拉动实操，低阶拉动高阶，有点像教练员。不管怎么动员，只要对培训氛围有所影响的，都会对培训效果产生影响。

那到底什么样的氛围为好呢？娓娓道来、谈笑风生、庄重严肃、你来我往、情绪爆裂……各有各的好，如果一个讲师能在培训班上反其道行之，可能会有惊喜。如让一群热烈的新老师安静听课，让一群老气横秋的教师完全动起来，让一群习惯了用嘴巴分享的校长用手做起来……

曾在一次教师培训调研中，我遇见一位乡村教师，她说起了自己的遗憾。毕业十多年了，仅参加过一次市级培训，其他时候在学校也没有见到什么正规的培训。这一次市级培训让她大开眼界，专业的培训课原来是这样的，“课”还能这样上！听了她的话，我觉得有些心酸……。毕业时20岁出头的她，转眼十多年过去，人已到中年，而她对教育教学的学识、认知还停留在原地。我联想到这些点点滴滴的培训故事，不由地感叹：教师培训要建立怎样的阶梯，又该如何助力不同区域教师的成长，让他们在最美好的青春年华里遇见“最好的培训”？由于种种原因（我觉得至少县级区域、校本教研要负一部分责任），许多教师失去了成长为优秀骨干、名师、教育家的机会。

“有好的教师，才有好的培训”，“教师是教育的第一资源”。教师培训的价值与塑造“好教师”紧密相关，其本质就是培养、培训出“好教师”；就是探究“为什么培训”“培训什么人”“怎样培训人”的问题。对于如何挖掘教师培训的价值，培训出“好教师”，李瑾瑜导师在《“好老师”需要“好培训”》一文中有这样的描述：教师工作究竟是怎样的工作？它和人类其他的工作相比较，到底有什么不同的价值特性？这样的价值特性对中国的教育到底有什么现实意义？习近平总书记在第三十个教师节到来之际，与北京师范大学师生代表座谈时发表了“做党和人民满意的好老师”的讲话，深入地回答了这些问题。习近平总书记指出：“教师的工作是塑造灵魂、塑造生命、塑造人的工作。”这一表述深刻地揭示了教师工作从“灵魂”到“生命”再到整个人的“塑造”过程的价值本性。正是这样的本性，决定了“一个人遇到好老师是人生的幸运，一个学校拥有好老师是学校的光荣，一个民族源源不断涌现出一批又一批好老师则是民族的希望”。“好老师”一词，与我们日常用骨干、能手、新秀、名师、标兵、带头人等的词语标识一些优秀的教师相比较，是一个更为朴素、亲切、温暖而又包含了知识、价值、精神、情感的词语，更是一个蕴含着教师成长“动态”和“状态”融合的词语，是每个成为教师的人能够借助日常的教育教学生活而努力触及的目标。

从培养“好教师”的视角谈教师培训。教师培训需回归教育的“原点”。做回归“原点”的教师培训，就要遵循教育规律，从当下教育的背景、教育的场域出发，从满足参培教师的需求出发，引领教师发展，去探究解决教育教学中存在的真问题，做真的教育，真的培训。教师培训工作者、教师培训师需随着时代的发展，不断提升自我，创造出顺应时代发展的、满足教师个体需求的“以融合和共享”为关键特征的教师培训。而现代信息技术在教师培训中的深度融合，其价值既体现为教师专业发展的理论价值，又体现为彰显培训发展生态的“原点”培训的实践价值。

从教师培训专业发展视角谈教师培训。余新教授在《教师培训师专业修炼》一书中写道：“今天教师培训专业发展的专业期和巅峰期仍然处于冬眠状态。如果你是一位教师培训者，请你不要等待，行动起来，加入在你前面的那些成功的教师培训师队伍里，朝着自己选择的专业发展方向前进。每一个教育工作者都要坚信：如果教师是正确的，教育就会是正确的；如果教师培训师是正确的，服务于教师学习与工作的教师培训事业就是正确的。”“有实效的教师培训体现着对教师的理解和关怀，为教师成长提供助推器，加油站，高速路。通过帮助和促进教师学习来推进教育改革从理想转变为现实。”“教师培训师要坚信绝大多数教师学习者是可燃的，关键是我们要学会用培训智慧去点燃他们教育教学智慧。”

回眸发现，一路走来，经历许多、感受颇多……

今天您为什么参加培训？期待在培训中收获什么？

让教师从“要我培”走向“我要培”，做回归“原点”的培训。您的选择，您的学习方式，您的做事方式会造就未来的您，而迎接未来的最好方式就是创造未来。(写于 2023 年 10 月 3 日清晨)

二、培训路上与爱同行

2015 年 12 月 15 日至 18 日，在冬日暖阳的陪伴下，由郴州市教育局举办，郴州市教师培训中心、北湖区中小学教师发展中心、岳阳市东方红小学承办的郴州市省市级教师培训基地校(园)和校本研训示范校(园)培训班如期进行(以下简称基地校、示范校)。本次培训采取异地加本地的混合式短期集中培训方式进行。培训的安排设有参观校园、查阅资料、听讲座、观课、观摩教研活动、研讨交流等内容。参培对象为全市的省市级教师培训基地校、校本研训示范校的工作负责人以及市直学校、各县市区教育局教师工作股的负责人共计 70 人。通过本次培训希望为大家搭建一个学习交流的平台，形成大教育的观念，让教育行政部门的工作人员，让只从事某个学段教学的老师们，能互相了解，互相关注，互相理解，互相支持，互助提高。

本次培训得到了市教育局领导高度重视，大力支持。愉快的学习之旅在烟波浩渺的洞庭湖边开启。想必范仲淹《岳阳楼记》中的名句“先天下之忧而忧，后天下之乐而乐？”一定为大家所熟知，我想从事教师培训工作的人也要有很强的忧患意识，对打造高素质教师队伍应有着深刻的思考和探究。这意味着我们这个参培群体有别于其他的培训班，在我们身上承载了助推教师专业成长的重任。

回顾本次培训工作，其中一个突出的亮点就是，有幸请到省中小学教师发展中心龚明斌主任来讲课。他的讲座“互联网时代：智慧型教师的成长与培养”，让我们了解到现代教师不再仅仅是知识的传授者，教师要转变观念，要成为学习情境的创设者、学习兴趣的激发者、教学活动的组织者、学生建构知识的辅导者，要成长为智慧型的教师。回首龚明斌主任的讲课内容，思索这三天的培训课程，我们在努力让参培学员了解为什么学，该学什么，该怎样做。

(一)培训从行走中开始

凡在行走中的人，都要带着一双欣赏、发现的眼睛，带着一颗感恩的心出发，您才会发现最美的风景……

培训的第一站来到岳阳市东方红小学。该校是国培、省培计划的优秀省级教师培训基地校。在那里，我们的收获有：一是与爱同行的教师培训的工作理念；二是做好教师培训工作不仅仅要有出色的工作方案，要有全校领导班子和教师全体的共同努力，还要有体贴入微的培训过程服务；三是作为教师培训基地校、校本研训示范校的教师必须有一种责任感、使命感，要努力提升自身综合素质。在岳阳市东方红小学，课题研究是常态，每月一次的读书交流活动是常态，教职工丰富多彩的文体活动是常态，迎检是常态，学生有着良好的学习行为习惯更是一道风景。学校在展厅中展示了这三年积累的国培、省培、市培资料，资料收集得完整、齐全，归纳得科学合理，操作性强，实用性强，让我们目不暇接、孜孜以求。他们是在做真正的教师培训，真正做着有助于教师专业成长的事情。程五霞老师用一段话做了精彩的总结：一是把建好基地校当成一份事业去做好；二是把基地培训工作作为促进学校发展的良好契机来做好；三是把来基地学校培训的老师当成亲人来对待。学习中我感悟到：做好教师培训工作，不仅关系到教师的专业理念的提升，更关系到有什么样的教师就会有什么样的教育。

培训的第二站是回本地继续实施培训工作。回到郴州，我们紧接着在北湖区的市三完小、市九中开展了实地观摩展示活动。针对如何开展好校本教研工作，提高教师专业化水平，充分发挥基地校的示范辐射作用，两校均做了精彩的报告，上了示范课，展示了教研组活动，给我们传递了满满的正能量。他们的汇报中有这样几句话发人深省：市三完小谢主任说“张校长以她的霸气、强势开展校本研训工作”；市九中张校长说“我们每个校领导进驻每个学科组指导教研工作”；李副校长说“开展校本教研工作我们以制度做保障，与教师的评优评先挂钩采取了强有力的措施”……。认真分析总结这些经验，你是否认为这些措施都是好方法？你是否也认为这是一种强势推进？可能每个人理解不一，我个人赞同基于学校的问题采取适宜的方式。我们在选择不同的工作方法时，一定要考虑是否有助于学生、有助于教师、有助于学校发展，是否有助于学校整体工作的推进，是否为对教师产生激励作用的科学良方。

(二)培训在反思中提升

回想这些年的教师培训工作，2011 年我们在宜章县举办校本研训示范校观摩现场，启动了全市校本研训示范校的创建工作；2013 年我们在汝城县开展优秀示范校观摩展示活动，对创建校本研训示范校工作进行了梳理反思，并请了黄佑生主任做专业引领；2014 年我们在华中师范大学举办了全市校本研训示范校培训班，系统学习了专业理论，帮助大家提高专业理论水平，同时在创建省级教师培训基地校的带动下，不断总结提炼工作经验。今天，我们在这里再次举办相应的观摩培训，旨在创设适宜的教育情境，将异地知识经验与本地的工作实际结合起来，探索新型的教师培训模式，解答大家工作中遇到的瓶颈问题，应该说本次培训成效是明显的。

回顾这几年的工作，我们坚持以国培、省培为示范引领，市培为中坚骨干，县级培训为基础，开展分层分类分岗的全员性教师培训工作。特别自 2015 年以来按照教育部的统一部署，全面落实《乡村教师支持计划(2015—2020 年)》，全市各项教师培训工作向农村教师倾斜，广大教师参培的积极性普遍高涨，培训质量正在逐步提高。其间，我市市级教师培训项目的培训方式也在发生着变化。我们举办了短期集中培训、远程培训，举办了短期集中加远程的混合式培训、异地加本地的混合式短期集中培训。在这些培训方式中，“异地加本地的混合式短期集中培训”是最受广大教师喜爱的培训方式，这种培训方式将教师放在适宜的教育情境中，走出去学习，扩大了视野，增添了新知识，并能在专家们的带领下，亲身参与同行的学习研究中，再经过知识的迁移回到本市来研究解决自身的问题，往往会收到事半功倍的效果。本次培训也凸显了这样的成效。

纵观我市的教师培训基地校和示范校的各项工作，我们还需要不断积累，不断历练，我们往往还在仰视别人，还不太会研究，不会找自身的原因，沉淀不够，探索不够，还停留在浅层次的工作状态，我们还在路上。对于今后我市的教师培训基地校和校本研训示范校工作应该朝哪个方向前行，程五霞老师在岳阳市东方红学校的基地校工作总结中给予了很好的回答：基地校的建设工作因责任与使命，使学校和师生的办学思想与理念得到历练和丰富；因认真与自律，学校和师生的行为和表现得到规范和自信；因热情与真诚，学校和师生收获感动与温馨；因努力与执着，学校和师生收获希望和追求。

(三)培训在行动中升华

在三天的学习培训中反思，在多年的教师培训工作中历练，感悟到教师培训的工作是在培训中反思，在反思中提升，在行动中升华。

马斯洛需求理论告诉我们，人的五类需求(生理需求、安全需求、社交需求、尊重需求、自我实现需求)层次由较低到较高依次排列，呈金字塔形。每个教师的专业发展程度也呈现金字塔的形状，不同层次的教师需求也是不同的。运用这一原理，反思一下你本人、你所在的学校、你所在的地域，需求层次还在哪一级，这些需求就是我们的教师培训工作应着手解决的问题。从新任教师成长为合格教师，逐步成长为经验型教师，再到骨干型教师，发展为研究型教师、专家名师，最终成为有思想的教育家，这是一个不断攀岩努力上升的成长历程，只有我们每个人行动起来，从改变自身做起，不断提高认识，明辨方向，将各项工作落到实处，在不断创新中提升自我，才能让培训在行动中升华。

苏格拉底说“教育不是灌输而是点燃”。龚明斌主任的讲课点燃了大家心中的明灯，重新拟订我市教师基地校、示范校今后的工作计划，应从以下三方面思考：

一是基于现实，学会反思。桂阳的龙潭中学李老师发言说，学习之后很受启发，要把基地校工作做实做全，要进行整理，要学会反思。教研工作并不仅仅是赛课，校本研训也不是零散的、被迫的工作，应是涵盖学校全方位的、科学的、有计划的工作。要会借鉴学习的理论，努力去探索，找到自身存在的问题，探寻解决的方法。

二是基于生命，慎选良方。学校的工作面对的是活生生的教师群体，是一群有思想、有个性的鲜活的生命。工作中一要坚持以人为本，尊重生命，强调个体差异。二要坚持以问题为本，在反思与观察中找问题，因地制宜为教师甄选培训内容、形式、时间。三要基于行动进行反思。针对不同地域的学校、个体，制订切合实际的行动方案，探索促进教师专业化发展的路径。四要发挥教师的主体作用。强调自主选择，尊重同伴互助，创设教育情境，开拓广阔的教育资源，为教师成长提供更多的机会。五要建立教师专业化发展的长效机制。要组建专家团队，能针对各校教师的发展情况给予适时的专业引领。六要强化校长的责任。校长是学校工作的第一责任人，可以说一个好的校长会培育一所好学校。学校是否富有生命力、是否有活力，教师是否能充分发挥自身的潜质，是否能进入自我提升的持续状态，很大程度上取决于校长的办学思想、治校理念。为此校长本身应具有丰富的内涵，要有教育思想，要勇于创新，成为教师心目中的榜样。

三是基于热爱，成就梦想。教育是爱的事业，教育的终极目标在于育人。要解决教育中出现的问题，要解决育人中发生的事，一要有热情，二要多阅读、多反思、多行动。工作中我们往往会发现，富有热情的人，工作充满激情，像处于恋爱中的人一样，常能挖掘出身心的巨大潜力，会对工作表现出极大的兴趣，不为困难所吓倒，这种热情具有感染力，能感染周边的人同样积极主动地去工作。为此让工作成为兴趣、成为“恋人”很重要，要能“用最初的心做永远的事”。

相信经过几天的培训，各地教师培训部门的负责人，能更清楚地知道自身的责任和使命，更明白要做好这项工作必须多阅读、多反思、多行动。大家都知道“腹有诗书气自华”，也常有“书到用时方恨少”的感觉，所以，我对自己、对大家说：读书学习、反思行动、研究行动、再反思再行动，周而复始，循环往复，坚持不懈。“如果一项工作是我内心真正想做的，尽管连日辛劳，困难重重，我仍乐此不倦，甚至这些艰难的日子最终也会使我的生活充实快乐，因为这是我真正倾心的工作，其中出现的各种问题正好帮助我成长。”只有真正热爱教育工作的人，有教育情怀的人，才能将教师培训工作做好。如果心中没有对教育的大爱，是不可能有热情去好好工作，去不断创新、不断挑战的，你就只能是那个被动地在强势压迫下、制度框架下生存的奴隶。

“一个民族有一些关注天空的人，他们才有希望；一个民族只是关心脚下的事情，那是没有未来的。”教师培训工作者能给教师的职业生涯指明前行的方向，让教师产生职业认同感，帮助教师驱走职业倦怠，挖掘教师的自身潜力，促进教师的专业成长，帮助学生成长成才。希望教师培训工作者能肩负起这些重任，与爱同行，成就爱的教育。（2015 年在郴州市省市级教师培训基地校（园）、校本示范校（园）培训班总结会上的讲话）

三、唯爱、深耕，让生命绽放光彩

从一名教师到教师培训工作者，我在教育战线上奋斗了一辈子。17 岁参加工作，从普通稚嫩的幼儿教师，逐步成长为我市幼儿教育的领航园长，如今又在市教育局这个大家庭里工作了 16 年，现在在市教师培训中心主任工作岗位上工作了 9 年。在知天命之年，我深知自身的职责与使命，仍用饱满的工作激情，以敢为人先的创新精神和勇于担当的意识，在教师培训事业上深耕细作，报效祖国。我认为，教育工作者的“最美”状态，应体现在价值创造上，价值不是你拥有多少，而是你留下多少，种福多少。“让生命增值，让生命绽放光彩”，这是我的信念，它激励着我行走在成为“最美的教育工作者”的征程上。下面我从四个方面向大家汇报我的成长、工作情况。

（一）从心出发，求真力行，做有信念、有业绩的教师培训者

习近平总书记告诫我们“不忘初心、牢记使命”，做“四有”好教师，要做“大先生”。我想，我们不仅要做“肚有墨水，腹有诗书”，传道授业解惑的“经师”，更要做德行纯正、教人求真的“人师”。新时代、新常态下的教师培训工作是教育事业的工作母机，是提升教育质量的动力源泉。只有教师培训者自觉

地完善自己，走向“最美的状态”，才能启迪参训教师不断提升完善自我，引导广大教师走向幸福的征程，践行好“教书育人”的使命。故此，我们只有“从心出发”，成为“有心人”，才能影响、带动、打动一批批教师。

郴州的教师培训从最初的懵懂上路，到逐渐寻找到自己的前行方向，形成了郴州“暖心培训”特色。2018 年全市市级以上举办了 120 个教师培训项目，培训教师 14880 人次，参训率为教师总数的 25%；县级举办了 232 个教师培训项目，培训教师 54756 人次，参训率为教师总数的 100%，出色完成了教师培训任务，同时还建立了 486 人的市县级教师培训专家库。这些年，我市教师培训工作在全省年度考核中始终位于第一方阵，国培、省培、市培计划参培率为 100%，全市教师素质飞跃提升。

我曾连续 5 年年度考核被评为优秀，记三等功一次；连续 7 年被评为“湖南省国培工作先进个人”。2017 年年初我市《做暖心的教师培训》在教育部举办的全国教师培训机构管理者会议上作典型经验介绍；2017 年年中《实施精准培训，助力教师发展》、2018 年底《一体化顶层设计，高效能扁平管理》等我市教师培训管理经验均在全省教师培训机构会议上作典型经验介绍。2018 年底我市《三步三融合研究路径探索》也在全省教育信息化专业委员会上做典型经验推介。2018 年我负责的郴州市中小学教师信息技术与教育教学融合研究团队被评为“湖南省优秀融合研究团队”，个人被评为“湖南省融合研究先进工作者”。2017 年、2018 年我担任主策划、脚本撰写、制作人，带领团队成员制作了三部总结汇报我市教师培训、融合研究工作的宣传片《培训点亮梦想》《破茧成蝶，美丽绽放》《向青草更青处慢溯》，得到了全省同行一致好评。

（二）从上而下，率先垂范，做有情怀、有奉献的教师培训工作者

我们坚持“以国培省培为引领、市培做示范、县培保全员、校培促常态”原则，举办好各类教师培训班。为尽量避免工学矛盾，常在周日、暑期举办培训。我的工作是制订审核计划，落实培训方案，参与管理，督促各项培训如期进行。我要求自己率先垂范，工作上从来就不是“你们给我做”，而是“我带大家做，我跟大家一起做”。有时遇到紧急事情，一天工作 20 小时或者通宵也是常有的事。

2016 年市教育精准扶贫教师培训工作如火如荼开展。12 月我们实施了第一次教育精准扶贫送培工作，为期一周的送培直接送到乡村学校。送培团队成员说：“不知怎么做”，我说：“我带大家做！”我亲自撰写培训方案，组织研讨，讲解示范如何开展培训。亲自制定线上调研问卷，指导实地调研工作，经过调研后修订的培训方案，凸显以学为中心，聚焦问题。由于长期伏案，加班时间

过长，诱发了"眩晕症"，我头晕、呕吐、无法起床。发病时凑巧正是我市教育精准扶贫送培乡村学校的第一天，为了不影响工作，我让大家照常送培。紧急治疗一天后，我克服困难，带上药物"一路躺着"赶到了乡村学校的培训现场，并站上讲台授课，为大家鼓劲。在药物的帮助下，我坚持调研，参与培训活动，及时了解了宜章、汝城、安仁、桂东四个贫困县的扶贫情况。我要让大家看到我"永远是充满活力的模样"，而不是生病的状态。

没有爱，没有教育。做教育精准扶贫送培工作，一天行走在2~3个贫困县对我来说已是常态。我认为，如果我不走进真实的培训现场，就无法知道教育精准扶贫计划执行的真实效果，无法真正将教师培训落在实处。也正因为对培训工作的全面仔细了解，我才能准确审核好全市每年不少于50个市级培训计划、50个市级培训方案，才能将我市教师培训工作的开展情况，在国家、省市典型经验汇报中如数家珍般向大家介绍。市教育局局长多次在会上表扬我市教师培训工作，"计划早、调研细、做得实、效果好"，口碑好，在全省占有一席之地。2017年12月湖南省教师发展中心国培办主任黄佑生在个人空间发表说："看着罗海娟主任说培训，仿佛看到她身上总有一股使不完的力气。她聊着连续十多天加班筹备全市教师培训工作会议，好像是一场快乐的旅行，看不出疲倦，也没有艰辛，哪怕其中出现的曲折也是甜的。她满脸微笑，就如打鸡血般，为培训而痴狂、疯狂。她之所以有这样的状态，是因为培训是一场热恋、热爱、认同并实现自我，这样才会坚定、投入、痴迷和创新。"

（三）从下而上，匠心工作，做有担当、有创新的教师培训者

叶圣陶说过，教育是农业。那农业是什么？就是深入田间地头，了解农作物的生长情况，制定相应的深耕细作的管理办法。教师培训工作者必须从下而上，深入学校，了解教师，这样才能把握教师培训的规律，制订出富有郴州特色的教师培训方案。经过多年的磨砺，郴州培训做到了一体化顶层设计，实施了高效能扁平管理，出台了《郴州市教师培训工作流程》《郴州市教育精准扶贫教师培训工作实施细则》，打造了市县教师培训管理者团队，成立了名师骨干培训团队（226人），建设了中小学教师信息技术与教育教学融合研究团队（有市县级核心成员79人，志愿者1200多人），荣幸的是我是这三个团队的管理者、负责人、首席专家。我以工匠精神要求自己，积极参与教师培训的全过程管理，用心陪伴教师成长，精心设计打磨每一个培训环节，创新培训方式，做到了培训管理者每年研修培训，创建了"两地三段"混合式校长培训模式、"两地磨砺"教师培训团队培训模式，"2下1上"学科教师混合式培训模式，探索了导师制指导下的教师工作坊混合式培训模式等教师培训新方法，注重在各类

培训中聚焦“目标+应用”的结果导向培训，以提高教师培训的针对性和有效性。当前我市教师培训工作正走向规范化、标准化、专业化、特色化的轨道，参训教师也从“要我来培训”转变为“我要来培训”。

（四）重新出发，好学不倦，做有内涵、有底气的教师培训者

从成为教师的那天起，我就渴望成为名师，成为专家。

2016年经过全省遴选，我有幸成为“湖南省首批教师培训师”。湘南学院继续教育学院的曾强院长曾戏言说，我有“五者”身份，即培训的“策划者、管理者、组织者、实施者、授课者”，我还要为自己加上“终身学习者”的身份。“厚德笃学，立己达人。”你期待教师成长为什么样子，教师培训者首先要成为这样的人。为不断提升自己的工作水平、综合素质，每日日常工作结束后，我都会挤时间潜心钻研教师培训理论，每天阅读书籍不少于2小时，近三年每年撰写了一篇学术论文并发表。2017、2018年我均被评为湖南省首批教师培训师班优秀学员。2019年获得湖南省首批教师培训师班结业考核的优秀等第。

“吾生有涯，而学无涯。”既然选择了做教师，就是选择了一生的修炼。我期待遇见一个更好的自己，努力成为“最美教育工作者”，无论申报是否成功，都愿那其中有教师培训者的身影。

（2019年郴州市“最美教育工作者”申报材料）

第三节　生命的回响：培训学员心得选编

驻足回望，我们心中常常涌动着难以言喻的欣慰与感慨。这不仅是一次对过往培训历程的梳理，更是对生命成长轨迹中那些璀璨瞬间的深刻铭记。每一位学员的蜕变与成长，如同夜空中最亮的星，照亮了教育前行的道路，也在我们心中激起了层层涟漪。目睹学员们从最初的迷茫与不确定，逐渐成长为自信满满、勇于探索的教育者，这一过程如同见证了一场生命的奇迹。他们的眼神从疑惑转为坚定，他们的步伐从蹒跚变得稳健，每一次跨越都凝聚着不懈的努力与坚持。这份成长，不仅仅是知识技能的积累，更是心灵的觉醒与自我超越的实现。它让我们深刻体会到，教育不仅仅是传递知识，更是点燃火焰，激发潜能，让每一个生命都能在适合自己的舞台上绽放出最耀眼的光芒。

作为这一成长旅程的见证者与参与者，我们的内心充满了复杂而深刻的感受。一方面，我们为学员们的进步感到由衷地喜悦与自豪，仿佛看到了教育之树因他们的成长而更加枝繁叶茂；另一方面，我们也深刻反思自身在教育实践

中的角色与责任，意识到作为引路人的我们，必须不断自我提升，以更加专业的姿态和更加深邃的洞察力，引领学员们走向更加广阔的天地。本节内容选编了几位学员的心得，这不仅是对学员们成长经历的记录，更是对我们内心感受的抒发。它提醒我们，教育是一项神圣而伟大的事业，需要我们以满腔的热情、不懈的努力和无私的奉献去投入。

一、做一个实践型、研究型、成长型的教师

暑假虽夏日炎炎，可老师们学习的激情不减！今天由嘉禾县教育局主办，为期一天的嘉禾县中小学教师融合团队提升培训班，在文家学校圆满结束啦！我为成为其中的一名学员倍感荣幸。上午，我县特邀郴州市融合研究团队的首席顾问衡阳师范凌云志博士，郴州市教育局教师培训中心罗海娟主任，北湖区教师进修学校副校长刘旋律女士，莅临现场指导工作并传经送宝！

第一阶段是聆听嘉禾县五中黄艳老师的学习工作汇报，观摩嘉禾县融合团队首席专家珠泉完小李晓兰主任就 2019 年嘉禾县融合团队工作开展情况的汇报，汇报后刘校长对我县领导对融合团队工作的重视，做了充分的肯定，表扬我县定位精准，开展的活动有特色。刘校长不仅做了精彩的点评，而且还毫不保留地介绍了她正在做的融合团队的一些经验。

第二个阶段是听凌博士讲课。课前凌博士就前两位老师的汇报，分享了他的两个思考：第一个思考，我们做事情的三个层次，第一个层次是我在做什么，第二个层次是我做出了什么，第三个层次也是最高的层次，我做好了吗？第两个思考是结合我县实际情况我们该怎么做，提出了四点很中肯的建议：第一基于课堂；第二聚焦重点；第三形成特色；第四形成模式。接下来凌博士结合中小学教育信息化建设的方向与路径，用经典的案例，润物细无声地为我们深刻解读了《中共中央 国务院关于深化教育教学改革 全面提高义务教育质量的意见》。老师们被凌博士的语言感染着，被凌博士的故事感动着，被凌博士高超的信息技术的运用感化着！不知不觉一个小时过去了，老师们总觉得时间还很不够，还想凌博士多讲一些内容。特别是林博士讲到了好课件的八字原则：1. 亲密原则；2. 对比原则；3. 对齐原则；4. 重复原则。这让我们脑洞大开，以后也能成为课件审美与评价的行家啦！

第三个阶段是罗海娟主任讲话。罗主任激情四射的演讲告诉了我们“教学合一”的精髓，“教”是为了学生更好地学，并告诉我们，信息技术只是辅助教学的手段，重要的是作为一个老师，要有扎实的教育理论，要了解教育政策，把握好教学目标，整合好教育信息技术的资源。结合我县实际情况，她建议（微课）应根据对象的需要而运用，应根据学生的心理特征而设计，应根据布鲁

姆的教学理论，对学生进行综合能力的培养。她给出了“偏方”：一是各部门齐心协力合作；二是加强融合研究团队建设；三是改变自己才能改变他人；四是只要方向正确，目标明确，方法正确，结果一定完美。罗主任为我们指明了方向，让我们更有信心更有力量，2019 年后半年嘉禾县的信息技术融合团队必定会再创辉煌。

今天的培训只是一个引子，我在想，作为一名老师，作为融合研究团队的一员，接下来我们该怎么做？

第一，做一个实践型的教师。

“纸上得来终觉浅，绝知此事要躬行。”不管是刘校长传授给我们的经验，凌博士教给我们的方法与技能，还是罗主任给我们指明的方向，最终还是要落到实践当中去，去体验，去感受，去总结，去提升！

第二，做一个研究型的教师。

“世事洞明皆学问，人情练达皆文章。”作为新时代的教师，我们应该要去解读国家对教育的方针和政策；去探索更适合孩子终身发展的教学方式：去挑战更高级别的课题，比如省级课题。去研究微课与其他学科的融合，能不能试着打造出科学性、实用性、系统性的精品微课程呢？！

第三，做一个成长型的教师。

鸟欲高飞先振翅，人欲上进先读书。今天展示在我们面前的大咖也好，专家也好，我们看到的是他们信手拈来的从容，但是在他们背后也是有着很丰厚的成长故事的。我们不知他们看了多少书，不知他们写了多少文字，不知他们为了做好一个课件、上好一堂课付出了多少个日日夜夜的艰辛和努力。刻板印象当中的他们是非常优秀的，可优秀的他们，居然还是那样的努力！（前些天在郴州听罗主任给我们讲教师生涯规划时，她说她每天只睡 4 个小时，其余时间要看大量的书和写作）作为新时代的教师，如果停止了学习，如果停止了成长，那是一件多么可悲、多么可怕的事啊！

老师们，不管现在的你给自己定位是熟手，还是老手，只要我们努力，就一定能成为高手或舵手！老师们，让我们携起手来，团结精进，嘉禾的融合研究团队，未来的教育事业会更加灿烂更加辉煌！

（作者：刘红花，嘉禾县珠泉完小丰和校区副校长。本文为作者于 2019 年参加郴州市中小学教师信息技术与学科教学融合研究团队公益送培中撰写）

二、教师培训，催我前行

自从二宝出生后，我的生活重心完全转移，我以为日子就在带娃、遛娃中慢慢度过……不承想 2018 年 10 月，我从教研室调到人事股，开始从事党务和教师培训工作，业务还不是很熟悉，就开始筹备、撰写湖南省“国培计划”第五批项目县申报书。可以说，来参加这次培训，完全是岗位任务驱动，不好好学习，我真不知道一年后、三年后该怎么上交项目县的这份答卷。来了，学习了，我收获着。

(一)培训工作常规有章法

一是项目开发与实施有章法。郴州市教师培训中心罗海娟主任的讲座《教师培训项目的开发与实施设计》告诉我，培训项目要专业、精准、特色、务实，要学会思考“5W1H”，要学会“1353”的设计策略——一个中心，即以学员问题为中心；三个维度，即态度、知识、技能，在唤醒中传递；5个要素，即主题、目标、课程、实施、评价一个不能少；3个阶段，即训前、训中、训后要合理安排。

二是项目培训形式有章法。专家讲课都有自己的风格，其中浙江李更生博士的体验式培训和湖南省国培办黄佑生主任的案(图)例式培训让我印象深刻。李博士开课就是企业培训案例分析，轻轻松松抓住学员的心，愉快地玩转课堂；黄主任则利用获奖摄影、哲理漫画《眼界与格局》、电视剧《我的兄弟叫顺溜》片段案例、1和1.01的365次方比较，深入浅出，抽丝剥茧，把“以学为中心，两个支撑，三个引领，四个导向”的培训理念娓娓道来，实在高超。

三是项目培训内容有章法。重庆北碚教育院黄吉元副院长是一个知识渊博、表情自带幽默感的学者，他在讲座《基于核心价值引领的区域教师研训》中提到的学科课堂教学“六力”指导——课标理解力、教材解读力、教学设计力、教学控制力、课堂评价力、教学研究力，我深深认同，培训最终要为教育教学服务，为学生服务，培训只有落实到课堂才会有更强大的生命力！

(二)培训项目县建设有学问

我之前在写项目县申报书的过程中，缺少经验，缺少专业知识，罗海娟主任通过QQ给我发来汨罗市在项目县成果展示会上的汇报材料，并告诉我他们是受表扬的典型。参加培训报到的第一天，看到培训手册上的课程安排——汨罗之行，我一直期待着。听讲座，看资料，进学校，我深深地感动和折服，被他们的敬业感动，被他们的专业折服……

项目县建设，体系构建很关键。在项目县的申报陈述答辩会上，专家评委也反复强调“项目县的建设，体系构建很重要”。我在写申报书时，把“培训体系”和“培训内容”混为一谈，专家组给我提出了中肯的意见。今天听了汨罗市教师发展中心熊擎宇老师的讲座《汨罗市教师培训体系的构建》，我对培训体系有了更清楚、真实的认识，“制度建设、团队建设、基地建设”可为项目县建设保驾护航。

工作坊组建，坊主管理很关键。一个好的工作坊，背后一定有个优秀的坊主。工作坊好比满载希望的航船，而坊主好比舵手，舵手决定着航船的方向和航程。汨罗市教师发展中心的熊向晖老师在讲座《相约工作坊，我们共成长》中，向我们展示了一位优秀坊主怎么在“一体化规划搭好坊——扎实跟进建好坊——搜集整理用好坊”的三部曲中，带领坊员共成长，带领学科提升。其中熊向晖老师每天坚持阅读专业书籍，每天记录读书笔记的敬业与乐业精神，让我们看到一个教师的专业成长并不是一蹴而就的，学习与知识的积淀总是让人自带光芒。专家总是在坚持学习中不断储备，在勤勉实践中不断改变自己，没有付出就没有蜕变和涅槃重生！

送教下乡，精细实施很关键。教师工作坊研修和送教下乡培训是项目县建设的必选工作。汨罗市教师发展中心熊周蓉老师的讲座《以学定教以研促训以评促建》，对“送教下乡培训”做了精细解剖：1. 训前准备。解读文件，理清思路；组建团队，分项调研；诊断问题，确定主题；落地课程，实施方案。2. 训中培训。当地名师、学科专家、省级名师的三层示范；个人、小组、校本的三级研磨；集体备课、回校试课、展示研讨课、打磨展示课、校本研修、归纳总结的六段实施；微课例、微课题（微讲座）、微故事的三种展示。3. 训后总结。学科总结，特色总结，项目总结。

（三）校本培训，抓实落地很关键

走进罗城学校、白水小学，静心聆听两位校长的讲座，朴实、务实、真实，他们有着共同的特点——有思想，有行动，有坚持，会上课，会总结，会传播，在培训中成长，在培训中成就一所学校、影响一批又一批老师和孩子！罗城学校的湛勇校长，带领学校老师八年坚持做“三主三步”课堂教学模式探索；白水小学硬件设施简陋，但孩子们的表现却惊艳全场，刘培校长坚持每周写一则工作日记……再平凡的事，只要用心坚持，总会呈现不一样的结果。

经过十余天的培训，我的工作思路渐渐清晰。国培项目县建设的三年是桂东县教师培训工作飞跃发展的三年，也是我家大宝高中奋进的三年，还是我家二宝学前黄金成长的三年，这三年对于我来说是挑战也是机遇。我也不知道自己能否像罗海娟主任期待的那样去做好，但我一定会怀揣一颗学习的心，在实践摸索中默默前行，与我家大小两个宝贝共勉！

（作者：周晓旭，桂东县教育局教育教学研究中心主任。本文为作者于2019年参加郴州市教师培训机构培训者专业能力提升培训中撰写）

三、优秀校长必须是优秀的教师培训师

我曾经自以为有多年校长工作经验，算得上一个不错的校长了。

业务上，一直坚持上课，每学期听几十节课，可以指导教研活动，可以主持课题课例研究。管理上，建立了一整套管理制度，形成了自己的管理模式和风格，每年综合绩效考核，自己任职的每所学校都名列全区前茅。学校建设上，不断完善教育教学设施，积极打造特色校园文化。也曾把“成就你是我的责任”作为自己对老师的承诺；也曾获得过许多荣誉称号；也曾听到来自家长、老师、社会各界对自己的肯定和赞美，赢得不错的口碑；也曾出过专著，去过一些地方给不同团队作过一些讲座。所有这些，让我不禁飘飘然。

这次培训活动彻底改变了我的想法：优秀的校长应该是优秀的教师培训师。而我还不是优秀校长，因为我连合格的教师培训师都不算。这次培训让我明白，校长不仅要有丰富的学校管理经验，扎实的理论功底，专业的教学能力，让人敬佩的教育情怀，骄人的办学成绩，还要有把自己的经验和思想进行萃取并通过培训传导给老师的能力。校长要通过专业的培训来让老师们树立正确的教育观念，提升教育教学能力，形成学校团队文化，从而真正能够为实现中华民族伟大复兴培养出一代又一代德智体美劳全面发展的社会主义接班人。我明白了培训就是校长对老师的唤醒，通过培训可以解决教育实践中的问题，教师培训也是校长的事业。

感恩这次培训。这次培训让我又结识了一批郴州教育界精英，他们或教学能力超群，或专业素养扎实，或演讲口才极佳。这次培训让我又对话了几位国内培训界高人，他们理论功底深厚，培训经验丰富，对教育本质理解透彻。更重要的是这次培训让我知道了校长要怎样把教育经验和思想传导给老师，知道了当好教师培训师要提升哪些能力。

本土教育培训“女神”罗主任告诉我们，教师培训要专业、精准、务实、特色，还教会我们如何开发培训课程，如何设计培训项目，如何实施培训方案。浙江李博士基于现代教师培训理论和培训师角色认知，深入浅出地告诉我们教师培训师应具备什么样的范儿。湖南培训“教主”黄主任的三引领四导向为我们培训教师指明了方向，告诉我们要把自己教育实践经验萃取成自己的观点。重庆黄教授谆谆告诫我们培训要从学科教学转向学科教育。凌博士既教会我们培训工作实用技术又告诉我们“三点式”培训经验。学员赛课与展示环节模拟了教师培训师如何开展培训工作，如何在培训讲座互动中真正做到站得稳、盯得住、打得开、说得脆、不谦虚。汨罗送教下乡经验和学校案例分享让我明白了培训应该要有期待感、设计感、存在感、约束感、获得感、仪式感，培训团队

成员自身要优秀，要既能上课又能开讲座……我想，通过培训，我知道自己该怎么做了。

郴州教师培训师培训记

春暖花开郴江畔，
福城名师聚一堂。
心中执念提能力，
封闭训练课程忙。
饮食起居有保障，
好好学习把心安。
扫码考勤师训宝，
天天作业有分赚。

开班仪式虽简短，
市局领导坐台上。
反复强调重要性，
学习任务更紧张。

郴州女神首开讲，
兔子钓鱼理隐含。
六个问题为线索，
培训项目好方案。

主持破冰香班班，
管理机构班组长。
团体建设融游戏，
齐心登山有力量。

核心理念学习观，
主讲博士自浙江。
形象素养和路径，
培训师需五个感。

学为中心四导向，
课程专家两保障。

培训教主黄佑生，
三个引领明方向。

认清自我促发展，
教育本质发展观。
使命愿景看行动，
北碚吉元气场强。

模拟讲座夜微凉，
辩课三角红黑黄。
自由帮团抢话筒，
精彩往往是反方。

竞赛奖品棒棒糖，
大人也有宝宝样。
培训文化袁婷婷，
军事管理出样板。

积极心理重预防，
筛查评估建档案。
师大阎平概念清，
辅导治疗异处方。

信息技术活硬盘，
制作课件有模板。
抠图快影电子书，
凌博点评实用强。

项目设计工作坊，
小组合作现场展。
课程设置用心苦，
各有收获未收官。

实践案例需现场。
罗城经验不一般。
三主三步模式课，

校长引领成标杆。

白驹过隙瞬时光，
浓浓情意相见晚。
峰值体验频频出，
破茧成蝶共成长。

讲座体验收获满，
训后行动要跟上。
项目设计全覆盖，
且为郴州育辉煌。

（作者：邹军，郴州市东湾小学书记、校长。本文为作者于 2019 年参加郴州市教师培训机构培训者专业能力提升培训中撰写）

四、技术赋能，助推梦想起航

（一）我的故事从乡村学校开始

我叫杨嘉，桂东县沙田第一完全小学乡村教师，2018 年毕业于湘南幼儿师范高等专科学校初等教育专业。自从 2018 年参加工作以来，我一直坚守在教学的一线，担负着数学教学任务。工作中我发现，学校教学设备落后，2015 年就已经发布了 Win10 系统，而学校电脑依旧用着 XP 系统，导致有些软件压根儿无法使用；学校的白板，如果遇到猛烈的阳光，基本就是真的“白板”，而市区学校已经用上了先进的一体机，教学方式早已发生了改变。面对眼前落后的乡村，与我想象的教育情景有很大的差距，说实在的，心中的落差感让我无比难受。

再看着孩子们脸上天真的笑脸，回想起自己的童年，现在的课堂跟自己小时候的课堂，又有多少差距呢？我也是一名乡村长大的孩子，我能成为一名乡村的公费师范生，是党和政府以及老师教育的结果。那么我该给乡村孩子带来哪些改变呢？

记得我上小学五六年级时就喜欢电脑，对计算机就有着一股强烈的兴趣，奈何 2008 年左右，我们那儿的电脑还是稀罕物，压根儿不会随便让小孩子去碰，直到读师范的时候才得到属于自己的第一台电脑。现在时常回想，如果早点让我接触到电脑，我的人生一定会更精彩。我不愿我的学生再像我一样错失机会，他们也没做错什么，只是出生在农村而已，我要让我的学生得到跟大城市的孩子们一样的教育。于是从 2018 年开始，准确地说，这是我参加工作的第一年，因一种强烈的责任感、使命感，出于为家乡孩子做点什么的愿望，我主动开始了教孩子们计算机编程的工作。

(二)我的成长从改变自己做起

理想与现实的强烈反差，迫使我不断地寻找方法，急切地想改变这一切。我分析：我们与大城市的教育差距，主要体现在教育资源方面，而教育资源又分为硬件资源和软件资源(师资)。既然短时间内我无法改变硬件环境，那就从师资入手。怎么办？那就一个字——学。

此后我就利用下班时间，钻研各种计算机书籍，不断提升自己的知识水平。其间，使用 vba 编写了我们学校的“课表系统”“食堂台账管理系统”，搭建了“PEX 服务器”“共享资源库”用于学校维护，提升了学校管理的工作效率。

2019 年，我创建了桂东县第一间乡村学校的“机器人室”，不断探索机器人课程教学方法。先后开发了“机器人快车”“microbit”“scratch”课程，让乡村学校的孩子们也能接触到最前沿的“人工智能”课程。随着孩子们的兴趣越发浓烈，规模也在不断扩大，从开始的三五个人，到今年的满满一屋人。虽然存在着教室空间小、电脑数量少、家长不理解种种困难，但我还是迎难而上，和桂东教育机器人团队的老师们，一起辅导孩子们参加了教育部认可的中小学生各级各类机器人竞赛活动。从 2020 年开始至今，我们学校参加机器人竞赛的学生每一年都有获得省赛一等奖的好成绩，其间还有 2 次代表湖南省参加国赛获得国家级一等奖的好成绩。我觉得我们乡村学校的孩子跟大城市的孩子都是一样的，同样也应该多接触这样的竞赛活动、开阔视野，长大以后为祖国的科技发展贡献力量。

渐渐地，我发觉只改变自己是不够的，还要发动大家的力量一起为桂东县的教育做出努力。2020 年我有幸加入桂东县教师培训师团队和郴州市教师培训师团队、郴州市融合研究团队。在培训中，我学习了先进的教育理念，并尝试融入教育教学中。在学校公开课时，我使用了“希沃白板”“希沃授课助手”“班级优化大师”等教学实用软件，获得了校领导和老师们的一致好评，并在大家的强烈要求下，公开课结束后又加了个续集，将这些软件的使用技巧进行初步讲解，借助教研组活动，将新理念融入学校的课堂教学中。之后我又请示校领导，学校为每个班配备了无线网卡，以更好地使用“希沃授课助手”的投屏功能，就这样初步解决了我们的硬件资源问题。为了让老师们更好地使用这些新技术，我将使用方法都写成程序与教程，遇到简单问题，老师们自己就能解决，效率高，又减少了我的工作量。就这样，在校领导的支持和老师们的努力下，顺利解决了学校的硬件资源问题，改变了教学方式，也提高了师资水平。

（三）我的梦想在教师培训中启航

回望这几年自己的成长旅程，我发现自己的点滴进步，都与好学善问，善于从平时的工作与生活中发现问题并解决问题分不开，同时也离不开培训导师罗海娟主任为我提供的一次次磨砺、一次次成长的机会。

虽然乡村学校信息技术设备、环境差一点，推进教育信息化进度相对缓慢一点，但这不能成为阻挡学生享受更优质教育的理由。我们可以利用现有的简单多媒体环境，利用极简教育技术，充分挖掘自身优势先做起来。

不会就学吧！现如今，我不仅自学编程，编写了多个程序提升学校的工作效率，还和桂东县教育机器人团队的老师们一起指导学生参赛以拓宽视野，也开始出现在市培、国培计划各个培训的讲台前，将自己的技术与经验一点一点地进行归纳、总结再分享。更重要的是，这些年的工作让我的目标更加坚定：我要学好技术、用好技术，让现代信息技术改变乡村的教育面貌。

（作者：杨嘉，桂东县沙田第一完全小学教师。本文为作者于 2021 年在湖南省教育信息化培训管理者培训班上分享）

五、追寻培训师之梦 遇见未知的自己

每一个追梦者都渴望成功，然而，比成功更宝贵的，就是追梦本身。

——题记

习近平总书记说："我们要主动来一场'学习的革命'。"于我而言，从 2020 年到 2023 年，三次参加国培计划"教师培训师"研修培训就是我人生旅途上的一场重大革命。

（一）遇见——虽不能至，心向往之

我曾很坚定地认为，成为一名优秀的教师，拥有精神的富足和宁静，是人生的最高境界。为此，我不懈努力，向着所期待的净土不断前行。

我是幸运的，从 2012 年开始，一次次国培加快了我的成长。在通往优秀教师的路上，黄佑生主任、吴忠豪教授……一位位专家学者给我留下了深刻的印象。我惊叹他们的儒雅风范，我敬佩他们的才华横溢，我感谢他们的指点迷津……在春华秋实中，每一次培训都浸润了我的思想、我的灵魂，让我的教育之旅一路芬芳。

第一次听到"教师培训师"这个词，是在 2020 年。那一年，我参加了国培计划第六批项目县（A164 临武县）乡村教师培训者团队集中研修。我至今还清楚地记得，第一堂课是黄佑生主任为我们上的《教师培训者的使命与价值》。原

来，那些为我们培训的专家、教授、讲师被称为“教师培训师”！原来，培训是种福，站在培训的讲台上，就要承担一份职责与使命！

那时候，我心里有一丝异样的感觉：我可以从“优秀教师”成长为“教师培训师”吗？这是一片未知的领域，我如此才疏学浅，如何才能把自己炼成一束光，既温暖自己又照亮他人？

我思故我在。在湘南学院为期半个月的学习里，我如饥似渴，对如何设计教师培训方案、如何开发教师培训课程有了初步的了解，后来又去了美丽的江华瑶族自治县跟岗实践，江华教师培训模式给我留下了深刻的印象。

高山仰止，景行行止，虽不能至，心向往之。这次培训结束后，我在心里种下了一个梦：不仅要成为一名优秀的教师，也要成为为国家、为教师、为学生种福的教师培训师。

(二)奔赴——山重水复，柳暗花明

如果这只是梦想的序曲，2021 年，国培计划郴州市教师培训师研修(A519)教师培训者研修，就如同沃土，让我梦想的种子生根发芽。

这一次学习的机会来之不易，需要经过三轮遴选。在繁忙的工作之余挑灯夜读专业书籍，一丝不苟地撰写心得体会，怀着无比紧张的心情参加在线考试，摸索 CCtalk 的使用、讲述自己的教育教学故事……其间的酸甜苦辣，三言两语不能道尽。可是为了那片星辰大海，这点折磨又算什么？

有人说，生命就像一种回声，你付出什么，就得到什么。我也许不是最出色的一个，但我一直很努力。经过三轮遴选，从 120 人到 60 人再到 48 人，我抓住了这难得的机会，来到美丽的星城——长沙，开启了为期 10 天的教师培训师研修之旅。与一群优秀的人一起学习，就好像是与巨人比肩，在看得更远的同时，你会感到自己的渺小。

我的学友们，从六到九，不一样的年龄，却一样的优秀。他们，有的已经在教师培训领域有了丰富的经验，有的本身就是教育局或教师发展中心的管理者，有的学习力行动力表现力都很强……我又一次生出恐慌，我能成为真正的教师培训师吗？

“如果你想快速地成长为教师培训师，就要抓住每一次上台的机会，不断地锻炼自己，带着不完美出发，走向完美。”罗海娟科长的这句话一语点醒梦中人。

站上去，讲出来，让别人看见你。我抓住每一次机会，不断跨越心灵的鸿沟，渐渐变得自信起来。

真正的考验是 8 分钟考核。我结合自己在平时教育教学工作中发现的问

题，通过调查问卷，最终确定了以《小学语文教研组活动实效提升策略》为主题进行课程开发。可是怎样才能让自己的课“有趣、有料、有参与、有互动、有生成、有意义”呢？我觉得要达到这一点真的是难于上青天。它像一座大山压在我身上，加上专业知识的欠缺，我开始变得焦虑，仿佛走进了一条看不见亮光的绝路。

每一次听完导师的课，我似乎就会找到方向，可是回到房间，坐在电脑前，思绪又乱了。每一位导师有自己的思想和技术，经过连续几天的学习，我的脑袋就如一团糨糊，方法越多，方向越乱。考核的时间越来越近，可是我的课程还是空中楼阁……

组内的学友们也和我一样，为了课程开发与片段展示夜不能寐。在组长的组织下，我们互帮互学，共研共讨，大家逐个把自己的课程设计流程和内容说出来，根据他人的建议一次又一次地修改，就这样，我的课程艰难落地。

黄佑生主任说教师培训师的成长有三重境界：看山是山，看水是水；看山不是山，看水不是水；看山还是山，看水还是水。在开发课程的过程中，我对这三重境界有了更真切的体会。

那天，我坦然面对 8 分钟的考核，也许我的展示并不完美，可是，成长的过程不就是这样的吗？8 分钟里有我的汗水，有我的探索，有我的努力，有我的勇气，这就足够了！在一次次“逼自己一把”的经历中，我再一次感受到成长的幸福与快乐。

(三)沉浸——向下扎根，向上生长

幸运总是垂青对梦想执着追求的人。2023 年 8 月，我又一次踏上追梦“教师培训师”的旅途，远赴合肥，参加了国培计划(2023)郴州教师培训师团队(C1001)培训研修。从开班团建开始，我们的学习就进入了“入心状态”。“燃起来”“卷起来”“熬起来”是我们这十天的学习状态。

课堂上，小组投入地研讨，学员踊跃地发言，思想碰撞，智慧闪光，真是三人同行，必有我师。课堂外，为了圆满完成考核任务，餐桌旁、大堂外、房间里，都能看见学友们心无旁骛地交流、讨论，忘记了时间，不知疲劳。

此前参加过教师培训师培训，早早就知道要自己开发教师培训课程参加 8 分钟考核，所以我提前做了一下准备。但是，在听了那么多专家的课后，我一次又一次对自己开发的课程进行否定，再修改，再否定，再修改。就在不断地反思与颠覆自我中，我对如何开发教师培训课程从迷糊走向清明，圆满完成了考核任务。那些熬过的夜都化作了成长的阶梯，让我看到了最美的风景。

(四)赋能——行而不辍，追光不止

从2020年到2023年，我行而不辍，追光不止，朝着“教师培训师”之梦不懈努力。

知者行之始，行者知之成。三年来，我用培训所学为学校教师做培训，组织片区教研联盟体开展教研活动，为2023年临武县新教师转正培训进行授课，被聘为临武县信息技术2.0评审专家，担任国培计划(2020)小学语文送教下乡项目授课专家、国培计划(2021)小学语文骨干教师整校推进工作坊(C2806)坊主、2023年临武县小学教师两项常规培训项目主持人……每一次躬身实践，都是对自己最好的提升。唯有如此，才能做教师培训的明白人、能做事的人、专业的人。

教师培训师成长是痛苦而又漫长的，也是快乐而又幸福的。生命的闪耀，需要坚持！学疏才浅，学有所获，学以致用，学无止境，学问思辨、学行修明，每一个阶梯都如登山，我不知自己能否登顶，但我相信只要有方向、有行动。就一定会在不同阶段看见不同的风景，遇见不同的人，毕竟每走一步都算数。

千里不辞行路远，时光早晚到天涯。回首这些培训，而今轻舟已过万重山，但正是这些培训，让我遇见了更好的自己。从一名“教师”到“教师培训师”，我一直在不断地努力，不断地实践，在成己成人的培训旅途上，我坚定地前行。我要做一颗向下扎根的种子，有所为，有所爱，有所期盼，积蓄破土而出的力量把自己开成花，用成长的方式！

(作者：谭悌辉，临武县第六完全小学教师。本文获2023年湖南省“国培计划”教师成长故事评比一等奖)

六、三生有幸，所幸有三

我不是因为足够优秀而进入了这个研修班，但我会因为进入了这个研修班而变得更优秀。培训是对老师的最好奖赏，感谢罗科长、刘主任能将此份奖赏赐予我们。能进入罗科长的班级，能认识一群优秀的学友，实属三生有幸！

我曾听过罗科长有关信息技术2.0的课程，当时只惊艳于她字正腔圆的语言表达，此次有幸进入罗科长的高端研修班，痴于她的课程风格，醉于她的教研匠心，敬于她赋能教师成长的一片真心。在罗科长与刘主任的精心策划下，我从教师培训师的角度重新审视此次培训，有幸看到了自己三方面的转变：

(一) 理念更新

1. 课程改革理念：从“课改”走向“改课”

李瑾瑜教授是教育领域的“段子手”，我以听“相声”的轻松心态听完了李教授关于课改的高深理论、前沿理念。“历次课程改革最怕两件事：一是怕课堂不变，二是怕中高考不变。此‘两怕’导致教师也就不变”“任务是为达成目标而服务”“教具是帮助思维转变的工具”……这些段子的背后，折射出了“课改”的重要性，“课改”的关键在于“改课”，每一节课都是学生生命历程中的重要组成部分，每一堂课都是一个鲜活的案例。

2. 项目规划理念：以“精准化”指向“真需求”

王启明教授先从培训面临的现实挑战、项目规划的设计策略、项目规划设计的要素三方面让我们从宏观角度了解了什么是培训项目规划，让我们认识到教育强不强，在于教师培训优不优，而教师培训的优劣关键在于培训项目的“精准性”策划。教师培训方案设计的“精准性”，包括需求分析、凝练主题、目标设定、培训内容、培训方式、考核方案等方面的精准性。只有精准的培训设计才能准确把脉培训对象面临的现实问题，指向教师的“真需求”。教师本承担着繁重的教学任务，能抽出时间参加培训实属不易，“精准性”的培训能提升教师能力，进而提升工作效率、造福教育，而缺少“精准性”的培训则是浪费时间，谋财坑人。

3. 校本研修理念：通过“活鱼”激活“死水”

学校既是学习的场所，也是发展的场所。当学校发展止步不前时，校本研修便是能激活一滩“死水”的“活鱼”。基于国家教育方针、政策，用校本研修的理念整合、改造和重构常规教研活动，通过问卷、访谈、观察、测试等方法，从不同视角分析学校的优势、已有的经验、成功的做法，明晰学校面临的挑战、困境，找到问题的根源，采取不同策略诊断问题，设定项目目标，系统设计校本研修项目，通过微团队合力带动学校大团队发展，从根本上为学校的发展带来源头活水，带动学校生态系统的改变。

(二) 思维革新

1. 管理思维

作为将来的教师培训师，我从罗科长、刘主任的管理思维中，寻找到了如何让学员们快速成长的三把钥匙：

(1) 用好每分钟，任务驱动教师成长

从罗科长带的历届教师培训师研修班来看，管理者算好了学员的每一分钟。每届研修班都是魔鬼训练营，优秀教师们在训练营中涅槃重生，蝶变纷飞。我面对罗科长列出的任务清单，不断叩问自己“我有什么”“我能做什么”，我在每次任务中挖掘自己的潜能，生怕自己的每一分钟被浪费。我渴望自己的微光能让罗科长、刘主任看见，期盼着罗科长、刘主任能给我更多的任务，将我带入“炼狱十八层”。

（2）说好每句话，所有“但是”都是期望

“但是”是罗科长的口头禅，但是之前是夸赞，但是之后都是殷切期待。“上一届的学员比你们更优秀”“前两届学员都是通宵达旦，有晚上只睡半小时的”“你们都是小白”“之前的学员勇于抢话筒，上台发言都是滴水不漏的”。在这些话语里，我感觉睡太多已是罪过，即使躺在床上我也睡不着，只因比我更优秀的人仍在努力，只因如此优秀的罗科长肯定也还没睡。从培训第二天开始，我就再没 12 点钟前睡过觉了，我在思考自己的每一分钟该如何成长，我在观察着，自己该向哪些大咖学友学习，我在找何斌老师帮我分析哪句话没说好，存在哪些发音问题，我在规划着我的教师培训师生涯该如何走……

（3）激励每个人，细节决定更大舞台

罗科长能清晰地读懂每一位学员的内心所需，我们每一个学员都被她激励着。在晨读课中，她将话筒传递给每位同学，让我们发好每一个音以便走向更大的舞台；在每日的反思中，她表扬每一段出彩的留言让学员见贤思齐；在任务考核中，她选拔优秀学员送培到县，为每位优秀的教师搭建了发光发热的舞台。正是这些细节管理，让我们走向了更加精细化的成长之路。

2. 深度阅读

你的课堂里，也藏着你读过的书。董卿曾说：“一个不读书的人，看世界的眼光是迷茫的，面对外界的变化是慌张的。而一个热爱读书的人，总能从容地应对岁月的变迁，优雅地走过漫长的光阴。”一个不读书的教师，课堂教学是空洞的，知识传授是贫乏的，思维培养是浅薄的，面对学生的课堂生成是无法应对的。而一个不读书的教师培训师，即便存在，也是站不稳讲台的，他即便有实操经验，也无法用理论来证明自己的经验是对的。因此，我们要做到深度阅读。一是读教育理论，如李瑾瑜教授推荐的《教育学原理》《课程与教学的基本原理》《教育研究方法》；二是读教师培训理论，如《教师培训师培训——理念与方法》《教师培训师专业修炼》《最佳实践萃取》；三是读专业成长方法类书籍，如《教师如何做小课题》《优秀教师的自我修炼》《给教师的建议》以及有关学科教学的书籍；四是读教育领域之外的书籍，如学友黄娅琴所提到的管理类书籍《认知红利》，学友陈知良提及的《活出全新的自己》以及大量的心理学书籍。

（三）规划全新

1. 角色转换

此次培训，让我们朝教师培训师角色迈出了第一步。我们宜章小组本周接手了宜章县青年教师“站上讲台、站稳讲台、站好讲台”执教能力培训的项目策划任务。我们将反刍课堂知识，践行培训项目方案设计，为宜章青年教师培训交上第一份“精准化”的项目策划。我们的成长将为宜章教师培训师团队注入鲜活的血液，为宜章教师培训事业带来新的转变。

2. 精准定位

经罗科长“我是谁”“要到哪里去”“怎么去”的人生三连问后，我第一次以教师培训师的新身份重新定位自己。闻道有先后，术业有专攻，诗歌教学领域是我最擅长的方面，在诗歌教学课堂领域，我已获两次省级课堂竞赛奖，诗歌课题申报基础教育改革已送省参评，我要沿着诗歌教学领域继续深研，成为初中语文学科的教师培训者。

3. 赋能成长

引领辐射，从改变自己、改变自己的学科、改变学校开始。“教师培训师是正确的，教育培训才能是正确的。”我是被此次培训点亮的一盏灯，要想让灯火长明，我要不断为自己赋能。年纪尚轻、资历尚浅的我，只有提升自己的专业素养，才能站稳培训师讲台，承担诗歌教学培训课程时，才更具备权威性。其一，阅读诗歌理论著作，增加诗词储备量，研读名师诗歌教学案例，将理论与名师经验融合到自己的课堂，形成自己的教学风格，并研发出有代表性的成果，写出论文，完成自己的著作。其二，我以培训所学带动书记成为关键明白人，以校本教研带动学校发展。其三，建立工作室引领区域发展，带领团队走向更广阔的舞台。

光亮始于觉醒，不驰于空想，不骛于虚声，方案是磨出来的，专家是干出来的，让我们萃取专家经验助力自我成长，总结自我经验照亮他人前行！

（作者：李晴岚，宜章县第九中学教师。本文为作者于 2024 年参加郴州市教师培训师团队培训时撰写）

七、苦也不苦，苦中蝶变

有这样的生命，当你无助的时候，他（她）会揣着你做，这就有了一种力量。当你越是靠近他们，力量仿佛越强大，我们称之为“生命范本”。每个人都可以有幸遇到自己的“生命的范本”，而今天授课的罗主任便是自己的“生命范本”。

课堂是知识的载体，而教师的人格魅力可以让知识更加鲜活，甚至是深入骨髓，进而转化成行动力。罗主任今天的课程，围绕《您将成为怎样的教师？——基于生涯发展导向的教师自我成长探索》为主题，从“生涯认知与自我觉察”“名师探索与自我成长”“职业认知与自我规划”三个部分依次展开。

在“生涯认知与自我觉察”中，明白了自己的人生自己做主，人活着本没有意义，但你必须为自己赋予一个意义。如何赋予？我们要认知自己的个性特征，探索一条属于适合自己的独特人生道路。如何认知自我？我们可以通过四个维度去认知自己：自我剖析评估自己，从他人眼中了解自己，心理测评解析自己，实践经验发现自己。认知自我的核心在于寻找到自己的优势，并适性扬长。自我探索和寻找的过程是一个动态的过程，所以要“时刻带着发展的眼光看待自己”。

记得有一部电影《地球上的星星》，主人公伊夏被认为是成绩差、捣蛋鬼、自闭的坏小孩，但在尼克老师的耐心指导和帮助下，伊夏找到了自己的价值和意义。同理，在教学过程中，教师用发展的眼光看待学生，引导和陪伴孩子找到自己的优势是多么重要。想到，之前在设计学校《听障生生涯规划指导手册》框架时，罗主任强调最多的意见便是“一定要让学生适性扬长”。

在“名师探索与自我成长”中，罗主任有这么一句话刻在了心里——“选择教师就是选择了一生的修炼”。“修炼”这两个字，让人联想到了“修行”，都说人生是一场修行，教师的成长过程莫过于一场修行。而罗主任用到“修炼”这个词，不仅仅是更加的形象和直观，而是因她经历过，也更加懂得。在她的生涯故事里，具体的事情太多太多，已然是说不清了，但留给我的是那一个个在脑袋里闪现的凌晨办公的她，揉着困顿的眼睛，却依然坚持的样子；勉强睡了几个小时，第二天依旧展现精神抖擞的样子；不行，一定要做好，绝不妥协的韧劲的样子；她一直在不断地修炼，并鼓励年轻的我们，告诉我们 ,每一个人的人生都有很多的可能！

在“职业认知与自我规划”中，明确自己所选择的职业就是教师，身为教师，就得明确自己本身的职责和使命。习大大的“有理想信念、有道德情操、有扎实知识、有仁爱之心”四有好教师标准，是我们每一个教师为之努力的目标。

罗主任非常爱阅读，并分享了她阅读过的《自卑与超越》《过一个幸福完整的教育生活》。梳理出我们青年教师修炼与成长的路径：多阅读、勤反思、善总结、重实践。这意味着，学习成长并非易事，学习真实的状态本身就是不舒适和困难的。这也让我想到唐添翼老师曾经说过的一句话，做难做的事，对自身成长越有意义。

如果说人生本是一份艰难的问卷，罗主任以自己的独特“生命范本”启发大家寻找了答案，那就是：抬起头，直面人生难题，苦中蝶变。

（作者：邓常珠，郴州市特殊教育中心学校专职心理健康教育教师。本文为作者于 2018 年参加湖南省“国培计划”——特殊儿童医教结合教师培训班培训后撰写）

八、从北湖出发，只为成为那束光

我想，在教育的广阔天地里，每一次相遇都是命运的巧妙安排，而我与罗海娟主任的师徒情缘，更是如同璀璨星辰中两颗心的交相辉映。七年前，从初识于跟岗培训的偶然，到成为师徒的必然，这段旅程不仅见证了我的成长与蜕变，更让我深刻地理解了“师者，所以传道受业解惑也”的深邃含义。

（一）初遇：缘起《蜕变》

时间回溯到 2017 年 4 月，郴州市举办教育精准扶贫“乡村教师跟岗实践”培训班，那是一个初春，我有幸参加了这次培训。在众多优秀的师训专家中，时任郴州市教师培训中心主任的罗海娟老师，以其独特的魅力和深邃的教育见解，成为我心中一道亮丽的风景线。她不但长得漂亮，还有着一口播音腔，听讲座的时候我是舍不得从她身上转移注意力的。记得有天下午，是安排各组学员代表讲述自己的教育故事。我鼓起勇气，分享了自己在北湖区大塘瑶族乡中心学校任教的故事，故事的名字叫《蜕变》。在那篇讲述自我成长与教学转变的篇章中，我倾注了对教育事业的热爱与执着，也透露了作为一名年轻教师在面对挑战时的困惑与挣扎。

令我意想不到的是，罗主任对我留下了深刻的印象。她不仅在点评时给予了我较高的评价，更在培训结束后主动找我交流，用她那温暖而坚定的话语，为我指明了前行的方向。她甚至把我的故事发布在她的个人美篇，还给我写了一封长长的回信。信中，她亲切地称呼我为“小邓老师”，她笃定地告诉我，我是一位用真心换回认可的好老师。她勉励我不忘初心，继续做孩子们的知心朋友、家长们的称心老师。那一刻，我仿佛找到了教育路上的引路人，一颗渴望成长的心，因这份不期而遇的缘分而更加坚定。

（二）相知：师徒情深

随着时间的推移，我们之间的关系悄然发生着变化。2018 年 7 月，我凭借一些赛课成绩有幸加入“国培计划（2018）”——郴州市名师骨干培训团队研修班，罗主任正是这个班的首席专家，她带着我们这个 90 余人的班前往美丽的吉林教育学院。那次培训，我对她有了更深的了解。她是个真正的“拼命三郎”，作为培训班的项目负责人，她给我们布置了测评任务。布置也就算了，她还特“较真”。学员的作业她一个个地查看，逐个提出整改意见，改第一遍不过关，继续再改。为了让培训班的晚会足够出彩，大到节目形式，小到舞台背景PPT，她都要一一把关。在吉林和她一块儿熬过的夜，让我明白了为什么她有那么多的“粉丝”，一切皆是因为情怀，和对工作的超强责任心，还有惊人的行动力。于我自身而言，我也是经历过这次培训才从小小的三尺讲台，走上了培训的舞台。当然，比这更宝贵的是罗主任让我们看到了什么是师者的认真。那时候她常说的一句话是：“不要总是说你想怎么样，想是没有用的，要去做，只有去做了才知道你想对了没有，你想全了没有。‘行胜于言，言行合一’，要努力达成自己的梦想。”

每当我工作中遇到困难，感到力不从心时，她干练、睿智的形象就会出现在我的脑海。我会想，罗主任尚且那么有干劲，我又怎好退缩？我也曾鼓起勇气向她请教，她每回都在指点我后不忘给我鼓劲，一遍遍告诉我：“婷丽，你很优秀，要相信自己可以做好。”

2018年经罗主任的推荐、湖南省教育厅遴选，我有幸参加了由清华大学承办的“国培计划”湖南省青年教师培养高端研修班。当我真的踏进清华校园时我都有些难以置信，我居然走进清华了。开班仪式上，我含着热泪戴上校徽。回来后，我和同事们分享学习收获，给孩子们讲清华故事，介绍清华日晷上“行胜于言”的含义。

2019年6月，我和罗主任正式确立了师徒关系，这一纸协议，不仅是我们师徒情谊的见证，更是我教育生涯中一个新的起点。在她的悉心指导下，我开始了更为深入的学习与探索。她以其丰富的教师培训经验和深厚的专业素养，为我量身定制了一系列成长计划。从职业生涯规划，到教育教学创新，从个人素质提升到中层管理的艺术，从教育理论的研修到教育技术的掌握，她总是不厌其烦地为我答疑解惑，耐心细致地指出我的不足之处，并鼓励我大胆尝试、勇于创新。在她的影响下，我逐渐形成了自己的教学风格，也在各类教学比赛中屡获佳绩。

（三）成长：蜕变之路

三年的师徒结对，是我人生中一段宝贵的经历。在这段旅程中，我经历了从青涩到成熟的蜕变，也收获了满满的成就与幸福。

在教学方面，我不断探索与实践，尝试将新的教育理念和教学方法融入课堂。通过精心设计的教学活动，激发学生的学习兴趣和主动性，让课堂变得更加生动有趣。同时，我也注重培养学生的综合素质和创新能力，努力让每一个学生都能在我的课堂上找到属于自己的舞台。

在科研方面，我积极参与各类教育科研项目的研究工作，不断提升自己的科研能力和水平。通过撰写论文、参与课题研究等方式，我深入探讨了教育教学的热点和难点问题，为教育教学改革贡献了自己的力量。

近年来，我多次在区、市级教研活动中上示范课，执教的《森林旅店》获“一师一优课”部级优课，执教的《观察一种动物》获湖南省二等奖、市一等奖，执教的《场景歌》获2019年湖南省在线集体备课大赛特等奖，创作的微课《拼音标调小技巧》获湖南省一等奖，还获郴州市教育局“明星杯优秀教师”、北湖区“十佳教学能手”“骨干教师”、骆仙街道“先进教育工作者”等荣誉称号，在北湖区个人年度考核中三次获优秀等级。

此外，我还积极参与湖南省中小学教师信息技术应用能力提升工程2.0工作以及湖南省在线集体备课大赛各项工作，将自己所学所得与更多老师分享交流。在这个过程中，我不仅加深了对信息技术在教育教学中应用的认识和理解，也结交了一群志同道合的朋友，共同为教育事业的发展贡献着智慧和力量。

(四)感恩：展望未来

虽然师徒结对已画上圆满的句号，但我对罗主任的感激之情永远不会改变，是她用无私的爱和智慧点亮了我前行的道路，是她用坚定的信念和不懈的努力激励我不断追求卓越，是她让我深刻理解了教育的真谛和价值所在。

展望未来，我将以更加饱满的热情和更加坚定的步伐继续前行。我深知自己还有许多不足之处需要改进和完善，但我相信在罗主任的关怀与指导下，我一定能够克服困难、战胜挑战，继续秉承“学高为师、身正为范”的师德风范，继续为培养德智体美劳全面发展的社会主义建设者和接班人贡献自己的青春和力量。

最后，我想向罗海娟老师表达我最诚挚的感谢和最高的敬意！感谢您在我成长的道路上给予我的无私帮助和悉心指导；感谢您在我迷茫时为我点亮前行的灯塔；感谢您用您的智慧和爱心浇灌了我这棵幼苗茁壮成长！您是我教育生涯里最温暖的那束光，而我也要让自己活成那一束光！

从北湖出发，只为成为那束光，一路前行，一路生花。

（作者：邓婷丽，郴州市第三完全小学北校区工会主席。本文为作者在2024年参加郴州市市级教师培训团队公益送培时分享）

后　记

人生天地之间，若白驹过隙，忽然而已。

——庄子

不知不觉中人生已经过半，而行走在教师培训路上也近15年。回首间，耳边总会回想起我的老师——黄佑生，在我初申请加入湖南省首批教师培训师班时，他问我的问题：您能坚持吗？

您能坚持吗？是所有教师在成长路上都会遇到的问题，也是我行在教师培训路上不断激励自己前行的动力——成功的路上并不拥挤，缺少的是能够坚持的人。

《破茧与蝶变：区域教师培训模式建构与实践》书稿历时2年左右时间终于完成，它不仅是我对过去15年教师培训工作实践的总结与反思，也是对未来教育发展方向的深刻洞察。它承载着我与我的伙伴们对教师培训使命与价值的深刻思考，以及对教育未来的热切期待，同时更凝聚着我与培训团队伙伴们多年的实践智慧和汗水。在过去的十五年里，我们得益于遇见"国培计划"，遇见我的老师们，遇见与我有着同样梦想的教师培训师伙伴，因为有您们的全力支持，让行在教师培训路上的我们，能不断听见生命拔节的声音，也让郴州教师培训在全省有了一席之地，被称为"郴州培训现象"。

郴州市的教师培训工作以"国培计划"和"市培计划"为两大支柱，深入贯彻"基于实情、精准施策"的核心理念，构建起一套科学、系统的培训体系。郴州教师培训不仅聚焦于乡村教师的专业发展，还针对教育领域的薄弱环节进行了强化培训，有效推动了教育资源的均衡分配和教学质量的整体提升。

当前，随着教育理论的不断演进和教育实践的深入发展，国际上的教师培训趋势呈现出多样化、个性化、实践性、协作性和可持续性等特点，区域教师培训模式建构还需在实践中进行持续地反思、优化，以助力教师在快速变化的教育环境中，不断更新知识结构、提升教学技能，以适应学生多样化的学习需求和教育发展的新趋势。正如书中所言，区域教师培训模式的创新与实效性是教育研究领域中的核心议题之一，它直接关系到教师专业成长和教学质量的提升。为应对这些挑战，郴州市积极探索教师培训新模式，强调个性化、实践导向、协作学习及持续发展的重要性。构建了一个全面、协调、开放和动态的教师专业发展生态系统，通过系统的职业规划、连贯的培训体系、实践与反思相结合的教育循环，以及多元化与个性化的教育策略，为教师成长提供了强有力的支持。我们相信，通过不断探索和实践，创新发展中的区域教师培训模式将在提升教师专业素养、推动教育创新、促进教育公平中发挥更大的作用。未来的研究也能够在更广泛的范围内验证区域教师培训模式的有效性，并探索更多适应新时代教育需求的培训策略。同时，也希望通过本书的撰写，能促进教育高质量发展的实践成果转化为指导教师专业发展的理论财富，为培养更多优秀的教育工作者、推动教育现代化和建设教育强市作出更大的贡献。

教育不仅仅是知识的传递，更是心灵的启迪和人格的塑造。本书的撰写过程中，既是一段专业修炼的过程，又是一段内心追随的回忆。本书的第四章节重点阐述了“三联五环”培训模式，挖掘了这一模式在实践中展现出的独特价值和潜力。我们的研究成果——《“基于学为中心‘三联五环’区域教师培训模式建构与实践研究”》获评 2022 年湖南省基础教育教学成果一等奖，同时我个人与宋见林老师团队、与何其钢老师团队紧密合作、携手并进，研究成果也同时获评了 2022 年湖南省基础教育教学成果一等奖和二等奖。

行在教师培训路上，坚持终将美好！

本书是一本写给初入职教师培训工作者的书籍，可作为中小学管理者、校长、中层干部和教师的参考读物，也适用于教育学、教育管理学、课程与教学论和教师发展与管理等专业的教师、学生、研究者和爱好者阅读。本书也是 2023 年湖南省普通高等学校教学改革研究项目“数字化转型背景下卓越教师培养培训一体化研究”(课题编号：HNJG—20230897)的研究成果。本书在撰写过程中得到了郴州市教育局领导和各县区教育局同仁的大力支持，以及中南大学出版社领导、编辑耐心细致地指导，在此一并致谢。

本书的撰写，借鉴了国内外的一些研究成果，同时参考了相关网站的资料。由于本人水平有限、参考资料不够齐全，并且时间匆促，因此难免有疏漏和错误，敬请广大读者批评指正。

参考文献

一、专著

[1] 伊列雷斯. 我们如何学习：全视角学习理论[M]. 孙玫璐，译. 北京：教育科学出版社，2014.

[2] 范梅南. 教学机智：教育智慧的意蕴[M]. 李树英，译. 北京：教育科学出版社，2015.

[3] 派克. 重构学习体验：以学员为中心的创新性培训技术[M]. 孙波等，译. 南京：江苏人民出版社，2015.

[4] 圣吉. 第五项修炼：学习型组织的艺术与实践[M]. 张成林，译. 北京：中信出版社，2009.

[5] 帕克，斯坦福. 如何成为优秀的教师(第八版)[M]. 朱旭东，译. 北京：中国人民大学出版社，2014.

[6] 黄绍裘，布鲁肖. 如何培训高效能教师：来自全美权威教师培训项目的建议[M]. 韩可，译. 北京：中国青年出版社，2014.

[7] 阿吉里斯，A・舍恩. 实践理论：提高专业技能[M]. 邢清清，赵宁宁，译. 北京：教育科学出版社，2008.

[8] 马奎特，杨罗兰. 行动学习应用：全球最佳实践精粹[M]. 王云，等译. 北京：机械工业出版社，2016.

[9] 舒尔曼. 实践智慧：理论教学、学习与学会教学[M]. 王艳玲，译. 上海：华东师范大学出版社，2014.

[10] 斯托洛维奇，吉普斯. 交互式培训：让学习过程变得积极愉悦的成人培训新方法[M]. 派力，译. 北京：企业管理出版社，2011.

[11] 柯克帕特里克 D L，柯克帕特里克 J D. 如何做好培训评估：柯氏四级评估法：第 3 版[M]. 奚卫华，林祝君等，译. 北京：机械工业出版社，2007：16.

[12] 黑恩，杰塞尔，格里菲思. 学会教学：教师专业发展导引[M]. 丰继平，译. 上海：华东师范大学出版社，2009.

[13] 瑞文斯. 行动学习的本质[M]. 郝君帅等，译. 北京：机械工业出版社，2016.

[14] 陈向明. 在参与中学习与行动：参与式方法培训指南：上下册[M]. 北京：教育科学出版社，2003.

[15] 陈向明等. 搭建实践与理论之桥：教师实践性知识研究[M]. 北京：教育科学出版社，2011.

[16] 邓友超. 教师实践智慧及其养成[M]. 北京：教育科学出版社，2007.

[17] 段烨. 培训师 21 项技能修炼(上)：精湛课程开发[M]. 北京：北京联合出版公司，2014.

[18] 高文举. 培训管理[M]. 广州：广东经济出版社，2012.

[19] 高岩. 这样做明星培训师：TTT 升级执行手册[M]. 北京：北京大学出版社，2011.

[20] 顾明远. 教育大辞典：第 1 卷[M]. 上海：上海教育出版社，1990.

[21] 黄佑生，凌云志，唐良平. 专业的培训："国培计划"实施微案例[M]. 长沙：湖南师范大学出版社，2017.

[22] 姜美玲. 教师实践性知识研究[M]. 上海：华东师范大学出版社，2008.

[23] 教育部师范教育司. 教师专业化的理论与实践[M]. 北京：人民教育出版社，2003.

[24] 教育大辞典编纂委员会. 教育大辞典：增订合编本[M]. 上海：上海教育出版社，1998.

[25] 金才兵，陈敬. 好课程是设计出来的[M]. 北京：机械工业出版社，2015.

[26] 李更生，吴卫东. 教师培训师培训——理念与方法[M]. 杭州：浙江大学出版社，2014.

[27] 杨剑飞. 互联网+教育：新学习革命[M]. 上海：知识产权出版社，2016.

[28] 布兰思福特等，人是如何学习的：大脑、心理、经验及学校[M]. 程可拉，孙亚玲，王旭卿，译. 上海：华东师范大学出版社，2013.

[29] 钟启泉，汪霞，王文静. 课程与教学论[M]. 上海：华东师范大学出版社，2012.

[30] 朱福荣，贺晓霞，黄吉元，等. 浇根式改善型教师培训[M]. 重庆：西南师范大学出版社，2016.

二、期刊论文

[1] 曾海. 区域中小学教师混合式培训模式研究[J]. 中国电化教育，2017(12)：138-143.

[2] 陈晓彤，武丽志. 国内中小学教师培训模式研究综述：2010—2019[J]. 中国成人教育，2020(10)：74-78.

[3] 陈娅，凌云志. 中小学混合式在线培训的创新、挑战与模式重构[J]. 湖南教育(A 版)，2022(8)：40-43.

[4] 陈逸群. 指向教师数字化教学适应性提升的区域培训模式探索[J]. 教育传播与技术，2023(2)：35-40.

[5] 丁向华. "境脉"视域下的政治活动型学科课程[J]. 中学教学参考・上旬刊，2020(8)：42-43

[6] 冯晓英，何春，郭璐文，等. 教师研修五范畴评估框架构建及应用研究：以 2022 年"全国暑期教师研修"为例[J]. 中国远程教育，2023，43(1)：59-69.

[7] 冯晓英，林世员，何春. 深化教师精准培训改革：概念模型与实施路径[J]. 中国远程教

育，2023，43(10)：41-50.
[8] 冯晓英，林世员，骆舒寒，等. 教师培训助力教师专业成长提质增效：基于国培项目的年度比较研究[J]. 中国电化教育，2021(7)：128-135.
[9] 冯喆平. 区域骨干教师培训模式探索：以小学道德与法治学科教师培训为例[J]. 大连教育学院学报，2023，39(2)：45-50.
[10] 葛晓英，王默，杨冬梅. 大数据时代背景下幼儿园教师培训体系的重构[J]. 学前教育研究，2020(9)：69-72.
[11] 古翠凤，刘雅婷. 基于人工智能的高职院校“双师型”教师培训设计[J]. 职教论坛，2020，36(8)：82-90.
[12] 郭炯，夏丽佳，张桐瑜，等. 基于实践场的区域教师专业发展路径研究[J]. 中国电化教育，2016(4)：106-112.
[13] 郭文霞. 基于“供需链”的教师培训模式构建[J]. 教育视界，2024，1(1)：20-25.
[14] 何克抗. e-learning 的本质：信息技术与学科课程的整合[J]. 中国电化研究，2002(1).
[15] 何克抗. TPACK：美国“信息技术与课程整合”途径与方法研究的新发展(下)[J]. 电化教育研究，2012(6).
[16] 何克抗，对美国信息技术与课程整合理论的分析思考和新整合理论的建构[J]. 中国电化教育，2008(7).
[17] 胡继飞，古立新. “四主四环”骨干教师培训模式建构[J]. 中国教育学刊，2011(12)：73-75.
[18] 胡秋萍，桑国元. 基于“互联网+自主学习”的区域教师培训模式构建[J]. 教育科学研究，2022，2(1)：30-35.
[19] 胡艳蓓. 数字化转型赋能区域教师高质量发展的逻辑与进路[J]. 教学与管理，2024(10)：32-35.
[20] 黄莉. “课例工作坊”：区域教师培训模式的设计与实践[J]. 教师教育论坛，2023，36(4)：55-60.
[21] 黄柳慧，郑云翔，李克东，等. 粤港澳大湾区中小学 STEM 教师教学能力提升培训模式探究[J]. 现代教育技术，2021，31(7)：112-119.
[22] 教师培训自主选学的实施模式探讨[J]. 黑河学刊，2021(6)：56-60.
[23] 金彦红，徐斯佳，李华，等. 网络环境支持的中小学教师培训模式研究[J]. 中国电化教育，2012(8)：62-67.
[24] 黎加厚. 创感时代的境脉思维[J]. 中国现代教育装备，2009(10)：3-4.
[25] 李瑾瑜，史俊龙. 我国中小学教师培训政策演进及创新趋势[J]. 西北师大学报(社会科学版)，2012，49(5)：83-89.
[26] 李瑾瑜. 教师培训的“学用之困”及其破解之策[J]. 中国教育学刊，2023(11)：9.
[27] 李瑾瑜. 以专业化教师培训助力高质量教育发展——“十四五”教师培训的着力点与增长点[J]. 未来教育家，2021，3(6)：19-22.
[28] 李新翠. 区县教师培训课程体系现状及反思[J]. 中国教育学刊，2019(2)：76-81.
[29] 李运福，杨晓宏. 基于大数据分析的 O2O 教师培训模式研究：对“互联网+”教师培训

的初步思考[J]. 中国电化教育, 2016(12): 113-120.
[30] 李泽林. 我国少数民族地区双语教师培训政策研究[J]. 民族教育研究, 2010, 21(2): 10-15.
[31] 梁林梅, 桑新民. 基础教育区域信息化现状及问题调查、分析和反思[J]. 中国电化教育, 2004(8): 21-24.
[32] 刘雪梅, 李卫东, 黄明宇. 广西职业教育"双师型"教师培训体系建设研究[J]. 职业技术教育, 2020, 41(12): 64-68.
[33] 刘喆, 尹睿. 教师信息化教学能力的内涵与提升[J]. 中国教育学刊, 2014(10): 31-36.
[34] 骆亮, 任春亮. 自主选学模式促进教师培训机构变革: 机遇与挑战[J]. 黑河学刊, 2021(11): 56-59.
[35] 骆舒寒, 林世员, 冯晓英, 等. 教师培训助力教师信息化教学能力提升: 基于培训成效的年度比较研究[J]. 中国电化教育, 2021(6): 128-134.
[36] 孟凯, 孙波, 罗肖, 等. PBL 教学体验: 导师的职责与教学技巧[J]. Basic Medical Education, 2017, 9(10).
[37] 曲铁华, 龚旭凌. 新中国成立 70 年中小学教师培训政策的回顾与展望[J]. 河北师范大学学报(教育科学版), 2019, 21(3): 49-55.
[38] 屈曼祺, 李宝敏. 强师之路: 我国中小学教师培训制度推进历程、变迁特征与展望[J]. 中国教育学刊, 2023(11): 79-84.
[39] 任春亮. 对教师培训自主选学维度及其实现的思考[J]. 南昌师范学院学报, 2022(4): 125.
[40] 任友群, 冯晓英, 何春. 数字时代基础教育教师培训供给侧改革初探[J]. 中国远程教育, 2022(8): 1-8, 78.
[41] 史静寰, 延建林. 聚焦农村中小学教师关注农村基础教育的可持续发展[J]. 教育发展研究, 2006(1): 8-13.
[42] 宋时春. 中小学教师自主选学培训模型的建构与应用[J]. 教师发展研究, 2021(6): 97.
[43] 宋时春. 从被动培训到自主选学: 教师培训方式的转型与变革[J]. 福建教育, 2018(11): 32.
[44] 孙惠利. "三位一体"协同创新教师培训模式探究[J]. 教育评论, 2017(5): 20-25.
[45] 唐烨伟, 范佳荣, 庞敬文, 等. 人本服务理念下区域中小学教师信息化教学能力精准培训策略研究[J]. 中国电化教育, 2019(11): 113-119.
[46] 王阿习, 陈玲, 余胜泉. 基于 SECI 模型的教师培训活动设计与应用研究: 以"跨越式项目全国中小学语文和英语骨干教师培训"为例[J]. 中国电化教育, 2016(10): 24-30.
[47] 王冬凌. 构建高效教师培训模式: 内涵与策略[J]. 教育研究, 2011, 32(5): 107-110.
[48] 王红霞, 王秀琴, 王艳杰, 等. 特教中心对促进区域融合教育发展的作用研究: 以海淀区特教中心为例[J]. 中国特殊教育, 2017(4): 41-45, 52.
[49] 王庆超, 孙芙蓉, 袁娇, 等. 我国教师培训研究热点及演进: 基于 1430 篇 CSSCI 期刊论

文知识图谱分析[J]. 中小学教师培训，2017(2)：5-8.
[50] 王水莲. “境脉学习模式”的构建与实施[J]语文教学与研究·中旬刊，2017(8)：73.
[51] 王香云. 基于境脉的混合式教学研究与探索[J]. 太原大学教育学院学报，2015(2)：93-95.
[52] 王震，周丹华，卢婧，等. 我国小学科学教师培训现状、问题及发展建议：基于31个省(自治区、直辖市)131134名教师的大规模调研[J]. 中小学管理，2023(1)：52-55.
[53] 吴剑清. 区域学前教师全纳分层培育的价值、条件与策略[J]. 学前教育研究，2022，1(1)：18-23.
[54] 肖林，郑智勇，宋乃庆. 嵌入性理论视域下乡村教师培训动力机制探赜[J]. 东北师大学报(哲学社会科学版)，2022(4)：128-136.
[55] 肖庆华. 论基于“主体诉求”的乡村教师培训[J]. 中国教育学刊，2020(8)：93-96.
[56] 肖远军. 中小学校长培训“自主选学”机制探讨[J]. 浙江外国语学院学报，2011(4)：70.
[57] 徐伯钧. 教科研训一体化：县域教师发展中心的功能融合[J]. 教育理论与实践，2015，35(11)：31-33.
[58] 徐建华. 中小学教师培训自主选学的浙江实践及推进路径[J]. 中国教育学刊，2023(7)：93.
[59] 徐金明，杨瑾，余艳. 我国高校教师培训改革发展的前瞻与对策[J]. 教师教育研究，2004(4)：13-20.
[60] 徐英俊，王艳. 成人学习理论视域下教师研修的逻辑起点[J]. 继续教育研究，2021(3)：26-29.
[61] 徐玉特. 基于地方性知识的民族乡村教师培训模式构建研究[J]. 中小学教师培训，2019，1(5)：35-40.
[62] 许广玲. PBL 理念下的科学教师培训模式实践与思考[J]. 科教导刊，2021(12)：45-50.
[63] 许环环. 从管理到治理：中小学教师培训制度建构的转向[J]. 当代教育科学，2022(8)：88-95.
[64] 闫寒冰，苗冬玲，单俊豪，等. “互联网+”时代教师信息技术能力培训的方向与路径[J]. 中国远程教育，2019(1)：1-8.
[65] 杨波，张建华. 混合式自主选学：教师培训的新选择[J]. 重庆广播电视大学学报，2021(12)：3.
[66] 杨兰，王建军，陈丽翠. 教师培训者专业素养的“实质”与“形式”平衡[J]. 教育发展研究，2020，40(8)：51-57，70.
[67] 尹弘飚. 重新理解课程改革中的教师培训[J]. 教育发展研究，2010，30(10)：48-52.
[68] 余新. 教师培训的本质、功能和专业化走向[J]. 教育科学研究，2010(12)：41-44.
[69] 余新. 有效教师培训的七个关键环节：以“国培计划——培训者研修项目”培训管理者研修班为例[J]. 教育研究，2010，31(2)：77-83.
[70] 袁丹，田慧生. 教育实践的人文品性：迷失与回归[J]. 中国教育学刊，2012(8)：

36-38，46.
[71] 张博. 诺尔斯成人学习理论对我国教师教育培训的启示[J]. 中国成人教育，2017(13)：135-137.
[72] 张鸿儒. 新课标引领下的教研活动：方向、路径与模式：基于义务教育课程标准(2022)的政策文本分析[J]. 广西师范大学学报(哲学社会科学版)，2023，59(5)：64-73.
[73] 张洁. 基于境脉感知的泛在学习环境模型构建[J]. 中国电化教育，2010(2)：16-20.
[74] 张敬涛. 我国基础教育信息化的现状与未来发展策略[J]. 电化教育研究，2009(1)：5-8.
[75] 张军. 关于农村教师队伍建设问题的思考[J]. 教育探索，2006(2)：106-108.
[76] 张妮，刘清堂，吴林静，等. 国际视野下在职教师培训的比较及对教师专业化发展的启示：基于四国个案及文献观察[J]. 现代远距离教育，2018(6)：34-41.
[77] 张涛. 从行为改变到价值生长：教育精准扶贫背景下的教师培训模式探索[J]. 上海教师，2023，1(9)：15-20.
[78] 张秀梅，张学波，杨青，等. 区域教育信息化发展路径研究：以广东省云浮市为例[J]. 开放教育研究，2016，22(4)：87-94.
[79] 赵磊磊，张黎，代蕊华，等. 人工智能赋能教师教育：基本逻辑与实践路向[J]. 中国教育学刊，2022(6)：14-21.
[80] 赵明仁，周钧，朱旭东. 北京市中小学教师参与专业发展活动现状与需求的调查研究[J]. 教师教育研究，2009，21(1)：62-67.
[81] 赵鑫，谢小蓉. 改革开放40年乡村教师培训研究的进展与走向[J]. 教育研究与实验，2019(1)：61-67.
[82] 郑承勉. “研训一体”教师培训模式的县域实践与反思[J]. 教学月刊·中学版(教学管理)，2023，1(1)：25-30.
[83] 钟斌. 高职“双师型”教师分层分类培训的生成逻辑与实施进路[J]. 职教论坛，2021，37(8)：95-102.
[84] 周德义，于发友，李敏强，等. 农村中小学教师培训的实践探索：以湖南省为例[J]. 教育研究，2012，33(7)：92-97.
[85] 朱福荣. “浇根式改善型”培训助力教师专业发展[J]. 中国教师，2017(11)：42-45.
[86] 朱旭东，宋萑. 论教师培训核心要素的“对象变量”群[J]. 教师教育研究，2014，26(1)：1-6.
[87] 朱旭东，宋萑. 论教师培训的核心要素[J]. 教师教育研究，2013(3)：1-8.
[88] 朱旭东. 论我国教师教育新体系的六个特征[J]. 课程·教材·教法，2012，32(12)：74-82.
[89] 朱旭东. 论我国农村教师培训系统的重建[J]. 教师教育研究，2011(6)：1-8.
[90] 朱益明. 改革中小学教师培训的原则与策略[J]. 教师教育研究，2017，29(2)：55-60.
[91] 祝智庭. 大型教师培训项目文化建设：英特尔未来教育的案例[J]. 教育发展研究，2006(13)：13-17.

[92] 左明章，卢强，雷励华. 困惑与突破：区域教师信息化教学能力培训实践研究[J]. 中国电化教育，2016(5)：104-111. [93] 王丹. 人工智能视域下教师智能教育素养研究：内涵、挑战与培养策略点[J]. 中国教育学刊，2022(3)：91-96.

[93] 杨小敏，杜育红. 国家战略驱动下教育经费投入的总体格局与政策取向[J]. 教育研究，2023. 44(5)：136-146.

[94] 陈睿. "十四五"国培计划的坚守与创新[EB/OL]. http://www.moe.gov.cn/jyb_xwfb/moe_2082/2021/2021_zl39/202105/t20210519_532255.htm，2021-05-19.

[95] 余新. "国培计划"十年研究综述与展望[J]. 教师发展研究，2020，4(01)：48-54.

[96] 李瑾瑜. "国培"十年：教师培训专业化探索的中国实践与未来发展[J]. 教师发展研究，2020. 4(03)：15-26.

[97] 龚明斌,新时代湖南市县两级教师发展机构的发展现状与强化建议[J]. 湖南教育(A版),2022(12):32-43.

[98] 闫寒冰. 魏非. 筑基强师：县级教师发展机构的现实挑战与建设路径[J]. 湖南教育(A版)，2022(12)：29-31.

[99] 彭彩虹. 关于教师培训质量标准的思考[J]. 职业，2020(26)：20-21.

[100] 冯晓英，宋琼，吴怡君. "互联网+"教师培训与专业发展：深度质量评价的视角[J]开放学习研究，2020. 25(03)：1-7.

[101] 王丹. 人工智能视域下教师智能教育素养研究：内涵、挑战与培养策略点[J]. 中国教育学刊，2022(3)：91-96.

三、电子公告

[1] 教育部关于深化中小学教师培训模式改革全面提升培训质量的指导意见[EB/OL]. (2013-05-08). http://www.moe.gov.cn/.

[2] 教育部关于全面深化新时代教师队伍建设改革的意见[EB/OL]. (2018-01-20). http://www.moe.gov.cn/.

[3] 教育部等五部门关于印发《教师教育振兴行动计划(2018—2022年)》的通知[EB/OL]. http://www.moe.gov.cn/srcsite/A10/s7034/201803/t20180323_331063.html.

[4] 教育部等八部门关于印发《新时代基础教育强师计划》的通知[EB/OL]. (2022-04-02). http://www.moe.gov.cn/.

[5] "十四五"国培计划的坚守与创新:《教育部财政部关于实施中小学幼儿园教师国家级培训计划(2021—2025年)的通知》解读[EB/OL]. http://www.moe.gov.cn/jyb_xwfb/moe_2082/2021/2021_zl39/202105/t20210519_532255.html.

[6] 教育部，财政部. 关于实施中小学幼儿园教师国家级培训计划(2021—2025年)的通知[EB/OL]. (2021-05-13). http://www.Moe.gov.cn/.